collection **marabout service**

D1375308

roupé dans cette rubrique les jeux, apparemment les plus aciles, qui ne relèvent que de la seule chance.

Devant la fortune, aucun d'entre nous n'est supérieur à son oisin : tel, favorisé pendant quelque temps, peut sombrer à la inute suivante.

Les auteurs de chansons de geste plaçaient tous les êtres umains sur la Roue de la Fortune toujours en mouvement. ersonne ne pouvait rester longtemps au point le plus élevé a le plus bas de sa chance. La Roue tournait inexorable- ent.

Mais ne nous y trompons point ; la chance n'est pas ujours seule en cause et l'expérience raisonnée peut faire ncher la balance en notre faveur.

Nul ne peut contester la nécessité de développer les qualités stuce et d'attention. Kipling le savait bien qui, lors de lucation de Mowgli au milieu d'une jungle difficile, fera el, avant la lettre, au premier « jeu de Kim ». A notre que, savoir observer peut sauver une vie ou bien encore porter une petite fortune... aux jeux télévisés.

Même les populations dites les plus primitives ne se conten- t pas d'astuce et d'attention. De nombreux jeux pratiqués uis les temps les plus reculés, au fond de la brousse caine ou dans les villages de l'Inde ou du Pakistan, font la grande part à la réflexion. C'est pourquoi nous n'avons hésité à puiser largement dans des civilisations différentes a nôtre des jeux qui trouvent tout naturellement leur place ès de nos jeux de table traditionnels : dominos, dames, cs...

us brillants, parfois plus difficiles, mais exigeant souvent s de moyens matériels et intellectuels car leur brio est en surface, sont les jeux d'esprit.

peuvent aller de la simple réunion familiale à un surréa- de bonne compagnie et permettront, à peu de frais, de des improvisations réussies. Alphonse Allais, ce grand ur de calembours, André Breton et ses amis les ont fait r dans la littérature. De nos jours, les Marx Brothers, au a, sont passés maîtres dans la charade animée assortie oyables à-peu-près.

umeur change. Nos partenaires aussi. Et c'est à des ations manuelles que nous allons demander de nous ir. De l'ombromanie, en passant par les pliages et les onnels jeux de ficelle ou d'osselets, tous divertissements rieur, il en est encore de nombreux qui viennent naturel- t à l'esprit lorsqu'on est en plein air.

martine clidière

le guide marabout des
jeux de société

marabout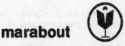

La photo de couverture est de Jean Ramier ;
la firme « Le Jockey »,
60, rue Verboeckhoven, Bruxelles 3,
nous a aimablement prêté le matériel de jeu.

Les dessins de tête de chapitre sont de Lucien Meys.

Les dessins techniques ont été réalisés par
Gusty Dewinne.

APPRENDRE A JOUER

Il semble qu'après une lente évolution nous
point de connaître à nouveau le « savoir-vivre »
qui considéraient le loisir (otium) comme la
positive à laquelle ils opposaient les « affaires
Tous les sociologues sont d'accord : nous nous
une civilisation de loisirs. Saurons-nous utiliser
heures précieuses qui ne seront plus absorbées
tions professionnelles ? Tout guide des loisirs
d'hui encore plus qu'hier, sa propre justification

Le présent ouvrage n'a pas la prétention d'êt
pédie. Il vous suggère simplement quelques
l'espérons, vous feront passer d'agréables mome

Il comporte six grandes divisions :

> *jeux de hasard,*
> *jeux d'astuce et d'attention*
> *jeux de réflexion,*
> *jeux d'esprit,*
> *jeux d'adresse,*
> *jeux de mouvement,*

et un septième chapitre : Comptines, gages
trouvera son utilité à l'intérieur de chacun de

Nous nous sommes efforcée, au sein de
d'exposer les jeux par ordre de difficulté
faciliter le choix du lecteur. Après quelques
et les indications nécessaires à la préparati
nombre et à la mise en place des joueurs,
essentielles sera suivi éventuellement de l
partie.

Pourquoi commencer par les jeux de h

Ne dédaignons pas les jeux d'adresse et rappelons-nous que la dextérité manuelle du fameux manipulateur Robert Houdin lui a permis de surpasser les sorcières arabes et d'éviter ainsi, au siècle dernier, des conflits sanglants en Algérie.

Bien des jeux de balle exposés parmi les jeux d'adresse font une part plus grande au mouvement qu'à l'adresse. Inversement, certains jeux de mouvement, tel le court-bâton ou la course à la cuiller, n'excluent pas l'adresse ; aussi la classification est-elle délicate. Nous avons trouvé préférable pour la commodité du lecteur de conserver dans une même catégorie tous les jeux de balle, toutes les formes de course, de même que nous avons classé sous la rubrique « Jeux de hasard » tous les jeux de dés même si, comme le jacquet, ils font appel à l'observation et à la réflexion.

Les jeux de ses petits-enfants ont inspiré à Georges Duhamel cette belle définition : « Jouer, c'est rêver avec tout son corps ». Nous souhaitons que ce livre entraîne nos lecteurs dans ce monde du rêve indispensable à l'équilibre du corps et de l'âme.

Nous sommes heureuse de remercier ici tous ceux, grands et petits, qui nous ont aidée de leurs conseils ou qui ont pratiqué avec nous les jeux décrits.

Nous exprimons tout particulièrement notre gratitude à Madame Rabecq-Maillard, conservateur du Musée d'Histoire de l'Education, à Paris, qui a bien voulu mettre à notre disposition une documentation aussi abondante que précieuse.

LE CODE DES JEUX

Sous le nom de chaque jeu figurent des indications relatives au nombre de joueurs et au matériel.

Des sigles dessinés évoquent, d'autre part, l'âge des joueurs, la difficulté du jeu et le lieu ou l'ambiance dans lesquels le jeu peut se dérouler.

❓	= difficile	❗	= facile
🧒	= enfants	👓	= adultes
≡	= calme ou d'intérieur	👹	= bruyant ou d'extérieur

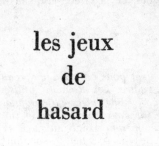

les jeux
de
hasard

PILE OU FACE

1 ou 2 joueurs
Matériel : 1 pièce de monnaie

C'est un jeu très ancien que celui de pile ou face, et le plus simple qui soit. Bien avant notre ère, il fit passer le temps, sur les places publiques, de la Grèce jusqu'au nord de l'Europe.

Un peu d'histoire

Les Grecs se servaient pour ce jeu d'une coquille, blanche d'un côté, noire de l'autre. Les Romains utilisèrent, comme nous le faisons encore, une pièce de monnaie. Certaines d'entre elles portant sur l'avers un navire et sur le revers la tête de Janus ; ils nommèrent caput aut navis *ce jeu qui, en Gaule, prit le nom de* chef ou nef, *traduction littérale des mots latins.*

Mais l'Empire romain s'écroula : la croix du christianisme remplaça la tête de Janus, le navire fut désigné par le nom ancien de pile *(d'où dérive le mot* pilote*), et le jeu se nomma* croix ou pile. *Telle est, du moins, l'origine que certains auteurs attribuent à ce nom.*

Puis la croix fut remplacée par un visage... et voici le nom de pile ou face *qui subsista malgré la disparition du navire (et parfois même du visage) sur nos pièces de monnaie républicaines.*

En Italie, on jouait à fleur ou saint *; en Espagne, le jeu s'appelait* Castille ou Léon *du nom des deux provinces. Quant aux Anglais, ils remplacèrent par* heads and tails *(têtes et queues) le nom de* cross and pile *(croix et pile) qu'ils nous avaient d'abord emprunté.*

La marche du jeu

L'un des joueurs lance en l'air une pièce de monnaie tout en la faisant tournoyer. Son compagnon prononce soit le mot *pile*, soit le mot *face* pendant que la pièce est encore en l'air. Le lanceur parie pour l'option inverse.

Celui qui a parié juste, bien entendu, est le gagnant, pile

correspondant à l'avers de la pièce et face au revers.

Une partie peut se jouer en dix coups, par exemple, comme dans certains jeux de dés.

On peut encore utiliser ce jeu pour désigner, au début d'une partie, qui jouera le premier ou choisir, notamment lorsqu'on est seul, entre deux solutions opposées également valables.

Ce procédé est couramment employé au début d'un match (tennis, rugby, football etc.) sous le nom de *toss*. Le gagnant du toss — ou l'équipe gagnante — a le privilège de choisir le côté du terrain où il jouera pendant la première manche et d'engager la partie.

LA COURTE PAILLE

1 ou 2 joueurs
Matériel : bouts de paille

Autre forme du jeu de pile ou face, la courte paille, autrefois appelée « jeu des bûchettes », sert le plus souvent à désigner un rôle honorifique, celui de meneur de jeu par exemple, ou pour lui imposer celui de la victime comme l'aveugle du colin-maillard ou celui qui « s'y colle » dans le jeu de cache-cache.

La marche du jeu

On coupe autant de pailles qu'il y a de personnes dans le groupe. Toutes les pailles sont d'égale longueur, sauf une qui est plus courte.

L'un des joueurs les tient dans sa main en cachant l'une de leurs extrémités afin de ne pas révéler laquelle est la plus courte. Et chaque joueur tire une paille.

La personne qui tire la « courte paille » est ainsi désignée... pour le rôle qu'on veut lui faire jouer !

On en connaît de peu enviables ; qui ne se souvient de la chanson du *Petit Navire* :

On·tira-z-à la courte paille (bis)
Pour savoir qui, qui, qui serait mangé (bis) ohé ! ohé !

PAIR OU IMPAIR

2 joueurs
Matériel : billes, cailloux,
coquillages ou petits objets

Ce jeu, analogue à la courte paille, consiste à deviner si le nombre des objets cachés dans la main de l'adversaire est pair ou non.

Autrefois

De nombreux écrivains de l'Antiquité ont mentionné ce jeu dans leurs œuvres : Aristophane, Aristote, Ovide, Horace et d'autres.

L'empereur romain Auguste, raconte l'historien Suétone, envoya de l'argent aux convives d'un festin « pour qu'ils se divertissent à le perdre à divers jeux de hasard, aux dés, aux osselets, au pair impair ».

Aujourd'hui

On joue généralement à pair impair avec des billes, mais on peut aussi bien se servir de petits cailloux ou de coquillages.

Les joueurs possèdent un nombre égal de billes. L'un d'eux en cache quelques-unes dans sa main (toutes s'il le désire).

Le second prononce l'un des deux mots : « pair » ou « impair ». Il reçoit du premier une bille pour une réponse juste, mais il doit lui en donner une pour une réponse fausse. Au tour suivant, les rôles sont inversés.

La partie peut se jouer en dix coups.

Une variante : le greli-grelot

Les Grecs jouaient à « Combien ai-je ? ». Il fallait deviner le nombre d'objets cachés dans la main et non plus seulement si ce nombre était pair ou impair. L'astuce était, bien entendu, de ne pas laisser voir si la main était pleine ou non. « C'est la ruse de ce jeu que doivent imiter les commandants habiles (à la guerre) : faire croire qu'ils ont plus de forces qu'il ne paraît », écrivait l'historien grec Xénophon.

Qui d'entre nous ne connaît la ritournelle moderne de ce jeu ancien qui n'a pas changé : « Greli-grelot, combien j'ai de sous dans mon sabot ? »

LA MOURRE

2 joueurs

Le jeu de la mourre ne fait pas seulement appel au hasard, mais aussi aux qualités du joueur : attention, vivacité, réflexes, intuition, observation. C'est un jeu très ancien, qui remonterait même aux époques héroïques de la Grèce.

Une origine discutée

La mourre vient-elle de l'italien morra *ou la morra vient-elle du français* mourre ? *Les dictionnaires ne s'accordent pas sur ce point. Peu importe d'ailleurs puisque, dit la légende grecque, c'est Hélène qui inventa ce jeu pour jouer avec son amant Pâris et le faire perdre.*

Cependant, on le trouve reproduit sur des fresques funéraires égyptiennes vraisemblablement antérieures. Et ce jeu se répandit chez les peuples antiques probablement à partir des Égyptiens.

*Les Phéniciens s'en servaient pour conclure leurs transactions commerciales. Les Romains disaient : « jouer à lever les doigts » (*micare digitis*) et l'utilisèrent pour forger une expression ingénieuse, citée par Cicéron, attestant de la probité d'une personne : « C'est un homme avec qui vous pourriez jouer à la mourre dans les ténèbres ».*

Aujourd'hui, on fait parfois appel à ce jeu pour désigner, comme à pile ou face, la personne qui doit commencer une partie.

La règle du jeu

Les deux joueurs se tiennent face à face, la main droite en avant. Chacun doit, en même temps que son adversaire, montrer un nombre de doigts quelconque tout en prononçant un chiffre de 1 à 10.

L'un des joueurs marque un point lorsque le total des doigts montrés par chacun d'eux est égal au chiffre qu'il a prononcé. Il faut donc faire un double calcul de probabilité : à la fois sur le nombre de doigts que l'adversaire ne s'attend pas à voir lever et sur le nombre de doigts que celui-ci a l'intention de lever.

Par exemple, le joueur A dit : 5 et montre 4 doigts, tandis que le joueur B dit : 6 et montre 1 doigt. Le joueur A marque un point puisque : 4 + 1 = 5 et non 6.

Les joueurs comptent leurs points sur la main gauche et, très vite, continuent à énoncer de nouveaux chiffres accompagnés de gestes (un geste par seconde environ).

Le zéro est désigné par le poing fermé ou *morra*.

On convient à l'avance du nombre de points à obtenir pour gagner la partie.

CHI-FOU-MI

2 joueurs   ❗ 😊 ≡

Chi-fou-mi est une variante moderne et simplifiée de la mourre. Comme dans ce jeu, il faut adopter un rythme aussi rapide que possible.

La règle du jeu

Les deux joueurs prononcent ensemble la formule : *chi-fou-mi*, une main derrière le dos. A l'énoncé de la dernière syllabe, chacun doit tendre la main cachée à laquelle il aura donné l'une des quatre positions convenues :
- le *puits* formé par la paume arrondie et le pouce touchant l'index et le majeur ;
- la *feuille de papier* représentée par la main étendue, doigts serrés ;
- la *pierre* figurée par le poing fermé ;
- les *ciseaux* symbolisés par l'index et le majeur étendus et ouverts, tandis que le pouce recouvre l'annulaire et l'auriculaire.

Le point de chaque coup est attribué selon les conventions suivantes :
- le puits l'emporte sur les ciseaux et la pierre qui peuvent y tomber, mais il est inférieur à la feuille de papier qui peut le recouvrir ;
- la feuille de papier est vaincue par les ciseaux qui la coupent, mais gagne sur la pierre qu'elle enveloppe et sur le puits ;
- la pierre, inférieure au puits et à la feuille, bat les ciseaux car elle les aiguise ;
- les ciseaux dominent la feuille, mais sont éliminés par le puits et la pierre.

Lorsque les deux joueurs exécutent le même geste, le coup est annulé.

Il faut décider, au préalable, en combien de points se jouera la partie.

LE LOTO

2 à 12 joueurs

Matériel : 1 jeu de loto

*D'origine génoise, le loto aurait été introduit en France à la suite de la campagne d'Italie par François I*er*. Son nom vient de l'italien* lotto *qui signifie lot.*

Le matériel

Quelle famille n'a pas un loto dans sa boîte à jeux ou dans son grenier ? Le jeu se compose de 90 boules de bois numérotées de 1 à 90 et de 24 cartes divisées en 27 cases chacune (3 rangées de 9 cases) dont 15 seulement sont occupées par des nombres (5 par rangée, mais jamais 3 par colonne). En outre, 15 à 20 jetons d'enjeu et des pions de marque sont distribués à chaque joueur (15 pions par carte).

La marche du jeu

Un joueur A, désigné par le sort, distribue les cartes en nombre égal à chacun des participants. Ceux-ci déposent dans une corbeille les enjeux qui constituent la *poule* et placent les cartons devant eux.

Le joueur A, ayant secoué le sac, sort une bille, annonce le chiffre qu'elle porte. Le joueur qui possède ce chiffre sur l'une de ses cartes place un pion sur la case correspondante.

Quand, sur une rangée horizontale, un joueur a rempli une case, il a fait un *extrait*. S'il en a rempli deux, c'est une *ambe* ; trois, un *terne* ; quatre, un *quaterne* ; cinq, un *quine*.

On peut prévoir une prime pour chaque quine, une autre pour chaque carton recouvert. Le joueur qui, le premier, aura rempli toutes ses cartes prendra ce qui reste de la poule après distribution des primes. Et une nouvelle partie pourra recommencer.

Variante

Le banquier, qui tire les boules, reçoit deux cartes et joue comme les autres joueurs.

Il doit payer à ceux-ci tous les coups supérieurs à ceux qu'il a amenés, mais les joueurs qui ont des coups inférieurs aux siens doivent les lui rembourser.

Par exemple, s'il a un *terne*, il paiera le prix du terne aux joueurs qui ont un quaterne ou un quine ; mais les joueurs qui n'ont que des extraits ou des ambes paieront à leur tour le banquier.

Au siècle dernier...

Le jeu véritable se jouait, au siècle dernier, de la façon suivante : chaque joueur prend deux cartes et l'on ne tire que quinze numéros.

Chacun d'eux reçoit deux, trois ou quatre jetons, s'il a une ambe, un terne ou un quaterne. Comme il est très rare de faire quine, il est généralement convenu que ce coup annule tous les autres et permet de prendre la poule tout entière.

Aujourd'hui

Ce jeu ancien a trouvé aujourd'hui de nouvelles adaptations ayant un but éducatif. Les chiffres ont été remplacés par des images : animaux, fleurs, objets divers. Simple et peu varié, il convient surtout à de jeunes enfants. Le plaisir qu'il procure aux adultes réside dans l'espoir de gain d'argent ; le comte de Ségur vantait spirituellement ce jeu comme étant « l'excuse de la bêtise et le repos des gens d'esprit ».

Trois cousins du loto

Le biribi, le cavagnol et le hoca sont des jeux dérivés du loto. Egalement originaires d'Italie, ils ont été introduits en France par Mazarin ; mais ils furent interdits peu de temps après.

LE BIRIBI

Le biribi (abrégé de l'italien *biribisso*) n'utilise que les soixante-dix premières boules de loto. On dessine un « tableau de mise » de soixante-dix cases numérotées de 1 à 70.

Un joueur, désigné par le sort, sera le banquier. Chacun des autres joueurs (les pontes) placent leurs enjeux sur la ou les cases de leur choix.

Le banquier tire au hasard une boule du sac. Il ramasse tous les enjeux perdants et paie soixante-quatre fois le numéro gagnant. Ce système lui est très favorable ; il est donc normal que chaque joueur devienne banquier à son tour pour dix tirages par exemple.

LE CAVAGNOL

Le cavagnol (de l'italien *cavagno*, panier) suit les mêmes règles que le biribi, mais chaque ponte possède son propre tableau de mise.

LE HOCA

Autre variante du biribi, le hoca se joue avec les trente premières boules du loto. Le tableau de mise comporte trente cases et le banquier verse au gagnant ving-huit fois sa mise.

LA ROULETTE

Nombre de joueurs illimité
Matériel : 1 jeu de roulette

Le principe d'une bille qui roule pour « fabriquer le hasard » existe depuis l'Antiquité.

La forme moderne de la roulette était déjà connue sous Louis XIV. Elle fit fureur au XVIIIe siècle. Après la Révolution, on pratiqua ce jeu dans des maisons officielles étroitement surveillées et contrôlées par l'Etat. Mais Louis-Philippe l'interdit en 1838. Il fut autorisé à nouveau, mais strictement réglementé.

Jeu de casino relativement équitable, il agrémente encore aujourd'hui de nombreuses réunions amicales ou familiales.

La roulette et le tableau de mise

La *roulette* est une carcasse circulaire fixe à l'intérieur de laquelle tourne un cadran doté de trente-sept cases numérotées de 1 à 37 et alternativement rouges et noires.

L'ordre des numéros est le suivant :

Rouges :	32	19	21	25	34	27	36	30	23	5	16	1	14	9	10	7	12	3
Noirs :	15	4	2	17	6	13	11	8	10	24	33	20	31	22	29	28	35	26

Le zéro, placé sur la roulette entre les numéros 26 et 32, n'entre dans aucune catégorie : il n'est ni rouge, ni noir ; ni pair, ni impair ; ni passe, ni manque.

Le *tableau de mise* se présente selon le modèle suivant :

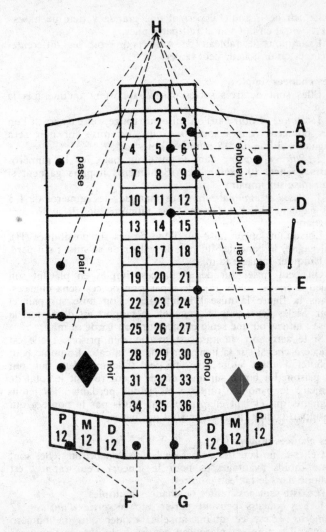

Tableau de mise

Faites vos jeux !

Le jeu de la roulette permet une grande variété de mises ; c'est ce qui en fait son attrait particulier.

Examinons le tableau de mise pour voir les différentes chances qu'un joueur peut tenter.

Les chances simples

Elles sont de trois sortes et ne rapportent qu'une fois la mise.

1. *Rouge et noir :* si l'on mise sur rouge, on gagnera si l'un des numéros rouges sort (0 exclu). La mise sur noir sera gagnante si l'un des 18 numéros noirs sort.

2. *Pair et impair :* dans la mise sur pair, les 18 numéros pairs gagnent (0 exclu). Les 18 numéros impairs gagnent si l'on mise sur impair.

3. *Passe et manque :* mise sur manque : les numéros de 1 à 18 gagnent. Mise sur passe : les numéros de 19 à 36 sont gagnants.

Lorsqu'un joueur mise sur l'une de ces six possibilités (H), s'il gagne, le banquier lui paie la valeur de sa mise ; s'il perd, le banquier ramasse la mise.

On peut miser sur deux chances simples en plaçant son enjeu à cheval sur la raie de séparation de ces deux chances. Dans la figure la mise I indique que l'on mise sur pair et noir. Si les deux chances gagnent, le rapport est d'une fois la mise ; au cas où une seule chance sort, on garde sa mise.

Si le zéro sort, la mise est gardée « en prison » : elle est placée à cheval sur la ligne verticale de la case. Le ponte peut rajouter d'autres jetons, mais ne peut toucher à ceux qui sont en prison. La boule suivante décide à qui revient le total de l'enjeu : le banquier ramasse les jetons perdants ; les jetons gagnants qui étaient en prison sont repris par le ponte à qui ils appartiennent, mais ils ne sont pas payés.

Les chances multiples

Celles-ci ne bénéficient pas de la mise en prison ; elles sont donc moins avantageuses pour le joueur. Leur rapport est indiqué dans le tableau ci-après.

Il existe sept possibilités de chances multiples.

1. Les joueurs peuvent parier sur la *sortie d'un des 37 numéros* ; c'est ce qu'on appelle « jouer sur un numéro plein ». La mise est placée au centre de la case qui porte le numéro (A).

2. Ils peuvent jouer « un cheval », c'est-à-dire miser sur *les numéros de deux cases* en plaçant leur enjeu sur la raie horizontale ou verticale qui sépare ces cases (B).

3. Parier sur une « transversale pleine », c'est jouer sur *trois numéros*. On place l'enjeu au milieu d'une des raies qui séparent un numéro d'une des cases à chance simple (C). La mise est valable pour les trois numéros de la rangée horizontale.

4. On mise en « carré » en plaçant son enjeu à l'intersection d'une raie horizontale et d'une raie verticale médiane (D). Cela signifie que l'on parie sur la sortie d'un des *quatre*

LE RAPPORT DES DIFFERENTES MISES

Possibilités de mises	Nombre de chances	Rapport
Chances multiples		
Numéro plein	1 sur 37	35 fois la mise
Un cheval	2 sur 37	17 fois la mise
Transversale pleine	3 sur 37	11 fois la mise
Carré	4 sur 37	8 fois la mise
Sixain	6 sur 37	5 fois la mise
Une douzaine ou une colonne	12 sur 37	2 fois la mise
Deux douzaines ou deux colonnes	24 sur 37	1/2 fois la mise
Une chance simple		
Rouge ou noir	18 sur 37	1 fois la mise
Pair ou impair	18 sur 37	1 fois la mise
Passe ou manque	18 sur 37	1 fois la mise
Deux chances simples		
Manque et pair	9 sur 37	
Passe et pair	9 sur 37	
Manque et impair	9 sur 37	1 fois la mise si
Passe et impair	9 sur 37	les deux chances
Manque et noir	9 sur 37	gagnent
Manque et rouge	9 sur 37	
Passe et noir	9 sur 37	le joueur garde
Passe et rouge	9 sur 37	sa mise si une
Pair et noir	10 sur 37	seule chance sort
Pair et rouge	8 sur 37	
Impair et noir	10 sur 37	
Impair et rouge	8 sur 37	

numéros des cases ayant ce point commun.

5. Pour une « transversale simple » ou *sixain*, le jeton est placé à l'intersection d'une raie horizontale et d'une raie verticale qui sépare les cases numérotées des cases à chance simple (E). Le joueur mise alors sur *six numéros* : ceux des deux rangées horizontales intéressées.

6. On peut encore parier sur un ensemble de *douze nu-méros* (F) en plaçant la mise dans la case qui se trouve en bas de chacune des trois colonnes verticales des chiffres pris de trois en trois de 1 à 34, de 2 à 35 et de 3 à 36. On jouera également sur douze numéros en mettant l'enjeu sur l'une des trois douzaines qui comportent une case dans le bas du tableau : P 12 est la petite douzaine (de 1 à 12) ; M 12, la douzaine moyenne (de 13 à 24) et D 12, la dernière douzaine (de 25 à 36).

7. Enfin, on peut jouer sur *vingt-quatre numéros* à la fois en plaçant son jeton à cheval sur deux colonnes ou deux douzaines (G).

Rien ne va plus !

Le croupier fait tourner le plateau et il lance la bille en sens inverse en prononçant la phrase rituelle : « Faites vos jeux ! » Les joueurs placent leurs enjeux et, lorsque la bille arrive en fin de course, le croupier s'écrie : « Rien ne va plus ! »

Lorsque la bille est arrêtée, le croupier proclame le numéro gagnant et les chances simples qui en dépendent. Par exemple, si la bille s'est posée sur le 12, l'annonce sera la suivante : « Douze, rouge, pair et manque. »

Le croupier ramasse alors les mises perdues et paie les gains. Il lance à nouveau la bille pour un autre coup.

Peut-on jouer scientifiquement ?

Certains joueurs essaient de miser avec méthode et en suivant une certaine logique. Ils jouent la *série*, c'est-à-dire toujours la même chance simple, ou, au contraire, l'*alter-nance*. D'autres tentent la *tournante*, en tournant autour du tableau de mise. D'aucuns préfèrent la *sortante*, celle qui vient de gagner, ou, au contraire, la *perdante*, c'est-à-dire l'inverse de la chance qui vient de sortir.

La méthode de mise, en réalité, n'a aucune influence sur les chances de gain. On peut raisonnablement considérer que tous les numéros ont une chance égale de sortir. Si l'on veut passer une soirée à jouer de l'argent, le plus sage est encore d'adopter une règle qui a pour effet d'espacer les coups, donc de limiter les pertes. On attendra, par exemple, une alternance régulière pair-impair pendant sept coups. L'intérêt au jeu sera tout de même soutenu, car on devra suivre attentivement les coups où l'on ne jouera pas.

Prenons un exemple : si je mise sur un numéro plein déterminé (zéro compris), j'ai une chance sur 37 de gagner 35 fois ma mise, 36 de perdre. Ainsi, en plaçant 1 franc sur chacun des numéros, je serai sûr de récupérer 36 francs sur les 37 engagés. Le prélèvement de la maison de jeux est donc 1 pour 37, soit 2,7 pour 100.

Voici un autre exemple : je mise un jeton sur le rouge. Au premier tour, j'ai 18 chances sur 37 de gagner, soit 48,6 pour 100, 18 chances sur 37 de perdre, soit 48, 6 pour 100 et 1 chance sur 37 de faire un coup nul, soit 2,8 pour 100. En cas de coup nul, dans la meilleure des hypothèses, je ne gagnerai rien au second tour, mais récupérerai simplement ma mise. Je n'ai donc au total, que 48, 6 pour 100 de chance de gagner pour 50 pour 100 de risque de perte.

Ce prélèvement opéré par le casino est nécessaire pour l'exploitation de l'entreprise commerciale qu'il représente. Il est moins élevé, d'ailleurs, pour la roulette que pour les autres jeux de hasard.

Le jeu procure, certes, toute une gamme d'émotions, très vives pour les gros risques, moins fortes mais renouvelées pour les risques moins importants. A chacun de choisir celle qu'il préfère dans la limite de ses moyens. Mieux vaut encore s'en tenir aux réunions amicales où l'on ne joue qu'avec des jetons ou un enjeu très faible.

LES DES

Une longue histoire

Le nom *dé* vient probablement du mot latin *datum*, donné, et signifie : ce qui est donné par le sort.

Le dé est un petit cube qui porte sur ses six faces des points noirs représentant les nombres de 1 à 6. On remarquera que les faces opposées offrent toujours un total de 7 : 6 + 1, 5 + 2, 4 + 3.

Après avoir agité le dé dans un cornet, on le fait rouler sur la table. Le résultat est le nombre indiqué sur la face supérieure du dé.

On dit qu'un dé est *cassé* lorsqu'il ne repose pas à plat sur l'une de ses faces. Il faut alors le lancer à nouveau.

Il est *pipé* ou *chargé* lorsqu'il a reçu, à l'intérieur, une charge de mercure ou de plomb ou lorsqu'il est fabriqué dans une matière de densité inégale de manière que le dé ait tendance à tomber plus souvent sur une face déterminée. Un tel dé — est-il besoin de le dire ? — n'appartient qu'aux tricheurs.

L'origine des dés

Les dés remontent à la plus haute antiquité. On les utilisait pour la divination comme pour le jeu. Des dés étrusques trouvés près de Rome et datant du IXe siècle avant l'ère chrétienne étaient déjà semblables à ceux que nous utilisons aujourd'hui.

Leur origine, cependant, reste obscure. Platon prétendait que les dés avaient été inventés par le dieu égyptien Thot, mais Hérodote attribuait cette paternité aux Lydiens. De célèbres parties de dés sont rapportées dans les mythologies hindoue, égyptienne, grecque et romaine.

La passion du jeu connut vite de nombreux excès. Les empereurs romains Caligula, Claude, Néron, Commode étaient des joueurs forcenés. Le philosophe Sénèque représente Claude aux Enfers condamné à jouer avec un cornet percé et à reprendre constamment les dés qui s'échappaient par le fond du cornet avant qu'il ait pu les lancer. « Les Germains engagent jusqu'à leur liberté et leur personne pour le dernier coup de dés. Le perdant se résigne volontairement à l'esclavage même s'il est plus jeune et plus fort que son adversaire », écrit Tacite à la fin du Ier siècle ap. J.-C.

Bien plus, saint Ambroise raconte que certains joueurs misaient leurs doigts, leurs membres ou même leur vie lorsqu'ils avaient déjà tout perdu et se laissaient mutiler sans défense si le sort ne les avaient pas favorisés.

On ne s'étonnera pas, dans ces conditions, que les gouvernements aient tenté de mettre un frein à cette folie. Au temps de Charlemagne, les joueurs, comme les ivrognes, étaient frappés d'excommunication. Saint Louis avait maintenu cette sanction et interdit la fabrication des dés.

Au début de la Renaissance, les jeux de hasard firent fureur. Henri IV, joueur acharné, les introduisit à la Cour, au grand dam de son ministre Sully qui devait régler les dettes du souverain. Louis XIII puis Richelieu sévirent rigoureusement ; rien n'y fit : de nombreux personnages de la Cour vivaient principalement de leurs gains.

Un coup de dés évita une guerre

Le roi de Norvège et le roi de Suède jouèrent, paraît-il, aux dés la possession de la région de Hising en l'année 1020. La partie fut angoissante. Le monarque suédois amena deux six et sourit déjà assuré de la victoire. Olaf de Norvège ne se tint pas pour battu ; il lança les dés et obtint, lui aussi, deux six.

Le Suédois fit encore rouler les dés et sortit à nouveau deux six. Le second coup donna au Norvégien un six, mais l'autre dé, ne tombant pas à plat, montrait deux faces qui totalisaient 9 points.

La Norvège gagna ainsi la région du Hising et les rois se séparèrent bons amis. Ce coup de dés valait bien une guerre ?

Petits calculs de probabilités

Si l'on ne peut prévoir ce que le sort nous réserve, du moins peut-on connaître le risque encouru et les chances que l'on a de gagner si l'on admet, comme il est raisonnable de le faire, que toutes les combinaisons ont une chance égale de sortir.

Si l'on joue à un dé, il existe six possibilités, donc une chance sur six d'obtenir le nombre de points désirés.

Si l'on joue à deux dés, on a :

$1 + 1, 1 + 2, 1 + 3, 1 + 4, 1 + 5, 1 + 6$	= 6 possibilités
$2 + 1, 2 + 2$, etc.	= 6 possibilités
$3 + 1, 3 + 2$, etc.	= 6 possibilités
$4 + 1, 4 + 2$, etc.	= 6 possibilités
$5 + 1, 5 + 2$, etc.	= 6 possibilités
$6 + 1, 5 + 2$, etc.	= 6 possibilités

soit 36 possibilités.

Trois dés donneront 6 × 36 = 216 possibilités et quatre dés : 36 × 216 = 1296 possibilités et ainsi de suite.

Quelles chances a-t-on d'obtenir le nombre de points désirés ?

Avec deux dés, on a, sur 36 possibilités :

1 chance d'obtenir	2 points (1 + 1)
2 chances d'obtenir	3 points (1 + 2 et 2 + 1)
3	4
4	5
5	6
6	7
5	8
4	9
3	10
2	11
1	12
——	
36	

Avec trois dés, on aura de la même façon, sur 216 possibilités :

1 chance d'obtenir	3 points
3 chances d'obtenir	4 points
6	5
10	6
15	7
21	8
25	9
27	10
27	11
25	12
21	13
15	14
10	15
6	16
3	17
1	18
——	
216	

Et avec quatre dés, sur 1296 possibilités :

1 chance d'obtenir	4 points
4 chances d'obtenir	5 points
10	6
20	7
35	8
56	9
80	10
104	11
125	12
140	13
146	14
140	15
125	16
etc.	

——————

1296

On peut aussi considérer les marques comme des images et chercher à obtenir le plus grand nombre d'images semblables. C'est généralement le cas des jeux à cinq dés. Dans les dés du poker, par exemple, les points ont été remplacés par les figures : as, roi, dame, valet, 10, 9.

Quelles sont, dans ce cas, les chances d'obtenir les combinaisons désirées ?

les cinq faces semblables (quinte) :	6 chances
les quatre faces semblables (carré) :	150 chances
les trois faces semblables (brelan) :	
les deux autres différant entre elles	
(brelan sec) :	1200 chances
les deux autres semblables (full) :	300 chances
les deux faces semblables	
une seule paire :	3600 chances
deux paires :	1800 chances
les cinq faces différentes :	720 chances

——————

soit au total : 7776 chances

TRENTE-SIX

2 joueurs ou plus
Matériel : 1 dé

Chacun des joueurs met un enjeu dans le pot, puis lance le dé pour déterminer l'ordre du jeu. Le nombre le plus bas oblige le joueur à ouvrir le jeu. Le coup le plus élevé donne le privilège de jouer le dernier.

Chaque joueur lance le dé à son tour et annonce le résultat de son coup additionné au nombre donné par son prédécesseur.

Le but du jeu est d'atteindre le nombre 36 ou de s'en approcher le plus possible sans le dépasser.

La personne qui dépasse ce nombre ne joue plus. Le joueur suivant additionne son coup de dé au dernier total annoncé inférieur à 36.

L'enjeu est remis au gagnant. En cas d'égalité, il est partagé.

JEU DU SEPT

2 joueurs ou plus
Matériel : 2 dés, papier, crayon

Dessiner un tableau formé de deux rectangles égaux juxtaposés. Peu importe leurs dimensions.

Sur l'un d'eux, on écrit *manque :* ce sont les points 2, 3, 4, 5 et 6 ; l'autre rectangle porte le nom de *passe* pour les points 8, 9, 10, 11 et 12.

La règle du jeu

L'un des joueurs est banquier. Un tirage détermine l'ordre dans lequel les différents joueurs seront banquiers pour une durée de dix coups par exemple. En cas de *rampeau*, c'est-à-dire d'égalité de points, les joueurs ex aequo tirent une fois de plus entre eux.

Les participants placent leurs enjeux sur les cases manque ou passe. Le banquier demande : « Les jeux sont faits ? » et lance les dés.

Si le total des points donnés par les deux dés est de 2, 3, 4, 5 ou 6, il paie une somme égale aux enjeux placés sur manque et ramasse les mises placées sur passe.

Si, au contraire, le total donné par les dés est de 8, 9, 10, 11 ou 12, il paie les enjeux placés sur passe et ramasse les mises sur manque.

Si le total des points donne 7, tous les enjeux sont pour lui.

On se rend compte qu'à chaque coup de dé, le banquier à 21 chances sur 36 de gagner (1 + 2 + 3 + 4 + 5 + 6 + 7 ; *cf* page 25, soit 583 chances sur 1 000, ce qui lui donne un avantage incontestable. Il est donc nécessaire que les joueurs soient banquiers à tour de rôle.

LE JEU DU COCHON

2 joueurs ou plus
Matériel : 2 dés, crayon, papier

Le jeu du cochon est une variante du jeu précédent. On le trouve dans le commerce, mais il est facile de le fabriquer. Il amuse toujours de jeunes enfants.

Chaque joueur dessine au crayon le profil de l'animal selon le modèle donné ici.

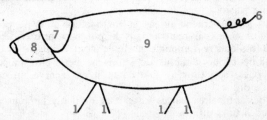

Il repassera à l'encre les parties que lui auront attribuées ses coups de dés.

On fixe d'abord par un tirage avec deux dés l'ordre dans lequel joueront les concurrents. Ceux-ci se placent à la gauche du joueur le plus favorisé dans l'ordre décroissant de leurs points. S'il y a *rampeau* les joueurs tirent à nouveau.

Le premier joueur tire pour le corps du cochon. S'il obtient 9, il rejoue pour le groin (8), puis pour l'oreille (7). S'il ne tire pas le chiffre désiré, il passe le cornet et les dés à son voisin de gauche.

On doit toujours observer l'ordre suivant :

le corps : 9
le groin : 8
l'oreille : 7
les pattes : 1 as pour une patte ; 2 as donnent le droit de tracer deux pattes.
la queue : 6.

Le gagnant est le premier joueur qui a terminé son cochon.

LES AS AU POT

2 joueurs ou plus

Matériel : 2 dés, 2 jetons par joueur

Les joueurs possèdent chacun deux jetons ; ils lancent une fois les dés à tour de rôle, dans le sens des aiguilles d'une montre.

Le joueur qui tire un as sur les deux dés met un jeton dans le pot. S'il tire deux as, il y met ses deux jetons.

S'il tire un 6, il passe les dés et un jeton à son voisin de gauche. S'il tire deux 6, il passe les dés et ses deux jetons à ce même voisin.

Si un joueur amène un as et un 6 alors qu'il ne possède plus qu'un jeton, il mettra dans le pot son dernier jeton et passera les dés à son voisin.

Un joueur qui n'a plus de jetons ne peut plus lancer les dés. Il passe son tour jusqu'à ce qu'il en reçoive un de son voisin de droite.

Les dés sont ainsi lancés jusqu'à ce qu'il n'y ait plus qu'un jetons en dehors du pot.

Celui qui reste avec le dernier jeton fait trois coups consécutifs ; s'il n'obtient pas un 6, il gagne la partie. Mais s'il sort un 6, il passe les dés à son voisin de gauche qui, à son tour, lance les dés trois fois. Le gagnant est alors le premier joueur qui jette trois fois les dés sans amener le 6.

LE QUINQUENOVE

3 joueurs ou plus
Matériel : 2 dés

Ce jeu, en vogue au XVIIIe *siècle, a donné naissance à l'expression ancienne* tenir le dé *qui signifiait s'emparer de la conversation et ne laisser les autres parler que très rarement.*

La marche du jeu

Le joueur qui possède les dés joue seul contre tous ; il est le banquier. Ses adversaires sont les pontes. Chacun devient banquier à son tour en suivant le sens inverse des aiguilles d'une montre.

Chaque ponte met au jeu une somme convenue et le banquier verse une mise égale à celle de tous les pontes réunis.

Le banquier lance les dés. S'il amène un doublet (deux chiffres semblables) ou un total de points de 3 ou 11, qu'on nomme *hasards*, il ramasse toutes les mises.

S'il tire les points de 5 ou de 9, appelés *contraires*, il perd son enjeu que les pontes se partagent.

Mais s'il amène les points : 4, 6, 7, 8 ou 10, personne ne gagne. Le banquier doit à nouveau lancer les dés.

LE CRAPS

2 joueurs ou plus
Matériel : 2 dés, jetons, papier, crayon

Ce jeu, d'origine anglaise, a pour ancêtre le jeu de Hazard *dont parle, dans l'un de ses contes, le poète Chaucer contemporain de Shakespeare.*

Le jeu de Hazard fut introduit aux Etats-Unis et se répandit, vers 1800, parmi les Noirs de la Nouvelle-Orléans qui en simplifièrent les règles. Cette variante, connue d'abord sous le nom de jeu de Nègre, *devint le* craps *lorsque ses règles se stabilisèrent. Les marins, les dockers, les ouvriers y jouèrent assidûment, et c'est seulement à la fin du* XIXe *siècle qu'il fit son entrée dans les clubs et les maisons de jeu pour devenir ensuite l'*open craps *des casinos.*

Très répandu aux Etats-Unis, le craps fut l'un des jeux favoris des troupes américaines et canadiennes durant la seconde guerre mondiale. Mais il reste interdit dans les établissements français.

On peut jouer aisément au craps en société où les participants seront banquiers à tour de rôle, tandis que les pontes lanceront les dés l'un après l'autre.

Le jeu nécessite un jeton carré que l'on appelle le *postillon* et un certain nombre de jetons qui sont répartis entre les pontes. On trace sur un carton un tableau du modèle ci-dessous.

```
                  places du postillon

    ┌──────────────────────────────────────────┐
    │   4    5    6    8    9    10             │
    └──────────────────────────────────────────┘

    ┌──────────────────────────────────────────┐
    │   2    3    4    8    9    11             │
    ├──────────────────────────────────────────┤
    │   3    5    6    10   11   12             │
    └──────────────────────────────────────────┘

                   premier jet
```

Le ponte placé à la droite du banquier joue le premier. Il place une mise sur la bande *premier jet*. Les autres pontes sont libres de miser ou non. Le banquier ne parie pas.

Le premier joueur lance les dés. Trois cas peuvent se présenter :

- *le point obtenu est 2, 3 ou 12*. C'est le « craps » en anglais, ou en français la « baraque ». Le lanceur ramasse tous les jetons et donne les dés à son voisin de droite qui va les jeter à son tour ;

- *le point sorti est 7 ou 11*. C'est le « nick » anglais ou l'« abattage » français. Le banquier est perdant ; il paie toutes les mises à égalité, et le ponte conserve les dés ;

- enfin, *le joueur a tiré l'un des six points : 4, 5, 6, 8, 9, 10.* Le banquier place le postillon sur la case correspondante. Tous les joueurs qui ont misé au premier jet doivent laisser leur enjeu. Ils peuvent parier sur l'une ou l'autre bande ou sur les deux après la mise en place du postillon de même qu'à chacun des jets que va faire le lanceur. Le banquier paie à égalité lorsque le point sorti figure sur la bande ; il ramasse l'enjeu dans le cas contraire.

Le postillon étant mis en place et les paris étant faits, le lanceur jette à nouveau les dés. Se présentent alors trois éventualités :

- s'il amène le même point que celui du postillon, le lanceur conserve les dés, tandis que le banquier paie toutes les mises à égalité ;

- si le point 7 est sorti, le banquier ramasse les mises et le lanceur cède les dés à son voisin de droite ;

- enfin, une éventualité différente des deux précédentes n'entraîne ni gain, ni perte de part et d'autre et le lanceur jette les dés jusqu'à ce que l'une d'entre elles se présente.

La partie se termine lorsque tous les joueurs ont été banquiers.

LE PASSE-DIX

2 joueurs ou plus
Matériel : 3 dés, papier, crayon

On trace un tableau de deux cases : *manque* (pour les points de 3 à 10) et *passe* (pour les points de 11 à 18) ou de quatre cases : *manque, passe, pair* et *impair.*

Chaque joueur devient banquier à son tour soit pour un coup, soit pour dix coups consécutifs par exemple.

Tous les pontes misent et le banquier lance les dés. Il ramasse les enjeux perdants, paie à égalité les gagnants.

Lorsqu'on ne joue qu'à deux, l'un des joueurs doit tenir le rôle du banquier.

LA PASSE MONEGASQUE

2 joueurs ou plus   ▮ ▧ ≡
Matériel : 3 dés, jetons, papier, crayon

Ce jeu est presque semblable au précédent et se joue sur deux cases.

Le banquier joue seul contre tous les pontes qui ont reçu des jetons en nombre égal. C'est lui qui lance les dés. De deux choses l'une :
- ou les points des trois dés sont différents : le coup est nul,
- ou les points de deux ou des trois dés sont identiques. Dans ce cas, il y a encore deux possibilités :
- le banquier « passe », c'est-à-dire qu'il a tiré un point de 11 à 18 ; chacun des joueurs lui donne un jeton et il relance les dés ;
- le banquier ne passe pas, c'est-à-dire qu'il a tiré un point de 3 à 10. Il donne un jeton à chacun des joueurs et passe les dés au ponte placé à sa droite qui devient banquier à son tour.

FRENCH BANK

2 joueurs ou plus   ▮ ▧ ≡
Matériel : 3 dés, jetons, papier, crayon

Ce jeu, dont le nom anglais signifie qu'on le pratique en France, est très en vogue au Portugal !

On tire avec un dé pour connaître l'ordre dans lequel les joueurs deviendront banquiers, pendant dix coups par exemple. Le premier banquier sera celui qui aura obtenu le nombre de points le plus élevé. En cas de *rampeau*, les concurrents tirent à nouveau entre eux.

Les pontes ne peuvent parier que sur *manque*, ici : 5, 6 et 7 ou sur *passe*, ici 14, 15 et 16.

Ils posent les jetons sur l'une des cases (ou les deux) du tableau que l'on aura dessiné.

Le banquier jette les dés jusqu'à ce qu'il obtienne l'un des six points : 5, 6, 7, 14, 15, 16 ou le brelan d'as.

Dans les six premiers cas, il prend les mises perdantes et paie les mises gagnantes à égalité. Mais, s'il obtient le brelan d'as, il ramasse tous les enjeux.

LE JEU MONEGASQUE

2 joueurs ou plus
Matériel : 3 dés, jetons

Les joueurs reçoivent chacun une dizaine de jetons. A chaque tour, ils en misent un.

Chacun d'eux lance les dés à tour de rôle et celui qui tire le point le plus élevé ramasse les enjeux et se retire. S'il y a plus d'un gagnant, le tour est annulé et tous les participants rejouent. Il y a donc autant de tours de jeu que de joueurs.

Le compte des points

Les points sont comptés de la façon suivante :
- lorsque les chiffres des trois dés sont différents (vingt possibilités), le gagnant ne compte aucun point ;
- dans les trente-six autres cas, lorsqu'il y a paire (trente possibilités) ou brelan (six possibilités), on additionne les points des trois dés.

On peut préciser, au début de la partie, qu'il y a rampeau entre le brelan d'as et les points 15, 16, 17 ou 18.

Lorsqu'il ne reste plus que deux joueurs en présence, c'est la finale pour laquelle on peut adopter l'une des trois variantes que voici :
- le *coup sec* ou coup unique ;
- l'*aller et retour* en deux manches suivies éventuellement d'une belle ;
- les *deux coups additionnés*. Chaque joueur lance les dés deux fois de suite. Les points de chaque coup sont évalués comme il est indiqué plus haut et les résultats obtenus sont additionnés.

En cas de rampeau, les deux joueurs recommencent la finale en conservant la variante qui a été choisie.

BUCK DICE

2 joueurs ou plus
Matériel : 3 dés

Chaque joueur lance les dés pour déterminer l'ordre de jeu. Celui qui obtient le total le plus bas jouera le dernier ; mais, avant de commencer le jeu, il lance un seul dé pour donner le « chiffre de la partie », l'atout en quelque sorte.

La marche du jeu

Le joueur qui a obtenu le total le plus élevé commence le jeu. Il lance les trois dés et marque 1 point chaque fois qu'il amène le chiffre désigné par le sort. Il continue à jeter les dés tant qu'il obtient ce chiffre et additionne ses points. S'il fait un coup sans l'obtenir, il passe les dés à son voisin de gauche.

Chaque joueur abandonne le jeu lorsqu'il a totalisé 15 points. Le perdant est donc celui qui reste le dernier dans le jeu.

Le compte des points

Dans le calcul des points, on applique, en outre, les conventions suivantes :
- un joueur qui dépasse le nombre 15 (s'il a 14 et tire deux chiffres d'atout, par exemple) passe son tour ; il ne marque aucun point : le coup entier est annulé ;
- tous les brelans, excepté celui de l'atout, sont appelés *little buck* et comptent pour 5 points ;
- le brelan de l'atout est le *big buck* ; il donne automatiquement au joueur son total de 15 points quelle que soit sa marque antérieure.

LE MARTINETTI

2 joueurs ou plus

Matériel : 3 dés, jetons, papier, crayon

Le martinetti ressemble au jeu des petits chevaux. On le fabrique facilement en traçant sur un carton ou sur le sable un tableau se composant de douze cases numérotées de 1 à 12.

1	2	3	4	5	6
12	11	10	9	8	7

Chaque joueur reçoit une marque particulière, puis lance les dés à l'aide d'un cornet pour déterminer l'ordre du jeu. Celui qui obtient le nombre le plus élevé commence.

Pour pouvoir poser sa marque sur le tableau, chaque joueur doit obtenir un as. Il se place sur la case 1. S'il obtient un as et un 2, il se pose sur la case 2. S'il lance 1-2-3, il avance jusqu'à la troisième case.

Il peut, en outre, additionner les points obtenus pour composer le nombre dont il a besoin pour avancer. Par exemple, un jet de 1-3-5 peut être utilisé pour faire 4, 6, 8 ou 9.

Chaque joueur lance les dés aussi longtemps qu'il peut avancer. Dès qu'il ne le peut plus, il passe les dés à son voisin de gauche.

Si un joueur ne voit pas un nombre qu'il aurait pu utiliser, n'importe quel joueur peut le prendre à son compte en le signalant dès que le joueur a passé les dés et avant qu'ils n'aient été lancés à nouveau.

Si deux joueurs revendiquent ce nombre en même temps, c'est celui qui est le plus proche de la gauche du joueur défaillant qui en aura le bénéfice.

Le gagnant est le premier joueur qui a accompli le parcours de 1 à 12 et de 12 à 1.

LE ZANZI

2 joueurs ou plus
Matériel : 3 dés

Le mot de *zanzi*, diminutif de Zanzibar, sert à désigner les six meilleures combinaisons qui sont ici les six brelans. Le zanzi d'as l'emporte sur les cinq autres.

Quand il n'y a pas de zanzi, les points se comptent de la façon suivante :

$$
\begin{aligned}
As &= 100 \ points \\
6 &= 60 \ points \\
5 &= 5 \ points \\
4 &= 4 \ points \\
3 &= 3 \ points \\
2 &= 2 \ points
\end{aligned}
$$

Les joueurs lancent les dés à tour de rôle. Un tirage préalable décide qui jouera le premier. Le jeu consiste à obtenir une combinaison plus élevée que celles des autres joueurs. Il comporte deux variantes entre lesquelles il faut choisir avant le début de la partie.

Variante

Le premier joueur fait rouler les trois dés. S'il n'est pas satisfait du résultat obtenu, il peut reprendre un ou deux dés et les lancer à nouveau une deuxième et même une troisième fois.

Les autres joueurs n'ont pas le droit de jeter les dés plus de fois que le premier, mais s'ils veulent les lancer moins que lui, ils doivent l'annoncer avant de jouer leur dernier coup.

Variante 2

Le premier joueur demande soit « les gros », soit « les petits », selon que le point qu'il vient d'obtenir est élevé ou faible. Dans le premier cas, les joueurs, pour gagner, devront dépasser le nombre de points sorti. Dans le second cas, au contraire, ils devront réaliser un nombre inférieur ; le zanzi d'as devient alors le jeu le plus mauvais.

En cas de rampeau, un « coup sec » détermine le vainqueur dans les deux variantes. On joue des coups secs tant que le rampeau se prolonge.

Il faut décider, au début du jeu, en combien de coups la partie sera jouée.

LE 421

2 joueurs ou plus

Matériel : 1 jeu de 421, 3 dés, jetons

Ce jeu est une variante du zanzi. On le pratique, en France, dans la plupart des cafés qui fournissent un petit plateau rond recouvert d'un tapis vert et cerclé de bois verni, trois dés ordinaires et une masse de jetons.

Les règles varient quelque peu d'un endroit à un autre. En voici une généralement admise.

Les combinaisons

Le but du jeu est de réaliser, avec les dés, une combinaison plus forte que celles obtenues par les autres joueurs.

Voici donc, par ordre décroissant, les différentes combinaisons possibles et leur valeur lorsqu'elles sont gagnantes, c'est-à-dire lorsque aucun autre joueur n'a obtenu une combinaison supérieure.

1. Le *421* : un 4, un 2 et un as. Il vaut autant de jetons qu'il y en a dans le pot moins un.

2. Les cinq *paires d'as* avec un dé d'un autre point (1-1-6, 1-1-5, 1-1-4, 1-1-3, 1-1-2) valent le nombre de points de ce troisième dé.

3. Les six *brelans* (ou zanzis) sont cotés chacun trois jetons.

4. Les *séquences* : 6-5-4, 5-4-3, 4-3-2, 3-2-1 sont d'une valeur de deux jetons.

5. Enfin, si aucun joueur n'a obtenu l'une de ces quatre combinaisons, le total le plus élevé des quarante possibilités restantes qui vont de 6-6-5 à 2-2-1 vaut un jeton.

La marche du jeu

Chaque joueur reçoit un même nombre de jetons ; le pot en contient onze. Un tirage avec un seul dé détermine l'ordre de jeu.

Le joueur qui commence lance les trois dés. S'il est satisfait du résultat obtenu, il les passe à son voisin et les autres joueurs ne pourront lancer les dés qu'une fois. Sinon, il reprend un, deux ou trois dés et il les relance une deuxième ou une troisième fois. Il pourra reprendre la troisième fois, s'il le désire, le ou les dés qu'il avait d'abord écartés.

Les joueurs suivants ne pourront pas lancer les dés plus de fois que le premier, mais, s'ils le préfèrent, ils joueront un nombre de coups inférieur à condition de frapper la table avec un dé avant de jouer leur dernier coup.

La partie

Une partie se déroule en deux phases : la *charge* et la *décharge*. Au cours de la première phase, le perdant de chaque tour prend les jetons de pénalité dans le pot. Lorsque celui-ci est vide, la partie entre dans sa seconde phase : le gagnant de chaque tour remet les jetons au perdant.

Le joueur qui, le premier, s'est débarrassé de tous ses jetons a gagné la partie.

LA BEZETTE

2 joueurs ou plus
Matériel : 1 jeu de bezette, 3 dés

La bezette ressemble beaucoup au jeu des as au pot (p. 30). On y joue avec trois dés et un accessoire se composant d'anneaux et d'une baguette montée sur pied qu'on appelle la *bezette*.

La règle du jeu

Chaque joueur reçoit un même nombre d'anneaux et l'on détermine par un tirage avec un seul dé qui commencera à jouer (celui qui obtient le nombre de points le plus élevé).

Le premier joueur lance les dés une fois. Il remet sur la bezette autant d'anneaux qu'il tire d'as et il donne autant d'anneaux qu'il amène de 6 à son voisin de droite.

S'il tire 6-5-4, il *fait la bezette*, c'est-à-dire qu'il est autorisé à enfiler sur la bezette tous les anneaux qui lui restent sauf un.

Il passe ensuite les dés à son voisin de droite qui joue de la même façon et ainsi de suite.

Le premier joueur qui n'a plus d'anneaux est le gagnant.

LA BELOTE AUX DES

2 joueurs ou plus

● 😀 ≡

Matériel : 3 dés

Autre variante du zanzi, ce jeu doit son nom au fait que le décompte des points suit les mêmes règles que celles de la belote, les brelans d'as étant assimilés aux « carrés » et les séquences des dés aux « tierces » du jeu de cartes :

> un *seul 6* = 20 points (comme le valet d'atout) ;
> une *paire de 6* = 40 points ;
> un *brelan de 6* = 200 points ;
> un *brelan de 5* = 150 points.

Chacun des *autres brelans* (4, 3, 2, as) vaut 100 points.

Les quatre *séquences* : 1-2-3, 2-3-4, 3-4-5, 4-5-6 valent chacune 20 points.

Dans la *séquence 6-5-4*, dite aussi « soixante-neuf », les 20 points du 6 s'ajoutent aux points de la tierce.

La partie

Les joueurs lancent les dés à tour de rôle et les conservent tant qu'ils marquent des points. Puis ils les passent à leur voisin de droite. Un tirage préalable avec un seul dé désigne qui commencera (celui qui a le nombre de points le plus élevé). Les rampeaux du point le plus fort tirent de nouveau.

Le premier joueur qui a obtenu 1 000 points a gagné et se retire du jeu. Les autres peuvent continuer à jouer.

LE BIDOU

2 ou 3 joueurs
Matériel : 3 dés, 1 cornet,
jetons

Le bidou, un très ancien jeu, par la variété de ses combinaisons et par son intérêt psychologique, est un des jeux de dés les plus amusants.

Le matériel

Ce jeu nécessite des jetons, trois dés et un cornet par joueur. De base assez large, le cornet, renversé sur la table, doit permettre au joueur qui le soulève légèrement de prendre connaissance, à l'insu de son adversaire, des points indiqués par les dés. On trouve également dans le commerce des cornets à fond transparent.

Les combinaisons

Les différentes combinaisons sont codifiées. En voici l'énumération par valeur décroissante :
- le *bidou*, c'est-à-dire 2-1-1,
- le *bidet*, c'est-à-dire 2-2-1,
- le *421*, c'est-à-dire 4-2-1,
- les six *brelans*, de 6-6-6 à 1-1-1 (brelan d'as).

Chacune de ces combinaisons l'emporte sur la suivante à une exception près : le brelan d'as bat le bidou lui-même, mais il est battu par les sept combinaisons qui le précèdent. Le bidou, lui, ne bat donc que les sept combinaisons qui le suivent immédiatement ainsi que toutes celles énumérées ci-après. De cette manière, aucun joueur n'est sûr d'avoir la combinaison la plus forte.
- les cinq *échelles*, c'est-à-dire les paires de trois qu'accompagne l'un des points : 6, 5, 4, 2, 1 ;
- les quatre *fourchettes*, c'est-à-dire les paires d'as plus un des points : 6, 5, 4, 3 ;
- les quatre *séquences* : 3-2-1, 4-3-2, 5-4-3, 6-5-4 ;
- les trente-quatre combinaisons encore possibles sont classées d'après la valeur du total des points, depuis 6-6-5 (17 points) jusqu'à 3-2-2 (7 points).

Le déroulement d'une partie

Chaque partie se déroule en deux manches suivies éventuellement d'une belle.

Les joueurs reçoivent, au début du jeu, un nombre égal de jetons et, au début de chaque manche, on constitue un pot de neuf jetons placés au milieu de la table.

Ces jetons seront attribués à titre de pénalité : après chaque coup, le joueur perdant recevra un ou plusieurs jetons (selon le cas) qui, comme dans le 421, seront puisés d'abord dans le pot, puis, lorsque celui-ci sera vide, lui seront remis par le gagnant du coup. Le joueur qui aura été contraint de prendre tous les jetons aura perdu la manche.

Première manche

On tire, à l'aide d'un seul dé, l'ordre dans lequel les joueurs auront la parole.

Chaque joueur agite les dés dans son cornet qu'il renverse sur la table et prend seul connaissance du résultat. Il s'arrête si celui-ci lui convient. Sinon, il secoue à nouveau les trois dés une deuxième et même une troisième fois s'il le désire.

Le premier désigné pour parler fixe son enjeu d'après la valeur de la combinaison qu'il a obtenue ou qu'il veut laisser supposer avoir obtenue. Cet enjeu doit comporter un nombre pair de jetons.

L'adversaire a le choix entre trois possibilités :

1. Se retirer en disant : *Je passe*. Il reçoit alors, en pénalité, la moitié de l'enjeu.

2. Accepter de comparer les deux jeux en répondant : *Tenu*. Les cornets sont soulevés et celui qui a la combinaison la plus faible reçoit le montant de l'enjeu.

3. Relancer en s'écriant : *Tapis* et en ajoutant des jetons à l'enjeu.

Dans ce cas, le premier joueur reprend la parole et fait à son tour l'une des trois réponses suivantes :

1. *Je passe*. Il se dérobe et reçoit une amende égale à son enjeu.

2. *Tenu*. Il accepte la comparaison des jeux et le joueur qui a la combinaison la plus faible reçoit le total de la relance.

3. *Relance*. Son adversaire reprend alors la parole et s'en tient généralement à *Je passe* ou *Tenu*, à moins qu'il ne veuille encore relancer. On procède alors comme dans les deux cas précédents.

Deuxième manche

La deuxième manche se déroule comme la première. Mais les joueurs qui ne sont pas satisfaits de leur jeu ont la faculté de conserver un ou deux de leurs dés en les exposant sur la table. Ils garderont cachés le ou les dés qu'ils relancent

La belle

La belle se joue exactement comme la première manche. Aucun dé ne peut être exposé.

On peut également jouer au Bidou à trois. Dans ce cas, A joue contre B qui joue contre C qui joue contre A.

LES DES MORTS

2 joueurs ou plus

Matériel : 5 dés

Chaque joueur lance un seul dé pour déterminer l'ordre de jeu ; le score le plus bas donne le droit de commencer. Le joueur qui a le nombre de points le plus élevé joue le dernier. En cas de rampeau, les concurrents tirent de nouveau.

Chaque joueur lance les dés à son tour. Il totalise la somme des points obtenus. Mais lorsqu'apparaît un 2 ou un 5, il ne marque rien pour ce jet et il élimine le ou les dés portant ces chiffres. Il rejoue alors les dés restants et continue à totaliser ses points de la même manière jusqu'à ce que tous les dés soient « morts ».

Le joueur suivant prend alors son tour et le gagnant est celui qui aura obtenu le nombre de points le plus élevé.

LES DES INDIENS

2 joueurs ou plus

Matériel : 5 dés

Les joueurs lancent les dés à tour de rôle pour déterminer l'ordre de jeu. Celui qui a le score le plus élevé joue le premier

Le but du jeu est d'obtenir une combinaison plus forte que celle des autres joueurs.

Les combinaisons

Voici les différentes combinaisons possibles classées par valeur décroissante :

la *quinte* : les cinq faces semblables,
le *carré* : les quatre faces semblables,
le *full* : un brelan et une paire,
le *brelan sec* : les trois faces pareilles,
les *deux paires*,
la *paire* : deux faces pareilles.

Les autres jets ne sont pas pris en considération.

Les 6 sont les plus forts : une quinte de 6 est supérieure à une quinte de 5, etc. Les 2 sont les plus faibles. Les as peuvent remplacer n'importe quel chiffre.

La partie

Le premier joueur lance les dés une fois, deux fois ou trois fois comme il le préfère. Les joueurs suivants devront jouer le même nombre de fois que lui. Après son premier jet, le joueur peut relancer les cinq dés ou en écarter un ou plusieurs à son gré et relancer ceux qu'il garde. Au troisième jet, il a la faculté de relancer les dés qu'il désire, y compris ceux qu'il avait écartés précédemment.

La valeur définitive du coup est celle que les dés indiquent après le dernier jet.

S'il n'y a que deux joueurs, le gagnant est celui qui a remporté deux tours sur trois. Lorsqu'il y a un plus grand nombre de joueurs, le gagnant du premier tour joue avec le vainqueur du second tour.

NAVIRE ET CAPITAINE

2 joueurs ou plus
Matériel : 5 dés

A coups de dés, les concurrents tentent de monter une expédition maritime…

Chaque joueur lance un dé pour décider de l'ordre de jeu. Celui qui obtient le chiffre le plus élevé commence. En cas de rampeau, les concurrents jettent à nouveau les dés.

Chaque joueur, à tour de rôle, tire trois coups. Il tente d'obtenir 6, 5, puis 4. Le 6 est le navire, 5 le capitaine, 4 le second. S'il tire 6 et 5 du premier jet, il les met de côté et tente d'amener un 4 avec les trois dés restants. A chaque fois qu'il sort le chiffre désiré, il retire un dé. Lorsqu'il a obtenu 6, 5, 4 dans l'ordre, il marque les points des deux autres dés qui représentent l'équipage. Il peut, s'il n'a pas utilisé ses trois jets, relancer un ou deux dés de l'équipage pour améliorer son total.

Si un joueur amène 6 et 4 du premier coup, il écarte seulement le 6 et rejoue avec quatre dés pour rechercher le 5 et le 4.

Le gagnant est le joueur dont l'équipage est le plus fort, c'est-à-dire qui a marqué le total le plus élevé.

En cas de rampeau, le tour est annulé.

On peut décider, avant de commencer le jeu, que la partie se jouera en dix tours.

LE CAMEROUN

2 joueurs ou plus
Matériel : 5 dés, papier, crayon

Les joueurs lanceront les dés dix fois chacun, à tour de rôle. L'ordre de jeu est tiré au sort.

Le résultat des combinaisons obtenues en lançant les dés sera inscrit dans les colonnes verticales du tableau ci-dessous, sur la rangée horizontale attribuée à chaque joueur. A chaque coup de dés, on ne pourra écrire que dans une seule colonne.

Les nombres portés en bas des colonnes indiquent le total à

ne pas dépasser dans chacune d'elles. Lorsque ce montant est atteint, on fait une croix dans la case vide placée au-dessous : aucun des joueurs ne peut plus rien inscrire dans ladite colonne.

La marque des points

1. Dans les six premières colonnes, on inscrit les points marqués sur les cinq dés : six 6 comptent pour 36, cinq 6 pour 30 etc.

	1	2	3	4	5	6	S	B	F	C	totaux
joueur A											
joueur B											
joueur C											
・・・・・・											
total	6	12	18	24	30	36	15	20	28	30	219

Tableau de marque

2. Les colonnes S et B (de l'anglais *small*, petit et *big*, grand) correspondent respectivement à la séquence mineure : 1-2-3-4-5 et à la séquence majeure : 2-3-4-5-6. La première vaut 15 et la seconde 20. Chacune d'elles ne peut être inscrite qu'une fois au cours de la partie.

3. Dans la colonne F (de l'anglais *full*, plein ; prononcez : foul, on inscrit la *main pleine*, c'est-à-dire un brelan et une paire. Le full vaut de (trois as et deux 2) à 28 (trois 6 et deux 5).

4. La colonne C est le quinton, dit *cake* (prononcez : kék, gâteau en anglais). Il rapporte 30 points pour cinq dés identiques de quelque valeur que ce soit.

Une partie

Le premier joueur fait rouler les cinq dés à la fois. Supposons qu'il amène : 5-5-5-6-2. Il peut conserver ce coup et marquer 15 (trois fois 5) dans la colonne de 5. Dans un autre cas, il pourrait aussi rejouer tous ses dés ou un certain nombre d'entre eux. Ici, il a intérêt à conserver ses trois 5 et à relancer les deux autres dés pour tenter d'obtenir un full ou bien un ou deux autres 5. S'il amène une paire, il notera le total des points dans la colonne F. Sinon, il inscrira le total des 5 dans la colonne appropriée.

Cependant, avant de jeter les dés pour la troisième fois, il est tenu d'annoncer la colonne choisie. S'il choisit une colonne de 1 à 6, il aura toujours à y inscrire au moins le total des dés qu'il a mis de côté. Mais s'il annonce l'une des colonnes S, B, F ou C sans obtenir la combinaison désirée, il trace une croix dans cette colonne et sur sa rangée puisqu'il n'a pas marqué de points et il interdit par-là même à ses adversaires d'utiliser la colonne. Par contre, s'il gagne, il inscrit les points correspondants.

Le joueur amène, par exemple : 5-4-4-3-2. Au deuxième jet, il lancera un des 4. S'il obtient un as, il aura une séquence mineure et marquera 15 points dans la colonne S ; s'il tire un 6, il aura une séquence majeure et marquera 20 points dans la colonne B. La colonne en question sera dorénavant bouchée. S'il n'a pas sorti le 6 ou l'as, il peut jouer une troisième fois, mais avant de lancer les dés, il devra dire s'il choisit la colonne S ou B, ce qui diminuera ses chances de moitié.

Lorsque les joueurs ont eu les dés dix fois en main, on totalise dans la colonne de droite les points obtenus par chacun d'eux et le gagnant est celui qui a le total le plus élevé.

LES SEQUENCES

2 joueurs ou plus
Matériel : 6 dés

Chaque joueur lance les six dés une fois et les passe à son voisin de gauche.

Le jeu consiste à obtenir le premier 100 points d'après les conventions suivantes :

1-2 donnent 5 points,
1-2-3 donnent 10 points,
1-2-3-4 donnent 15 points,
1-2-3-4-5 donnent 20 points,
1-2-3-4-5-6 donnent 25 points.

Mais le score de trois as dans un même jet annule tous les points obtenus et oblige le joueur à repartir de zéro.

LE VINGT-SIX

3 joueurs ou plus
Matériel : 10 dés, jetons

Un joueur tient la banque dotée de nombreux pions. Il en distribue un petit nombre (dix par exemple) à chacun des pontes avant le début de la partie.

Chaque joueur, à tour de rôle, choisit un nombre de 1 à 6 qui sera son *point* et place au centre de la table un nombre quelconque de jetons qui constitueront son enjeu.

Il lance les dés treize fois de suite en comptant le nombre de fois où son point apparaît.

Le banquier devra alors lui payer :
- quatre fois son enjeu s'il a obtenu 26 ou 27 points,
- cinq fois son enjeu s'il a obtenu 28 ou 29 points,
- six fois son enjeu s'il a obtenu 30 ou 31 points,
- sept fois son enjeu s'il a obtenu 32 ou 33 points,
- huit fois son enjeu pour plus de 33 points.

Par contre, le joueur qui obtient de 11 à 26 points abandonne son enjeu au banquier, mais s'il amène moins de 11 points, le banquier lui verse quatre pour un.

Le gagnant est, bien sûr, le joueur qui totalise le plus grand nombre de jetons lorsque tous les pontes ont eu les dés en main.

LES AS

3 joueurs ou plus
Matériel : 5 dés par joueur, 1 cornet

Ce jeu nécessite cinq dés et un cornet par joueur.

Chaque joueur place un enjeu convenu dans le pot et lance les cinq dés. Celui qui obtient le nombre de points le plus élevé commence le jeu ; le second s'assied à sa gauche et tirera après lui et ainsi de suite. Les as comptent pour 7 points. En cas de rampeau les concurrents lancent à nouveau les dés.

Le premier joueur lance ses cinq dés. Il place chaque as sorti au centre de la table, passe les 2 à son voisin de gauche et les 5 à son voisin de droite. Il continue à jeter les dés tant qu'il ne tire pas un as, un 2 ou un 5 et qu'il dispose encore de dés. Puis, c'est le tour du joueur placé à sa gauche. Les joueurs qui n'ont plus de dés restent dans le jeu car ils peuvent toujours en recevoir de leur voisin de gauche ou de droite.

Le gagnant est le joueur qui met le dernier as au centre de la table. Il prend le pot.

LE POKER D'AS

2 joueurs ou plus
Matériel : 5 dés de poker

Ce nom est une déformation des mots anglais *poker dice*, dés de poker.

Les dés du poker d'as, au nombre de cinq, portent sur leurs six faces : un as, un roi, une dame, un valet, un 10, un 9.

On tire avec un seul dé pour savoir dans quel ordre les participants joueront. Par la suite, c'est le perdant de la partie précédente qui débutera.

Le premier joueur jette les cinq dés. Il peut conserver son jeu ou reprendre tout ou une partie des dés pour les lancer une deuxième ou même une troisième fois afin de rechercher une combinaison plus forte. A la troisième fois, il a la faculté de reprendre le ou les dés qu'il avait conservés au premier ou au deuxième coup.

L'as joue le rôle d'un joker : il peut remplacer n'importe quelle figure pour former une combinaison. Mais lorsque deux combinaisons sont identiques, celle qui est « pure » (sans as) l'emporte sur l'autre.

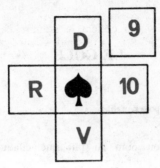

Les combinaisons

Voici, par ordre de valeur décroissante, les différentes combinaisons :

1. le *quinton*, qu'on appelle encore le *pointu* ou la *quinte* : cinq figures semblables (ou quatre figures semblables et un as ; trois figures semblables et deux as, etc.) ;

2. le *carré* : quatre figures semblables (ou trois figures semblables et un as, etc.) ;

3. Le *full* ou *plein* : un brelan et une paire. Par exemple, trois dames et deux 10 (full aux dames par les 10), etc. Le full aux rois par les 9 bat tout full aux dames même par les valets ;

4. Le *brelan* : trois figures semblables et deux figures différentes (les as étant exclus de ces deux dernières car, ajoutés au brelan, ils donneront un quinton ou un carré) ;

5. *La séquence* : lorsque les cinq dés sont différents. La séquence à l'as (as-roi-dame-valet-10) l'emporte sur la séquence au roi (roi-dame-valet-10-9 ou as-dame-valet-10 -9) ;

6. *Deux paires* : par exemple, deux rois et deux 10. Quand deux paires sont identiques, c'est le cinquième dé qui détermine le gain du joueur ; mais, comme pour le full, les paires de rois par les 9 battent les paires de dames même par les valets ;

7. *La paire :* Celle des rois est la plus forte puisque deux as donneraient un brelan avec le plus fort des trois autres dés.

Le joueur qui a la combinaison la plus forte gagne la partie.

Lorsque deux joueurs ont un jeu de même valeur, le gagnant est désigné par un coup sec.

LE GOLF

2 joueurs ou plus
Matériel : 5 dés de poker, papier, crayon

Ce jeu doit son nom au fait que chaque joueur doit boucher six trous.

On y joue avec les dés de poker d'as et les points de chaque joueur sont inscrits dans le tableau ci-dessous.

	joueur A	joueur B	joueur C	
AS				
R				
D				
V				
10				
9				
total				

La partie

L'ordre de jeu n'a aucune incidence sur le résultat de la partie. Le tirage au sort pour savoir qui débutera n'est donc pas indispensable.

Une valeur chiffrée est attribuée à chaque figure : l'as vaut

10, le Roi vaut 9, la Dame 8, le Valet 7, le 10 et le 9 sont évalués respectivement à 2 et 1.

La partie se joue en six tours.

Jouons un moment avec le premier joueur.

S'il obtient deux rois au premier coup de dés, il dira : « Je cherche les rois. » Gardant ses deux rois, il relance les trois autres dés. S'il tire un autre roi, il le met de côté et lance une troisième fois les dés restants. S'il obtient ainsi quatre rois, il inscrit dans sa colonne 36 points (4 x 9) sur la rangée des rois ; puis il passe les dés à son voisin.

Au tour suivant, il tentera une autre figure et ainsi de suite jusqu'à ce que tous ses trous soient bouchés.

Si, recherchant une figure de valeur élevée, il n'est pas satisfait du résultat obtenu, il peut inscrire un zéro dans la rangée des 10 ou des 9 à condition qu'elle soit encore vide.

Le joueur qui totalise le plus grand nombre de points est le gagnant.

Variante 1

On admet parfois que les points sont doublés pour la quinte (cinq dés semblables) obtenue au premier jet.

Variante 2

Au lieu d'inscrire les points obtenus, on marque le nombre de jets nécessaires pour obtenir les figures demandées.

L'as joue ici le rôle du joker. Par exemple, si, au premier jet, un joueur amène deux dames et un as, il dira : « Je cherche les dames. » Il écartera ces trois dés et lancera les deux autres jusqu'à ce qu'il obtienne deux dames, deux as ou un as et une dame.

Le gagnant est naturellement celui qui totalise le plus petit nombre de points.

Si l'on ne possède pas de dés de poker, on peut convenir des correspondances suivantes : le 6 remplace l'as, le 5 remplace le roi, le 4 remplace la dame, le 3 remplace le valet, le 2 tient lieu du 10 et le 1 du 9.

LES DES MENTEURS

2 joueurs ou plus
Matériel : 5 dés, 1 cornet,
jetons

La règle de ce jeu est analogue à celle du poker menteur qui se joue avec des cartes. On peut utiliser ici des dés ordinaires, mais il est plus agréable de se servir des cinq dés de poker.

La partie

Les joueurs lancent les dés à tour de rôle et doivent prendre connaissance du résultat à l'insu des autres joueurs. Il est commode d'utiliser, à cet effet, un cornet à fond transparent.

Les combinaisons sont les mêmes que celles du poker d'as. (page 50).

Un nombre égal de jetons est distribué à chaque joueur, puis on lance un seul dé pour savoir qui commencera la partie.

Le premier joueur agite les dés dans le cornet et le renverse sur la table. Il le soulève légèrement pour être le seul à voir le résultat qu'il est libre de conserver ou de modifier. Si ce résultat ne le satisfait pas, il relancera donc un, deux, trois ou quatre dés, une deuxième et même une troisième fois s'il le veut. Pour cette dernière, il pourra reprendre les dés qu'il avait écartés précédemment.

Il transmet ensuite la combinaison obtenue à son voisin de gauche en la lui annonçant. Celui-ci a le droit d'accepter ou de contester cette déclaration qui peut être vraie... ou fausse.

Dans le cas où il la conteste, il dit : « Menteur » à celui qui lui a passé les dés et soulève le cornet. Si l'annonce est juste, il verse un jeton dans le pot. Si elle est fausse, celui qui l'a faite paie le jeton et l'on recommence un nouveau tour.

Mais il peut aussi accepter la déclaration. Il regarde alors seul le jeu, relance à une ou deux reprises un, deux, trois ou quatre dés s'il le désire. Puis il passe le jeu, toujours à l'abri des regards, au joueur suivant en faisant à son tour une annonce, vraie ou fausse... mais obligatoirement supérieure à la précédente et ainsi de suite jusqu'à ce que l'un des joueurs conteste une déclaration.

Si un joueur fait une annonce de cinq as, son interlocuteur peut, bien sûr, la refuser. S'il l'accepte, il a droit à cinq coups de dés (au lieu de trois) pour tenter d'obtenir la même combinaison, puisqu'il ne peut en rechercher une supérieure. S'il échoue, il perd un jeton ; s'il réussit, c'est l'annonceur qui doit verser le jeton.

Lorsqu'un joueur a perdu tous ses jetons, il se retire du jeu. Le gagnant est le dernier joueur qui reste en jeu ; il ramasse le pot.

LES SIX AS

2 ou 4 joueurs
Matériel : 2 dés, 6 pions par joueur, papier, crayon

Ce jeu date de plus de 700 ans ; on le trouve mentionné dans un manuscrit du XIIIᵉ siècle, le *Codex Alfonsine*.

On utilise un tableau du modèle ci-dessous, six pions par joueur et deux dés.

○● disposition des pions pour 4 joueurs

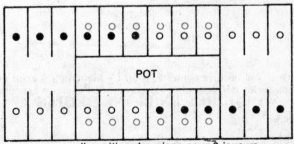

○ disposition des pions pour 2 joueurs

A deux joueurs

Chaque joueur place ses six pions comme il est indiqué sur le tableau et le premier lance les dés.

Le point de chaque dé est interprété de la façon suivante :
- l'as permet de donner un pion à son adversaire qui l'ajoute aux siens ;
- le 6 autorise à éliminer un de ses propres pions ;
- le 5 donne le droit de mettre un de ses pions dans le pot ;
- le 2 oblige à prendre un pion dans le pot pour l'ajouter aux siens ; lorsque le pot est vide, le 2 n'entraîne aucune obligation ;
- le 3 et le 4 sont sans effet.

Dans les doubles, chaque dé compte séparément et le joueur qui a fait un double relance les dés à moins qu'il n'ait obtenu deux 2, ce qui l'oblige à prendre deux jetons dans le pot ; dans ce cas, il ne rejoue pas. (Selon une variante, le joueur qui a sorti un double 2 doit prendre tous les pions du pot et rejouer.)

Lorsqu'un joueur n'a plus de pions sur son côté, il doit amener un 6 pour gagner. Toutefois, avant d'y parvenir, il peut recevoir de son adversaire un ou plusieurs pions dont il lui faudra se débarrasser avant d'obtenir le 6 qui lui assurera la partie.

A quatre joueurs

Le jeu est plus amusant à quatre joueurs.

La disposition des pions est indiquée sur le tableau précédent et les joueurs lancent les dés à tour de rôle dans le sens des aiguilles d'une montre.

Les règles sont les mêmes que pour le jeu à deux, mais, lorsqu'un joueur amène un ou deux as, il donne un ou deux pions à son voisin de droite.

LA COURSE EN LIGNE DROITE

2 joueurs

**Matériel : 2 dés, 6 pions,
papier, crayon**

C'est un jeu amusant et très animé.

Les joueurs tracent deux rangées de 12 cases (cf figure) et

reçoivent chacun trois pions et un dé.

Partant d'une extrémité de sa rangée, chacun doit arriver à l'autre extrémité en avançant d'autant de cases que de points donnés par le dé. Mais l'un se déplace de droite à gauche et l'autre de gauche à droite.

On tire à qui jouera le premier et les joueurs, à tour de rôle, font avancer un de leurs pions. Mais si l'un d'eux arrive en face d'une case occupée par l'adversaire, celui-ci doit recommencer son parcours. Si deux ou trois pions se trouvent sur cette case, ils sont tous chassés.

Il ne faut pas dépasser le but. Si l'on tire un chiffre supérieur à celui qui est nécessaire, le pion est renvoyé à son point de départ.

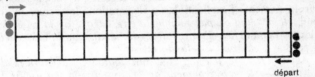

départ
du joueur A

départ
du joueur B

LE JEU DE L'OIE

2 joueurs ou plus

**Matériel : 1 jeu de l'oie,
2 dés, jetons**

Quelle famille ne possède dans son grenier un jeu de l'oie ? Tous les enfants pratiquent encore ce jeu charmant, que l'on croit souvent très ancien — ne l'appelait-on pas, au XVIIe siècle, « le noble jeu de l'oie renouvelé des Grecs » ?

En fait, il ne semble pas antérieur à la fin du XVIe siècle. Il est probable qu'à cette époque en veine d'hellénisme, l'allusion aux Grecs n'était qu'un argument commercial.

En effet, Rabelais ne le cite pas parmi les jeux de Gargantua, mais nous apprenons par les Mémoires de son médecin que Louis XIII y jouait étant enfant. Le plus ancien tableau que nous en connaissons date de 1640 ; gravé sur bois, il semble d'origine vénitienne.

Madame de Sévigné, en tout cas, se félicite des vertus de ce jeu dans une lettre à sa fille : « Le jeu de l'oie vous a renouvelée, comme il l'a été par les Grecs » et Napoléon s'y amusa, trichant au besoin, dit-on, pour ne pas tomber dans le puits ou la prison.

Au gré de l'histoire ou de la mode, ce jeu connut de nombreuses variantes : le parcours changeait de thème, mais il conservait le plus souvent les soixante-trois cases et la même série d'embûches. On connaît parmi les plus célèbres : le jeu de la Révolution française, le jeu des rois de France qui débutait par le baptême de Clovis et se terminait par l'entrée de Louis XVIII à Paris en 1814, le jeu de l'affaire Dreyfus etc.

L'un des plus divertissants par les rapprochements qu'il provoquait était le jeu de l'hymen, en vogue il y a deux siècles. Chacune des quatre-vingt dix cases portait la dénomination d'une phase de la vie amoureuse : l'espérance, le tête-à-tête, les serments, les sacrifices, les caresses, la mélancolie, le refroidissement, l'explication, la déclaration, les refus, le retour, etc. N'était-ce pas piquant d'être envoyé de la case des ailes de l'amour à celle de l'entrevue, tandis que la case de la discrétion conduisait à celle du plaisir ?

Aujourd'hui, le jeu de l'oie suit toujours les caprices de l'histoire — le gouvernement de Vichy eut son jeu dit de la francisque — ; il lui arrive aussi d'être utilisé dans les jeux publicitaires de grandes marques de produits.

Le matériel

Le jeu de l'oie est un tableau de soixante-trois cases disposées en forme de colimaçon.

Un cornet, deux dés, une marque différente pour chacun des joueurs et des jetons distribués en nombre égal (dix ou douze par exemple) sont également nécessaires.

La partie

Les joueurs versent chacun trois ou quatre jetons dans le pot pour constituer l'enjeu.

Celui qui tire, au premier coup de dés, le nombre de points le plus élevé a le privilège de commencer la partie. Il met les deux dés dans le cornet, les agite et les lance. Il avancera sa marque d'un nombre de cases correspondant au nombre de points obtenu. Puis il passera les dés à son voisin de droite qui jouera de la même façon et ainsi de suite jusqu'à ce que l'un des participants parvienne sur la case 63 qui est le jardin de l'oie.

Les joueurs ne pourront éviter sur leur route quelques accidents de parcours.

1. Les cases portant la figure d'une oie autorisent celui qui s'y arrête à avancer à nouveau d'un nombre de points égal à celui qu'il a tiré. Ce sont les cases 9, 18, 27, 36, 45 et 54. Par exemple, si un coup de 5 conduit un joueur à la case 9, celui-ci se portera à la case 14. Ce peut être un avantage... ou un inconvénient si cette progression accélérée mène à un accident néfaste.

Cependant, pour ne pas gagner dès son entrée en jeu, le joueur qui, au premier tour, amène 9 par 4 et 5 se pose directement sur la case 53 où figurent deux dés marqués 4 et 5 et celui qui fait 9 par 6 et 3 se rend à la case 26 où se trouvent également deux dés marqués ici 6 et 3.

2. A la case 6 est dessiné un *pont*. Le joueur qui s'y arrête est tenu de verser un jeton dans le pot et de se rendre à la case 12.

3. A la case 19, est une *hôtellerie*. Il fait bon y demeurer. Le joueur paie deux jetons et s'y repose tandis que ses concurrents jouent deux fois.

4. A la case 31 se trouve un *puits*. Pour en sortir, l'aide d'un joueur sera bien utile. Il faut donc attendre que l'un des concurrents y tombe à son tour. Après avoir payé trois jetons, le joueur délivré se placera sur la case d'où vient son libérateur.

5. Le *labyrinthe* de la case 42 renvoie à la case 30 après versement de deux jetons.

6. A la case 52, le joueur est jeté en *prison*. L'amende à payer est de trois jetons ; mais il faut attendre qu'un joueur s'arrête sur cette case pour être emprisonné à son tour. Le joueur libéré se rendra sur la case d'où vient son bienfaiteur.

7. La case 58 présente une *tête de mort*. Après avoir payé l'amende de trois jetons, le joueur doit retourner au début du parcours (case 1) qu'il recommencera au prochain tour.

8. En outre, si un joueur arrive sur une case déjà occupée par un concurrent, celui-ci paie un jeton et va prendre la place de celui qui l'a délogé.

Le joueur qui parvient dans le *jardin de l'oie* (case 63) en utilisant tous les points de son coup de dés a gagné la partie et prend l'enjeu.

Mais s'il amène plus de points qu'il ne faut pour demeurer dans le jardin, il rétrogradera du nombre des points superflus.

Par exemple, si, placé à la case 57, il amène sept points, il se posera sur la case 62 : six points de 57 à 63 plus un point de 63 à 62.

LE TRIC-TRAC

2 joueurs
Matériel : 1 jeu de tric-trac,
2 dés

Ce jeu fort ancien nous aurait été transmis des Phéniciens par les Grecs, puis les Romains qui utilisaient déjà le tablier orné de vingt-quatre flèches de notre jeu de jacquet.

Quant à l'origine du nom donné à ce jeu, on l'attribue généralement à l'onomatopée du bruit que font les dés et les dames sur le plateau de bois. Mais on peut lui trouver une étymologie plus noble comme cet auteur de l'Académie Universelle des Jeux à la veille de la Révolution française, heureux d'y reconnaître les deux mots grecs tris trakus, *trois fois difficile à comprendre et à jouer !*

D'autres pencheraient plutôt pour une origine arabe ou asiatique. Quoi qu'il en soit, le jeu connut, au XVIIᵉ siècle, sa plus grande faveur en Europe où il se répandit sous le nom de backgammon *en Angleterre, de* gammon *en Ecosse, de* puff *en Allemagne, de* tablas reales *en Espagne, de* tavole reale *en Italie et... de* tric-trac *en France, avec, bien sûr, quelques variantes.*

Dans Les Caractères *de La Bruyère, c'est au tric-trac que joue Ménalque, vidant sur le tablier le verre qu'il allait boire et avalant les dés de son cornet !*

Une partie royale

Louis XIV, paraît-il, se divertissait beaucoup à ce jeu. Au cours d'une partie que le roi disputait au milieu d'un cercle de courtisans, survint un coup douteux. Le chevalier de Grammont, entrant à l'improviste, fut pris comme arbitre par le roi :

— Vous avez perdu, Sire, répond le chevalier.

— Comment ? Vous me condamnez avant même de savoir de quoi il est question !
— Ne voyez-vous pas, Sire, que si le coup était le moins du monde susceptible d'être à votre avantage, tous ces messieurs se disputeraient à qui prouverait que vous avez gagné ? »
Louis XIV, flatté, sourit et paya.

Le matériel

Le matériel du tric-trac se compose de plusieurs pièces :
1. le *tablier* du tric-trac comportant vingt-quatre flèches alternativement blanches et noires (ou vertes) disposées face à face (cf. figure) ;
2. 15 dames blanches et 15 dames noires ;
3. un cornet et deux dés ;
4. trois jetons plats appelés *jetons de bredouille* ;
5. deux *fichets* (un par joueur) pour marquer les *trous* ou *jeux*.

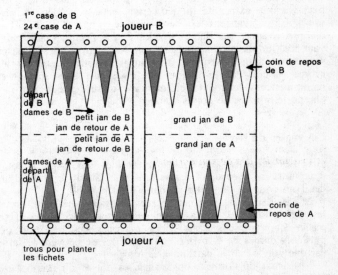

Tablier du tric-trac

Le tablier est divisé en quatre *jans* (groupe de six flèches) ; les deux *petits jans* (deux groupes de six flèches placées face à face) occupent la première *table* (la moitié du tablier). Les deux *grands jans* constituent la seconde table. On appelle *jan de retour* le dernier jan qu'un joueur doit parcourir pour faire le tour du tablier. Le jan de retour d'un joueur est donc le petit jan de son adversaire.

Le tablier est percé de vingt-quatre *trous* à la base de chaque flèche. Les joueurs avanceront leur *fichet* d'un trou chaque fois qu'ils auront obtenu un jeu de 12 points.

La marche du jeu

La partie de tric-trac se joue en douze jeux de 12 points. Le but du jeu est d'obtenir ce nombre de points aussi rapidement que possible d'après des règles déterminées ; peu importe l'emplacement des dames à la fin de la partie.

Chaque joueur lance un dé et celui qui a le point le plus élevé commence.

Les dames de chaque joueur sont placées sur une seule flèche à une extrémité du jeu, en face de celles de l'adversaire. Elles avancent en sens inverse (chaque joueur fait d'abord avancer ses dames sur les douze flèches placées devant lui, les six premières étant son petit jan et les six autres son grand jan). Les dames font ainsi le tour du tablier au rythme donné par les points des dés ; puis elles *sortent* et recommencent le même circuit tant qu'un joueur n'a pas obtenu le nombre de points voulu.

Les règles du jeu

1. Les coups se jouent avec une seule dame pour le total des points ou avec deux dames, chacune jouant le point d'un dé. Tout coup de dé doit être joué s'il est possible.

2. Les dames ne peuvent *se reposer* (faire une halte après le compte d'un dé si la dame avance de deux dés) ou se placer que sur des cases vides ou occupées par une ou plusieurs dames de la même couleur. Elles ne peuvent le faire sur une case occupée par l'adversaire.

3. En cas de doublet, on avance les dames du nombre de points indiqués et l'on jette les dés à nouveau.

4. *Bois touché est censé joué*. Lorsqu'on veut simplement

étudier son coup, il faut dire : *j'adoube* avant de toucher sa dame. Sinon, on est obligé de jouer la dame touchée à moins que le coup ne soit impossible.

5. Le joueur qui *fait fausse case* (qui se pose sur une case ne correspondant pas au point donné par les dés) est obligé de remettre ses dames à leur place de départ. L'adversaire peut lui faire jouer ses points à sa propre volonté.

6. Le *coin de repos* est la douzième case à partir de la flèche de départ de chaque joueur. On ne peut y rentrer ni en sortir qu'en déplaçant deux dames ensemble. On n'occupe jamais le coin de l'adversaire, mais lorsque le coup de dés permettrait de prendre ce coin, on rétrograde d'une case pour prendre le sien.

7. Quand un joueur a entré toutes ses dames dans le jan de retour, il sort ses dames du tablier en commençant par les plus éloignées. Chaque dé dont le point est supérieur au nombre de flèches qui séparent la dame la plus éloignée de la flèche de départ autorise le joueur à sortir cette dame.

8. Lorsqu'un joueur a gagné un ou deux trous *de son dé*, il peut :
- *tenir* et la partie continue. Le joueur conserve pour le trou suivant les points qu'il a gagnés au-delà de 12. On retire simplement les points de l'adversaire (il conserve ses trous) et toutes les dames restent en place ;
- ou *s'en aller*. Toutes les dames sont remises sur leur flèche de départ et les points ne constituant pas un trou sont effacés (même ceux du gagnant). Dans les deux cas, le gagnant repart le premier.

Mais si les points qui font marquer le trou proviennent du coup de dés de l'adversaire, le gagnant doit *tenir* ; il ne peut *s'en aller*.

Comment gagner des points ?

Les joueurs marquent des points par la progression de leurs dames et par les fautes de l'adversaire.

Les figures de départ

Le *jan de six tables* se produit lorsqu'on place une dame sur chacune des six premières cases (dans le premier jan) avec les trois premiers coups d'une partie ou d'une reprise à partir de la case de départ. Le coup rapporte au joueur 4 points.

Les quatre figures suivantes comptent 4 points lorsqu'elles

sont obtenues par dés simples (deux nombres dissemblables) et 6 points si elles sont obtenues par doublet.

Le *jan de deux tables*, c'est battre les deux coins vides (se poser sur la douzième et la vingt-quatrième cases) alors que l'on n'a que deux dames *abattues* (sorties du talon).

Le *jan de Méséas*, c'est battre le coin vide de l'adversaire (la vingt-quatrième case) avec ses deux seules dames abattues.

Par contre, c'est l'adversaire qui marque les points si un joueur fait :

- le *contre-jan de deux tables,* c'est-à-dire s'il amène les points du jan de deux tables alors que le coin de l'adversaire est occupé ;
- le *contre-jan de Méséas,* c'est-à-dire s'il amène les points du jan de Méséas alors que son adversaire occupe son coin.

On le voit, il y a intérêt à occuper son coin le plus tôt possible et à s'y maintenir.

Les figures de jeu

Les *jans pleins.* Lorsqu'un joueur remplit un jan (occupe les flèches de 1 à 6 : *petit jan,* de 7 à 12 : *grand jan,* ou de 19 à 24 : *jan de retour,* il marque 4 points par des simples, 6 points par doublet.

Il compte le même nombre de points à chaque coup de dés lui permettant de conserver ce plan plein.

La *sortie.* Le premier joueur sorti marque 4 points s'il est sorti par des simples, 6 points s'il est sorti par doublet.

La bataille

Chaque fois qu'un coup de dés amènerait (par un seul dé ou par les deux réunis) un joueur à se poser sur une demi-case (case occupée par une seule dame de l'adversaire), il y a *bataille.*

Le joueur compte autant de victoires qu'il peut *battre de dames* (se poser sur une demi-case) en un coup de dés sans avoir à se reposer sur une case pleine adverse (occupée par deux dames ou plus).

Si, pour battre une dame, le joueur est obligé de se reposer sur une case pleine adverse, il *bat à faux* et subit une *défaite* ; l'adversaire marque les points.

Une victoire, ou une défaite, dans le grand jan de l'adversaire rapporte à l'un ou l'autre joueur 2 points par dés simples, 4 points par doublet. Si la bataille a lieu sur un coin ou dans le petit jan de l'adversaire, les points gagnés sont de 4 par dés simples et 6 par doublet.

Une bataille permet de marquer des points, mais le joueur ne déplace pas ses dames puisqu'il lui est interdit de se poser sur une case occupée par l'adversaire.

Les pénalités

Lorsqu'un joueur se trompe dans le décompte des points, son adversaire l'*envoie à l'école* : celui-ci gagne autant de points qu'il en a été omis ou marqués en trop.

Le *jan qui ne peut* se produit lorsqu'un joueur ne peut pas avancer ses dames du nombre de points qu'il a amenés ; il reste donc sur place et son adversaire marque 2 points.

La bredouille

Avant de lancer les dés, le premier joueur prend un des trois jetons. S'il marque 12 points consécutifs sans que l'adversaire en gagne aucun, il avance son fichet de deux trous (24 points) : il a fait une *partie bredouille*.

Son adversaire prend les deux autres jetons dès qu'il a marqué des points ; mais il en redonne un au joueur lorsque celui-ci marque à son tour ; on dit qu'il se *débredouille*. Celui qui atteint le plus vite ce nombre de 12 points n'avance son fichet que d'un trou. C'est une *partie simple*.

Le déroulement du coup

Le coup doit toujours se dérouler suivant le même processus :

a) marque des défaites de l'adversaire dans le coup précédent,

b) marque des écoles de l'adversaire,

c) jet des dés,

d) marque des victoires pour dames battues, coin battu, jans divers,

e) marque des jans emplis, réemplis ou conservés,

f) déplacement d'une ou des deux dames.

Attention : le joueur ne peut plus rien marquer s'il a touché sa dame pour la déplacer.

LE JACQUET

2 joueurs

**Matériel : 1 jeu de jacquet,
2 dés**

Le jacquet est une forme simplifiée du tric-trac qui nous est venue d'Angleterre où elle fut inventée sous le nom de *backgammon*. Son nom *jacquet* est peut-être la déformation du mot anglais *jockey* employé pour désigner le *postillon* que l'on retrouve dans ce jeu.

On utilise la table du tric-trac à vingt-quatre flèches alternativement claires et sombres (voir figure ci-dessous), trente pions appelés dames (quinze de la même couleur par joueur) et deux dés ordinaires.

Pour qu'un coup de dés soit valable, les dés doivent reposer à plat sur la table.

La partie

Chaque joueur empile ses dames par cinq sur sa flèche de départ (ι pour le joueur X et a pour Y).

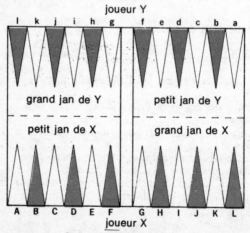

Tablier du jacquet

Le jeu consiste à amener, dans le sens inverse des aiguilles d'une montre, toutes ses dames sur le grand jan de l'adversaire (g, h, i, j, k, l pour X et G, H, I, J, K, L pour Y), puis à les faire sortir du jeu.

Le gagnant est naturellement celui qui y parvient le premier.

Les règles du jeu

Il convient d'observer certaines règles pour effectuer ce parcours.

1. On peut faire progresser une dame du total des deux dés ou deux dames chacune du point amené par un dé. Par exemple, si l'on tire 4 et 5, on a le choix d'avancer une dame de 9 points ou bien deux dames, l'une de 4 et l'autre de 5 (mais il est interdit d'avancer une dame de 6 et l'autre de 3).

2. On ne peut pas se placer sur une flèche occupée par l'adversaire et il est obligatoire de se reposer sur une case vide après avoir compté le point du premier dé. On a donc intérêt à occuper le plus grand nombre de flèches possible ; le joueur qui en occupe six consécutives empêche toute progression de l'adversaire, mais il n'est autorisé à le faire que s'il a déjà pris possession de sa vingt-troisième et de sa vingt-quatrième cases (K, L et k, l). Si, par suite de flèches *bouchées*, c'est-à-dire occupées par l'adversaire, on ne peut utiliser que les points d'un seul dé, on négligera l'autre dé. Si l'on ne peut se servir d'aucun, on passera son tour.

3. Si l'on amène un double, le total des points est multiplié par deux, par exemple, le double-trois (ou *tous les trois*) donne le droit de faire quatre fois trois en avançant une seule dame, deux dames (d'un même nombre de points ou dans la proportion de un à trois), trois dames ou quatre dames.

4. Toute dame touchée avec le doigt doit être jouée à moins que le coup ne soit impossible. Si un joueur veut poser le doigt sur une dame avant d'être certain de la jouer, il doit dire au préalable : « J'adoube ».

Première phase

On tire avec un seul dé pour savoir qui *aura la pose*, c'est-à-dire qui jouera le premier. Le point le plus élevé l'emporte. On tire à nouveau en cas d'égalité.

Au début de la partie, chaque joueur ne peut avancer qu'une seule dame, le *postillon*, qui, au cours de ses déplacements, s'arrête sur la pointe de la flèche. Lorsque celui-ci est arrivé dans le jan placé à droite de l'adversaire, le joueur peut engager ses autres dames qui seront posées à la base des flèches.

Seul le double 5 permet d'atteindre ce jan en un coup puisqu'il donne 20 points (le postillon se place alors en I ou i). Par contre, au premier coup le double 3 ne donne que 9 points puisque la douzième case, occupée par le talon de l'adversaire, est interdite.

Deuxième phase

Lorsque toutes les dames d'un joueur se trouvent dans le grand jan de l'adversaire, il conviendra de les en faire sortir en observant certaines conventions.

On peut sortir soit deux dames placées sur les flèches indiquées par le point de chaque dé (G et g = 6 ; L et l = 1), soit une dame placée sur la flèche correspondant au total des 2 points. Il n'est donc pas possible de sortir plus de deux dames en un coup de dés.

De plus, 1 point peut faire sortir une dame posée sur une case correspondant à ce point ou une dame plus proche de la sortie, mais il faut d'abord avancer les dames les plus éloignées avant de sortir les dames plus proches.

Par exemple, si un joueur tire un 5 et un as, il a le choix de sortir sa dame du 6 ou ses deux dames placées l'une sur le 5 (H ou h), l'autre sur l'as. Mais s'il n'a pas de dames sur le 5 il doit avancer sa dame du 6 avant de sortir une dame de 2, 3 ou 4.

LE MATADOR

2 joueurs
Matériel : 1 jeu de jacquet,
2 dés

Le matador est une version du jacquet qui permet d'accélérer la partie.

Les règles des deux jeux sont identiques, mais l'on admet au matador une convention supplémentaire : le joueur qui amène 7 par 4 et 3 fait le *coup du matador*. A ce titre, il avance sa ou ses dames selon la règle normale du jacquet ; il les avance ensuite d'un double de son choix, puis du double complémentaire (chiffres des faces opposées au double choisi : 1-1 pour 6-6 etc.), et enfin il jette les dés une seconde fois.

S'il tire plusieurs matadors consécutifs, il obtiendra pour chacun d'eux les mêmes avantages que pour le premier.

De plus, chaque fois qu'un joueur amène un double, il joue ce double, puis le double complémentaire.

Par contre, il est interdit d'occuper six cases consécutives.

LE JACQUET RAPIDE

2 joueurs

**Matériel : 1 jeu de jacquet,
2 dés**

Voici quelques règles qui permettront d'accélérer encore davantage une partie de jacquet.

1. Les doubles sont multipliés par leur chiffre (et non par 2) : le double as donne 2 points ; le double 2 en donne 8 ; le double 3, 18 (6 x 3) etc.

2. Aucun coup de dé ne doit être perdu.

a) Au début de la partie, les deux joueurs jettent chacun un dé pour savoir qui aura la pose. Celui qui a le point le plus élevé joue les points donnés par ce premier coup. En cas de rampeau, les deux joueurs avancent leurs dames de ce nombre de points et tirent à nouveau.

b) Lorsqu'un joueur ne peut plus jouer que l'un des dés, il joue de préférence le plus fort. De toute façon, son adversaire joue l'autre dé. S'il ne peut avancer d'aucun des dés, son adversaire utilise les points des deux dés. Toutefois, si celui-ci ne peut avancer d'un dé sans ouvrir une case au joueur, le joueur reprend la main et avance une dame du second dé.

L'habileté du joueur consiste à se ménager des cases libres correspondant aux points les plus élevés (5 et 6).

les jeux
d'attention

LE TELEPHONE ARABE

6 à 15 joueurs

Le téléphone arabe se pratique dans le monde entier. C'est un moyen simple de rire et de s'amuser !

Les joueurs s'asseyent en cercle. L'un d'eux chuchote à l'oreille de son voisin de droite un message quelconque. A son tour, celui-ci répète rapidement la même phrase et toujours à voix basse à son voisin de droite et ainsi de suite jusqu'à ce que le message ait fait le tour du cercle.

Le dernier joueur qui reçoit le message le dit à haute voix. La déformation est généralement si drôle que le message est accueilli avec de grands éclats de rire ! Pour prolonger le plaisir, on peut demander à chaque joueur, en remontant jusqu'au premier, de dire à haute voix la phrase qu'il a comprise et répétée. On s'expliquera ainsi les déformations successives.

LE GRAND MOGOL

6 à 12 joueurs

Les Mogols, dont le prestige était grand auprès des bourgeois et des gentilshommes du XVIIe siècle, n'ont pas tout à fait disparu de nos jours ! Dans ce jeu, ils (tous les joueurs sauf un) sont assis en cercle et doivent rester dignes et sérieux comme un... Mogol.

Le joueur désigné par le sort, tel M. Jourdain, se prosterne aux pieds de l'un d'eux en prononçant la phrase : « Grand Mogol, je t'adore sans rire, ni pleurer ». Mais il accompagne ces paroles de mille grimaces et contorsions pour faire rire le seigneur.

S'il y réussit, le grand Mogol, qui a perdu sa dignité, doit prendre la place de son adorateur. Sinon, celui-ci exercera ses talents de clown auprès d'un autre Mogol.

Il peut modifier son vêtement ou sa coiffure, se déguiser sommairement et s'aider d'accessoires pour tenter de dérider l'un des grands Mogols qui, vraisemblablement, ne sera pas le seul à rire !

Variante : Le petit minet

Ici, le joueur désigné par le sort est un petit chat qui, à quatre pattes, frotte tendrement son museau sur les jambes de l'un de ses compagnons en miaulant plaintivement. Il est bien rare que l'assemblée résiste à une telle drôlerie.

LE FURET

6 à 12 joueurs
Matériel : 1 corde, 1 anneau

Ce petit animal agile et adroit a donné son nom, à juste titre, à l'un des plus anciens jeux de France, fort apprécié à la Cour tant par la reine Marguerite de Valois, femme d'Henri IV que par Louis XIV et Louis XV.

On appelait aussi ce jeu cache-cache mitoulas *(pour « mie tu l'as !)*

On enfile un anneau, le *furet*, dans une ficelle dont les deux extrémités sont nouées entre elles (le nœud étant assez fin pour que l'anneau passe facilement).

Les joueurs se placent en cercle, tenant la corde de leurs deux mains. Ils doivent être en nombre suffisant pour que les mains soient assez rapprochées (sinon la corde sera raccourcie).

Un joueur désigné par le sort se place au centre du cercle et ses compagnons, faisant glisser leurs mains sur la corde par un mouvement constant et régulier, se passent l'anneau de l'un à l'autre en évitant de le laisser apparaître.

Ils chantent en chœur la chanson bien connue :

Il court, il court, le furet,
Le furet du Bois, mesdames,
Il court, il court le furet,
Le furet du Bois joli.

Il a passé par ici,
Il repassera par là.
Qu'est-ce qui l'a ?

A cette question, toutes les mains s'immobilisent et le joueur, cherchant avec le flair du furet, doit désigner la main qui tient l'anneau.

S'il y parvient, il rentre dans le jeu et le joueur fautif prend sa place. S'il se trompe, le furet repart pour une nouvelle course qui, cette fois, permettra peut-être au « chercheur » de désigner son successeur.

LA PIECE DE MONNAIE

6 à 12 joueurs   ! ☺ ≡
Matériel : 1 pièce de monnaie

Si l'on ne dispose pas d'une ficelle assez longue et d'un anneau, on a toujours sur soi une pièce de monnaie. Cela suffira pour jouer à une variante du furet.

Les joueurs sont assis autour d'une table. Ils doivent faire glisser de l'un à l'autre la pièce de monnaie sans que le « chercheur » s'en aperçoive.

On ne chante pas, mais, lorsque celui-ci croit savoir qui détient la pièce, il crie : « Stop ! » et les mains s'immobilisent. Il désigne alors la main coupable.

S'il tombe juste, le joueur prend sa place. Sinon, il est encore le chercheur pour un nouveau tour.

Il est préférable de recouvrir la table d'un tapis ou d'une nappe pour que la pièce ne soit pas repérée par le bruit de frottement qu'elle peut faire sur le bois.

LA MAIN CHAUDE

6 à 12 joueurs   ! ☺ 👹

C'était, au temps de la marine à voiles, un divertissement de matelots. Le patient, désigné par le sort, devait appuyer la tête contre le mât et, posant sa main ouverte sur son dos en se courbant légèrement, il était condamné à recevoir de vigoureuses tapes jusqu'à ce qu'il devinât qui l'avait frappé.

Les Grecs nommaient ce jeu collabismos, le soufflet. *Il est probable que les gardes de Jésus voulaient s'amuser à ce jeu lorsqu'ils demandaient :* « Devine qui t'a frappé ! »

Florian en a fait une fable dont les acteurs sont des singes et un léopard :

> Le léopard frappe et soudain
> On voit couler le sang sous la griffe royale
> Le singe cette fois devina qui frappait.

Aujourd'hui, le jeu n'a guère varié. Comme le mât des marins fait défaut, le patient se cache le visage sur les genoux d'un de ses camarades assis devant lui, de façon à ne pas voir ceux qui l'entourent. Il place sa main droite ouverte derrière son dos et les joueurs viennent le frapper un à un.

Le patient doit donner le nom de celui qui l'a frappé ; lorsqu'il a deviné juste, le joueur identifié prend sa place.

Variante

On donne encore le nom de main-chaude à un autre jeu qui demande trois à six participants environ.

On décide en commun d'un nombre quelconque, vingt ou trente, par exemple.

L'un des joueurs pose sa main droite à plat sur la table, le second pose la sienne par-dessus, puis un troisième etc. Toujours dans le même ordre, les joueurs posent ensuite leurs mains gauches.

Enfin, le premier joueur retire sa main droite de la table et la pose sur le haut de la pile en comptant : « Un ». Les mains touchant la table se retirent ainsi une à une pour se placer au-dessus de toutes les autres et l'on compte toujours au fur et à mesure.

Lorsqu'on prononce le nombre fixé, tous les joueurs retirent précipitamment leurs mains pour éviter qu'elles ne soient touchées par celle qui devait se poser sur la pile.

On peut compter mentalement pour surprendre les distraits. Celui qui retire ses mains avant que le nombre ne soit prononcé ou qui se laisse toucher reçoit un gage.

Il faut mener le jeu très rapidement.

COLIN-MAILLARD

6 à 15 joueurs
Matériel : 1 bandeau

Plus vraisemblablement que le jeu de l'oie, le jeu de colin-maillard était déjà pratiqué par les Grecs. Pollux, le précepteur de l'empereur romain Commode, le décrit sous le nom grec muynda. *Les Romains l'appelaient aussi la* mouche d'airain.

L'origine héroïque ou galante qu'on a voulu lui attribuer semble bien fantaisiste.

Un chevalier liégeois, du nom de Colin et surnommé Maillard à cause de son habileté à manier le maillet, fut, dit-on, frappé en plein visage et rendu aveugle au cours d'un combat. Courageusement, il continua à se battre à mort contre les hommes du comte de Louvain, ennemi de Robert le Pieux. Pour commémorer ce haut-fait, le roi aurait institué chaque année un tournoi à armes émoussées où un chevalier, les yeux bandés, se battrait seul contre tous les autres. Godefroi de Bouillon aurait remporté sept fois ce tournoi.

Quant à l'origine galante, en voici l'interprétation. Charles VIII avait pour confesseur un Cordelier, le Père Maillard qui reprochait parfois au roi ses aventures amoureuses. A l'issue d'un souper à la Cour, l'une des favorites aurait imaginé, pour se moquer du cordelier, de lui bander les yeux et de le diriger à sa fantaisie en l'appelant : « Colin ! Colin ! »

Colin désignait, en effet, dans l'ancien vocabulaire des jeux, celui qui s'y colle — expression qu'emploient encore les enfants pour le jeu de cache-cache — et d'une façon plus générale le joueur aux dépens de qui s'amusent ses camarades.

Rabelais cite, parmi les jeux de Gargantua, le jeu de colin-maillard sous les noms de colin-bridé, casse-pot *et* mousque, *ce dernier venant de la mouche d'airain des Romains.*

Le nom de maillard *fut sans doute ajouté plus tard à celui de* colin. *Provenant du latin comme mail et maillet, il désignait le nom du bâton destiné à pousser une boule. Et l'on sait qu'au XVIIIe siècle on donnait au colin une baguette pour désigner son prisonnier afin qu'il ne puisse pas deviner son identité en le touchant avec ses mains.*

La règle du jeu

Un joueur, désigné par le sort, a les yeux bandés. On le fait tourner sur lui-même pour qu'il perde le sens de l'orientation.

Les autres participants se dispersent sur le terrain ou dans la pièce et provoquent de la main ou de la voix le colin-maillard qui cherche à les atteindre.

Chaque fois que le colin s'approche d'un obstacle dangereux, ses compagnons lui crient : « casse-cou », afin qu'il s'en détourne à temps.

Lorsque le colin a saisi un joueur, il doit l'identifier. S'il le reconnaît, le joueur prend sa place. Les participants peuvent rapidement échanger des vêtements ou des bijoux, modifier leur coiffure, etc. pour ne pas être reconnus. Si le colin se trompe de nom, il relâche son prisonnier et se lance dans une nouvelle poursuite.

Les variantes

Il existe de multiples variantes de colin-maillard qui se pratiquent plus facilement à l'intérieur que la version courante.

Le colin-maillard assis

Les joueurs sont assis en cercle sur des chaises. Le colin-maillard, debout au centre du cercle bras croisés, va s'asseoir sur les genoux de l'un d'eux dont il doit dire le nom sans toucher d'autres parties de son corps ou de ses vêtements.

Naturellement, les joueurs changent discrètement de place entre eux de temps à autre pour dérouter le colin.

Si celui-ci se trompe de nom, il passe sur les genoux d'un autre joueur. S'il tombe juste, la personne identifiée prend sa place.

Le colin-maillard à la silhouette

On le connaissait déjà au XVIIIe siècle. Le colin se place derrière un rideau translucide et l'on pose une lampe allumée sur une table au milieu de la pièce qui, sans elle, serait plongée dans l'obscurité.

Chaque joueur passe entre le rideau et la lampe en déformant autant que possible son profil et son allure. Si le colin le reconnaît, il prend sa place.

Le colin-maillard au goût

On présente au colin des aliments dont le goût est quelque peu différent et qu'il doit identifier ; par exemple, des bonbons, des confitures. Tous les joueurs sauf un sont des colins. Celui qui a nommé le plus grand nombre d'aliments est le gagnant. On prend garde, évidemment que les réponses des uns ne soient perçues par les autres.

Le colin-maillard à l'odeur

On fait respirer aux colins des parfums variés, plus ou moins connus et adaptés à l'âge des joueurs.

Le colin-maillard au son

Le meneur de jeu frappe avec une baguette, une clé ou une pièce de monnaie, des objets de matière différente. Ou bien il laisse tomber sur le carrelage des objets divers (mais non fragiles !), épingle, bouchon etc. qui seront reconnus par le son produit. Ici, tous les joueurs ont les yeux bandés et celui qui identifie un son marque un point.

Colin-maillard au toucher

Cette variante, utilisée généralement dans un but éducatif, s'adresse à de jeunes enfants.

Les joueurs présentent chacun au colin des objets de formes variées ou de matières différentes. Celui dont l'objet a été identifié prendra la place du colin.

KIM

5 à 12 joueurs
**Matériel : petits objets, foulard,
papier, crayon**

*Le jeu de kim, très en vogue dans le scoutisme, doit son
nom à un personnage du* Livre de la Jungle, *ce jeune indigène
qui entra comme agent dans le service secret des Indes où il
fut soumis à de nombreuses épreuves d'observation et d'attention avant d'être envoyé en mission d'espionnage.*

Le meneur de jeu dépose quinze à vingt objets sur une
table : crayon, dé, bouton, etc. qu'il recouvre d'un foulard.
Le foulard est retiré en présence des joueurs qui observent
les objets sans rien dire pendant trente ou soixante secondes.
Le meneur replace le foulard sur la table et chaque joueur
doit transcrire de mémoire en trois minutes la liste des objets
exposés.
Le gagnant est celui qui a noté le plus grand nombre
d'objets, il devient le meneur de jeu.
De nombreuses variantes sont possibles en modifiant le
nombre d'objets, le temps d'exposition selon la capacité des
joueurs. On peut aussi leur demander d'établir la liste des
objets seulement dix minutes après les avoir cachés.

Kim enlevé

On place vingt objets sur un plateau. Les joueurs les
observent pendant une minute. Puis on retire les objets un à
un en demandant aux joueurs de se détourner. A chaque fois,
on leur présente à nouveau le plateau pendant dix secondes et
chacun d'eux note l'objet disparu.
Chaque réponse juste donne un certain nombre de points :

        20 points pour le premier objet,
        19 points pour le second objet,
        18 points pour le troisième objet, etc.

Lorsqu'il ne reste plus que quatre objets, le meneur peut en
enlever un ou aucun. Dans ce dernier cas, le joueur qui cite
un nom d'objet perd trois points.

Kim dispersé

Vingt objets munis d'un signe distinctif évident (un point rouge par exemple) sont dispersés dans la pièce en l'absence d'un joueur. Une fois l'opération terminée, celui-ci revient et dispose de deux minutes pour examiner la pièce et repérer les objets marqués du point rouge.

On lui bande alors les yeux et il lui est accordé cinq minutes pour énumérer les objets dispersés et indiquer l'endroit où ils se trouvent.

Kim en boîte

Le meneur de jeu se munit d'une boîte contenant vingt objets et d'une boîte vide.

Devant les joueurs assemblés, il sort lentement chaque objet un à un de la première boîte pour les mettre dans la seconde. Puis il ferme la boîte pleine.

Les joueurs ont trois minutes pour noter sur une feuille le nom des objets.

QUI A SIFFLE ?

6 à 10 joueurs

Matériel : 1 bandeau, 1 sifflet, 1 ficelle

Encore une variante de colin-maillard particulièrement amusante !

On accroche dans le dos du colin une ficelle d'un mètre de long portant à son extrémité un sifflet.

Les joueurs se divisent en deux équipes. Chacun tente de siffler à tour de rôle sans se faire toucher. S'il réussit, il fait gagner 3 points à son équipe ; mais si le colin le touche avant le coup de sifflet, l'équipe perd 1 point.

La partie se joue en quinze ou vingt points.

LA PRINCESSE ET LE DRAGON

5 à 15 joueurs
Matériel : 1 chaise, 6 foulards

Une princesse, prisonnière d'un vilain dragon, est ligotée à une chaise avec des foulards, par la tête, les deux bras et les deux pieds. Les nœuds des foulards doivent être doubles, mais pas trop serrés.

Le dragon a les yeux bandés.

Les autres joueurs doivent délivrer la princesse sans être touchés par le dragon.

Chacun essaie de tirer sur les foulards quand il le désire pour défaire les nœuds. Il n'y a pas d'ordre de jeu et plusieurs joueurs peuvent tirer à la fois.

Il faut opérer par gestes très brefs et très rapides afin de pouvoir s'échapper très vite dès que le dragon s'approche.

Les joueurs touchés seront éliminés et le dragon aura gagné s'il parvient à les toucher tous avant que la princesse ne soit délivrée.

ROMEO ET JULIETTE

10 à 30 joueurs
Matériel : 2 bandeaux

Toujours amoureux comme dans la légende, Roméo cherche à rejoindre Juliette et l'appelle. Juliette, coquette, répond mais s'esquive…

La marche du jeu

Deux joueurs ont les yeux bandés. Ce sont Roméo et Juliette.

A l'intérieur d'un cercle formé par tous les autres joueurs, Roméo cherche à atteindre sa bien-aimée : il l'appelle de temps à autre : « Juliette » et elle doit lui répondre : « Roméo » en évitant d'indiquer trop clairement, par le son de sa voix, où elle se trouve. Elle répondra donc toujours à voix faible et en changeant de place aussitôt.

Les autres joueurs se divertissent beaucoup de voir les mimiques de Roméo et Juliette qui, sans s'en douter, passent souvent très près l'un de l'autre et qui peuvent jouer réellement les amoureux pour la plus grande joie de tous.

La partie est terminée lorsque Roméo a attrapé Juliette et l'on peut recommencer avec deux autres joueurs.

CACHE-TAMPON

4 joueurs ou plus
Matériel : 1 mouchoir

Les joueurs cachent un objet — le plus souvent un mouchoir roulé en *tampon* — à l'insu d'un de leurs compagnons qui a quitté la pièce.

L'objet étant soigneusement dissimulé, on rappelle le joueur sorti qui commence sa recherche.

Lorsque celui-ci s'approche du but, on lui dit : « Tu chauffes ! » ; lorsqu'il en est très proche : « Tu brûles ! » ; lorsqu'il s'en éloigne : « Tu refroidis ! », « Tu gèles ! », « Tu es au pôle Nord ! ». On prend soin de graduer les expressions selon que l'investigateur s'éloigne ou se rapproche de l'objet.

Lorsque le chercheur a trouvé le tampon, un autre joueur prend sa place et l'objet est dissimulé dans une autre cachette. S'il n'a pas réussi à le découvrir après un délai préalablement fixé, le même joueur doit à nouveau chercher le tampon dont on a changé la cachette.

Il faut, au début du jeu, convenir si le tampon doit être visible en partie ou s'il sera nécessaire de déplacer des objets pour le découvrir.

Variante

Au lieu d'employer les mots : « Tu brûles ! » ou « Tu gèles ! », les participants peuvent chanter, plus ou moins fort, un air connu, selon que le chercheur se rapproche ou s'éloigne de l'objet : c'est le *cache-tampon musical*.

CACHE-CACHE NICOLAS

6 joueurs ou plus
Matériel : 1 mouchoir

Le cache-cache Nicolas tient à la fois du cache-tampon et du furet.

Les joueurs, assis en cercle, se passent le tampon de main en main en le dissimulant aux regards du chercheur placé debout au centre du cercle. Celui-ci doit désigner la personne qui détient le tampon et le lui prendre avant qu'elle n'ait eu le temps de le transmettre à son voisin.

Le joueur pris en flagrant délit prend la place du chercheur et une autre partie recommence. Mais si ce dernier s'est trompé, c'est lui qui doit chercher à nouveau.

LE DETAIL INSOLITE

6 à 12 joueurs

Tandis qu'un joueur est sorti, on modifie un, deux ou trois détails dans la tenue de l'un des participants ; par exemple, on retirera à l'une un bijou que l'on remettra à l'autre, on changera de côté la raie d'une coiffure, etc.

Ceci fait, le joueur absent revient et doit découvrir les changements opérés.

Pour lui faciliter la tâche, on peut, comme au cache-tampon musical, chanter un air de plus en plus fort au fur et à mesure qu'il se rapproche des détails en question.

Variante

Le chercheur peut avoir à deviner une action que l'on veut lui faire exécuter ; par exemple, retirer le foulard d'une personne pour le remettre à une autre. Ou bien, si l'on veut compliquer la difficulté, pour des joueurs plus âgés, prendre le foulard d'un des participants pour en faire une couronne et le poser sur la tête d'un autre. Ce jeu s'exécute, on le voit, en trois stades.

LA RECHERCHE AVEUGLE

8 à 15 joueurs
Matériel : 2 bandeaux, 1 ou 2 objets

Deux joueurs ont les yeux bandés. Ils se tiennent à genoux face à face, chacun dans un angle de la pièce.

On place à une égale distance de l'un et de l'autre un objet dont ils devront s'emparer, par exemple un foulard roulé en tampon ou un réveil qui les guidera par son tic-tac.

La partie se prolongera si l'on met en jeu deux objets, que l'on choisira complémentaires : une bouteille et son bouchon, un crayon et un taille-crayon, etc.

Généralement, ce jeu amuse autant les spectateurs que les acteurs !

Pour des joueurs plus âgés, on place entre les deux concurrents : deux bougies, un couvercle de boîte d'allumettes et quelques allumettes. Le premier qui a allumé la bougie a gagné.

LA POSTE COURT

10 à 20 joueurs
Matériel : 1 bandeau

Nous voici transportés au temps des diligences fréquemment attaquées, on le sait par les bandits de grands chemins.

Deux joueurs sont désignés par le sort : le maître de poste qui sera le meneur de jeu et le bandit à qui l'on bande les yeux.

Les autres joueurs, assis en rond, sont les courriers. En l'absence du bandit, ils adoptent chacun un nom de ville : Paris, Nice, Marseille, Strasbourg, etc. et prennent garde de ne pas l'oublier. Le maître de poste en dresse la liste.

On appelle le bandit qui se place au centre du cercle.

Le maître de poste envoie alors ses relais d'une ville à l'autre en disant : « La poste court de Paris à Nice », par exemple. Nice et Paris vont alors sans bruit s'asseoir l'un à la place de l'autre. Il leur est interdit de se rasseoir sur la chaise qu'ils viennent de quitter.

Le bandit pourra situer d'après l'endroit d'où provient le bruit, l'emplacement probable des différents courriers. (Il a une chance sur deux de tomber juste puisque deux joueurs se déplacent en même temps). S'il a une bonne mémoire et quelque peu le sens de l'orientation, il lui sera relativement facile de se trouver sur leur chemin. Les joueurs qui n'ont pas à se déplacer ne doivent faire aucun bruit.

En effet, pendant leur déplacement le bandit tente d'intercepter l'un des courriers dont il doit deviner le nom. S'il se trompe, le maître de poste appelle deux autres villes. Lorsque le bandit a pu identifier un courrier, il prend la place du maître de poste qui rentre dans le jeu et le courrier prisonnier devient bandit. Il faut alors changer les noms des villes pour une nouvelle partie.

Le maître de poste peut aussi lancer tous ses relais sur les routes de France. Il dit alors : « La poste court dans toute la France ». Tous les joueurs changent de place et le bandit n'a plus les repères qu'il avait acquis grâce aux déplacements précédents, mais il est bien rare qu'il ne réussisse pas à saisir un courrier au cours de cette mêlée générale.

LE CHEF D'ORCHESTRE

10 à 30 joueurs

Au lieu d'être placé sur une estrade, le chef d'orchestre s'est dissimulé parmi les joueurs.

Tandis qu'un joueur, représentant le public, est sorti, tous les autres, qui figurent l'orchestre, sont assis en cercle et désignent leur « chef » (qui peut aussi être tiré au sort). Celui-ci fait le geste de jouer d'un instrument de musique (piano, violon, guitare, cymbales, grosse caisse, flûte, trompette, harmonica etc.). L'orchestre l'imite et tous entonnent en chœur une chanson connue — et assez longue.

A ce signal, le joueur sorti rentre dans le jeu et se place au milieu du cercle. Il doit deviner qui est le chef d'orchestre.

Celui-ci change d'instrument à plusieurs reprises, au cours de la partie, en évitant d'être vu du « public », tandis que

l'orchestre le regarde à la dérobée pour adopter immédiatement le nouvel instrument choisi sans pour autant le désigner
de ses regards.

Lorsque le « public » a découvert le chef d'orchestre, celui-
ci, ou un autre joueur, sort à son tour et une nouvelle partie
commence.

PIGEON VOLE !

5 à 12 joueurs   🔔 😊 😎 👹

« Pigeon vole » fait la joie des petits dès l'âge de cinq ans,
mais bien des adultes s'y laisseront prendre si le jeu est mené
à un rythme suffisamment rapide.

Le meneur de jeu se place devant les participants assis en
demi-cercle. Il énumère des noms très différents d'objets ou de
personnes en les faisant suivre de l'affirmation : *vole !* et
en levant la main : « Lampe... vole ! feuille... vole ! ciseaux...
volent ! » etc.

Les autres joueurs doivent lever la main lorsque le sujet
proposé vole effectivement, mais la maintenir abaissée lorsque
l'affirmation du meneur est fausse. Celui qui se trompe est
éliminé ou reçoit un gage.

On peut naturellement prendre le mot *vole* dans ses différentes acceptions ou, pour varier le jeu, le remplacer par un
autre verbe : *roule, flotte*, etc.

JACQUES A DIT...

5 à 12 joueurs   🔔 😊 😎 👹

Les participants, face au meneur de jeu, attendent les
ordres de Jacques... Attention : ils doivent faire la sourde
oreille aux injonctions de toute autre personne.

Le meneur de jeu donne des ordres très divers, mais
simples et précis, qu'il fait précéder de temps à autre de la

formule : *Jacques a dit...* Par exemple : « Jacques a dit : levez un bras. Asseyez-vous. Mains sur la tête. Jacques a dit : demi-tour à gauche », etc.

Les joueurs devront exécuter tous les ordres précédés de Jacques a dit, mais ignorer les autres.

Pour les dérouter, le meneur de jeu pourra exécuter un mouvement dont les joueurs devront s'abstenir ou donner des ordres qui paraissent hors jeu tels que : « Ouvrez la fenêtre ». Plus d'un s'y laissera prendre !

Tout joueur qui se trompe est éliminé ou pénalisé.

Variante : Assis, debout

Le meneur de jeu ne donne que deux ordres : *Assis* ou *debout* aux participants placés face à lui. Ceux-ci doivent plier les genoux et se redresser aussitôt dans le premier cas et rester immobiles dans le second.

Le meneur peut induire les joueurs en erreur en exécutant les mouvements opposés à ceux qu'il ordonne et en donnant le même commandement plusieurs fois de suite après une série d'ordres alternés.

LES GIROUETTES

5 à 12 joueurs

« Le vent souffle où il veut », dit un proverbe. Ce n'est pas vrai dans ce jeu qui consiste précisément à désobéir aux ordres d'Eole.

Le meneur de jeu est Eole, le dieu des vents. Les autres joueurs alignés, ou placés en demi-cercle autour de lui, sont des girouettes.

Lorsqu'Eole manifeste sa puissance en indiquant la direction dans laquelle il souffle, les girouettes, indisciplinées, tournent la tête du côté opposé à la direction donnée.

Les points cardinaux sont déterminés par rapport à Eole et non par rapport aux joueurs, comme il est indiqué sur le croquis, afin que ceux-ci n'aient qu'à tourner la tête sans avoir à bouger le corps pour conserver au jeu un rythme rapide.

La girouette qui se trompe est éliminée ou reçoit un gage.

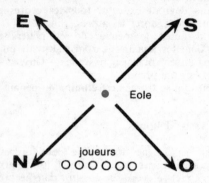

LE VOYAGE TERRIFIANT

6 à 15 joueurs

Le meneur de jeu raconte une histoire extraordinaire : un tour du monde en bateau à voile, un voyage dans le cosmos, etc.

Son récit sera ponctué de différentes expressions qui devront provoquer une réaction immédiate de la part des joueurs.

- Une phrase commence par *mais* : les auditeurs éclatent de rire.

- Survient le mot *alors*, ils poussent un « oh ! » angoissé.

- *Ce fut terrible*, dit alors le conteur, et les joueurs se dérobent à sa vue (derrière les rideaux, sous un banc...)

- *Et pourtant...*, reprend le conteur : les auditeurs reviennent à leur place.

Tout joueur qui hésite ou se trompe sur l'attitude à prendre reçoit un gage.

Pour ne pas gêner le meneur dans son récit, les joueurs ne manifesteront leur réaction qu'à la fin de la phrase et reprendront leur attitude d'auditeurs attentifs et silencieux dès la reprise du récit.

Le conteur, de son côté, sera en quelque sorte le chef

d'orchestre ; il saura mettre en relief les mots-clé et espacer suffisamment ses phrases pour que ses auditeurs aient le temps de réagir.

TIC, TAC, TOC

4 à 10 joueurs
Matériel : 1 table

Voici une bonne éducation des réflexes !

Les joueurs, assis en demi-cercle devant une table, doivent obéir au meneur de jeu assis en face d'eux.

Celui-ci donne, répétés dans l'ordre de son choix, les commandements suivants : *Tic !, Tac !, Toc !, Tic toc !* et *Toc tic ! tic !*

Les joueurs doivent frapper la table :

> pour *Tic*, avec les paumes,
> pour *Tac*, avec les index,
> pour *Toc*, avec le dos des mains,
> pour *Tic toc*, avec les coudes,
> pour *Toc tic*, avec les poignets.

Ils ne cesseront pas le geste qu'ils exécutent avant qu'un nouvel ordre ait été donné.

Le joueur qui se trompe de mouvement, l'exécute avec retard ou l'arrête prématurément est éliminé ou reçoit un gage.

Le meneur de jeu peut, bien entendu, exécuter des mouvements contraires à ses ordres pour induire les joueurs en erreur ou répéter deux fois le même commandement, ce qui entraînera le plus souvent l'arrêt, même bref, de bien des joueurs.

LE SCULPTEUR

5 à 10 joueurs

Le sculpteur déclare, avant de se mettre au travail, l'expression qu'il désire donner à ses différentes réalisations. Il dira,

par exemple : « Je veux créer la plus gracieuse des statues »,
ou la plus séduisante, la plus effrayante, ou la plus bête, etc.

Ceci dit, il saisit chaque statue (chaque joueur) par la main,
la fait vigoureusement pivoter autour de lui, bras tendus, et la
lâche brusquement. Celle-ci doit s'immobiliser immédiatement
en prenant l'expression et l'attitude demandées.

Lorsque toutes les statues sont « sculptées », l'artiste choisit
alors son chef-d'œuvre, la statue la mieux réussie, qui devient
sculpteur à son tour.

LA MOMIE

10 à 20 joueurs
Matériel : table, chaises, couvertures

Les joueurs se répartissent en deux camps. Les uns cons-
truiront la momie et se cacheront dessous... ou ailleurs ; les
autres chercheront à deviner le nom des joueurs dissimulés
sous la momie.

Les « constructeurs » montent, en un temps donné (10 à 15
minutes), un vaste échafaudage à l'aide de meubles, de draps,
de couvertures et de divers ustensiles. C'est la *momie*. Certains s'y cachent, s'ils le désirent, ou bien tous conviennent de
la laisser vide et s'éloignent pour ne pas être vus de l'autre
équipe.

Les chercheurs reviennent au signal donné et disposent, eux
aussi, d'un temps fixé pour mener à bien leur investigation.
Ils commencent par chercher les fissures par lesquelles ils
pourraient faire pénétrer un regard indiscret. Si cette tentative
ne donne pas de résultat, il leur faut provoquer une réaction
des joueurs cachés dans la momie en les faisant rire, en leur
faisant peur, en leur posant des questions qui, bien sûr,
devront rester sans réponse. Il faut, cependant, avoir l'honnê-
teté de ne pas se boucher les oreilles.

L'équipe des chercheurs doit être composée de boute-en-
train qui s'expriment et s'extériorisent facilement pour que le
jeu soit drôle et ne traîne pas.

Les joueurs découverts se joindront aux chercheurs pour la
partie suivante.

LES CHAISES MUSICALES

10 à 25 joueurs
Matériel : chaises, radio ou disques

On dispose en ligne, dos à dos, autant de chaises qu'il y a de joueurs moins un.

Les joueurs marchent en file indienne autour des chaises au son d'une musique, la radio par exemple. Il leur est interdit de les toucher ou même de les frôler.

Dès que le meneur de jeu coupe la musique, ils se précipitent pour occuper une chaise.

Le joueur qui n'a pas réussi à s'asseoir est éliminé et l'on retire une chaise afin qu'il en manque toujours une. Le jeu se poursuit ainsi jusqu'à ce qu'il ne reste plus qu'un seul joueur qui est le gagnant.

Si l'on n'a pas de radio, les joueurs chantent un air connu et s'asseyent sur les chaises au signal «Stop !» du meneur de jeu.

Selon l'âge des participants, lorsque deux joueurs sont assis à égalité sur la même chaise, aucun n'est éliminé ou, si l'on préfère éviter les bousculades, ils seront éliminés tous les deux.

LE SURVEILLANT FEROCE

8 à 12 joueurs

L'un des joueurs, désigné par le sort, est le surveillant. Tous les autres, ses élèves, sont assis devant lui, comme à l'école.

Pendant que le surveillant a le dos tourné, les élèves, très dissipés, font grimaces et pitreries. Dès qu'il se retourne, toute la classe s'immobilise dans une attitude exemplaire.

Mais la patience du surveillant a des limites : tout élève qu'il surprend pour la troisième fois en train de bouger ou de grimacer sort du jeu.

Le nombre des élèves ne tardera pas à diminuer, car il est bien difficile de ne pas rire au souvenir des pitreries des autres !

LA SENTINELLE

4 à 12 joueurs

Matériel : 1 mur

L'un des joueurs, désigné par le sort, se tient debout face à un mur ; c'est la sentinelle. Ses camarades sont alignés à quinze ou vingt pas, derrière lui.

La sentinelle frappe trois fois le mur de la main en comptant : « Un, deux, trois », puis se retourne brusquement.

Si la sentinelle surprend un joueur en mouvement, elle le renvoie à son point de départ. Le plus petit geste de la main ou du corps suffit à motiver ce renvoi.

Elle recommence ainsi à frapper le mur en prenant soin de varier son rythme afin de dérouter les joueurs, jusqu'à ce que l'un d'eux lui touche le dos. C'est lui le gagnant ; il prend alors la place de la sentinelle.

Lorsqu'un joueur s'est immobilisé dans un équilibre instable, la sentinelle peut prolonger son regard dans l'espoir de voir le joueur faire un mouvement.

FIZZ BUZZ

4 à 12 joueurs

Que signifient donc ces deux mots énigmatiques ? Ils remplaceront tout simplement les chiffres tabous : cinq et sept.

Les joueurs sont assis en cercle. L'un d'eux commence le jeu en disant : « Un ». Son voisin de gauche dit : « Deux » ; le suivant : « Trois » etc. Mais, au lieu de dire : « Cinq », il faudra dire : *Fizz*, et, au lieu de : « Sept », *Buzz*. Ainsi dix-sept donnera : *Dix buzz* et cinquante-sept sera : *Fizz buzz*.

Le joueur qui se trompe trois fois est éliminé. Il faut s'efforcer de compter de plus en plus vite.

LA LETTRE INTERDITE

4 à 10 joueurs
Matériel : journaux, crayon

Ce jeu est aussi un entraînement à l'un des tests les plus courants.

On distribue aux joueurs des colonnes de textes de journaux d'égale longueur et des crayons.

Au signal donné et dans un temps déterminé (deux minutes est une bonne moyenne), chaque joueur doit barrer une lettre quelconque, *l* par exemple, chaque fois qu'elle est répétée dans son texte.

On compte un point par lettre barrée, mais on retire 10 points par lettre oubliée. On gagne donc le plus souvent à ne pas vouloir aller trop vite afin de faire plus attention !

LE GARÇON DE RESTAURANT

9 à 20 joueurs
Matériel : papier, crayon

Se doute-t-on de l'effort d'attention et de mémoire que l'on exige des garçons de restaurant ? Nous pouvons en faire l'expérience.

On désigne au sort le joueur qui sera le garçon.

Les clients, groupés par tables de quatre, commandent tous leur menu au garçon. Celui-ci transmet aussitôt les ordres à la cuisine : dans une pièce voisine, il note en face du nom de chaque client le menu demandé par chacun. Il revient en présentant cette liste à chaque table.

Les protestations et l'indignation des clients qui n'ont pas été servis conformément à leur désir n'est pas la partie la moins drôle du jeu si les clients ont quelque peu le goût du théâtre !

Si les joueurs sont nombreux, il est recommandé d'abréger le menu !

LE MORPION

2 joueurs
**Matériel : papier quadrillé,
2 crayons**

On ignore pourquoi ce jeu prit l'identité d'un pou ! Son appellation « noble et livresque » est le *jeu des cinq croix et des cinq ronds*.

Une feuille de papier quadrillé, deux crayons, voilà tout le matériel nécessaire.

Chaque joueur trace, à tour de rôle, l'un une petite croix, l'autre un rond, dans un carré formé par le quadrillage du papier.

Le jeu consiste à tracer une suite ininterrompue de cinq croix ou cinq ronds horizontalement, verticalement ou en diagonale.

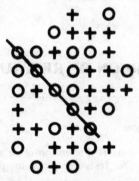

Partie de morpion où les ronds ont gagné

Lorsqu'un joueur y est parvenu, il réunit les cinq signés par une ligne droite et marque 1 point. Le gagnant est celui qui compte le plus de points ou simplement celui qui réussit le premier à aligner ses cinq signes.

Il convient, évidemment, de barrer la route à son adversaire en interposant son propre signe tout en essayant soi-même d'effectuer le plus grand nombre d'alignements.

Il est généralement admis qu'une série peut commencer à partir du dernier signe d'un alignement terminé, ce signe comptant pour la nouvelle série.

Le *morpion* peut se développer dans toutes les directions, ses seules limites étant celles de la feuille de papier.

TIC-TAC-TOE

2 joueurs
Matériel : papier quadrillé,
2 crayons

Le jeu de tic-tac-toe, pratiqué surtout aux Etats-Unis, n'est autre que le morpion à trois dimensions.

Le jeu consiste à aligner quatre croix ou quatre ronds dans l'une des trois dimensions, orthogonalement ou en diagonale.

On trace donc sur la feuille de papier quadrillé quatre

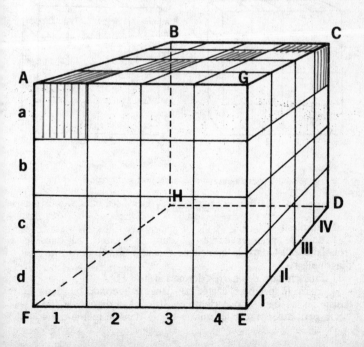

carrés de quatre cases de côté qui représentent les quatre tranches d'un cube sur lesquelles on inscrira les signes.

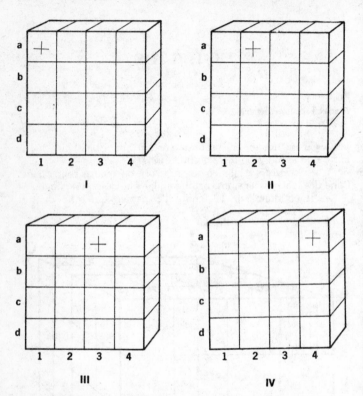

Exemple 1

Exemples :
- a1 dans le premier carré, a2 dans le second, a3 dans le troisième et a4 dans le quatrième forment une ligne droite : la diagonale AC ;
- d1 dans chacun des carrés donne l'arête FH ;
- d4, dans le premier carré, c3 dans le second, b2 dans le troisième, a1 dans le quatrième constituent la diagonale EH.

On peut aussi tracer les quatre signes dans le même carré.

PIPOPIPETTE

2 joueurs

Matériel : papier, 2 crayons

Inventée par des polytechniciens, la pipopipette, silencieuse et discrète, peut agrémenter en toute sécurité les longues heures d'études des potaches !

Lequel d'entre eux n'a pas sous la main une feuille de papier quadrillé ? Qu'il dessine alors un carré de six, sept ou huit cases de côté. A tour de rôle, chaque joueur trace un côté de l'une des cases du carré. Celui qui ferme une case (qui trace le dernier côté de celle-ci) compte 1 point : il inscrit son initiale dans la case et rejoue.

Le gagnant est celui qui a fermé le plus grand nombre de cases.

Attention : les cases situées sur le pourtour du carré sont fermées au troisième trait et non au quatrième.

LA BATAILLE NAVALE

2 ou 3 joueurs
Matériel : papier quadrillé,
2 crayons

La bataille navale a souvent agrémenté bien des pensums d'écolier : fort amusante, elle n'exige pour tout matériel qu'un crayon et du papier quadrillé.

On peut y jouer de deux façons selon que la flotte est amarrée ou non. Dans les deux cas, le jeu consiste à couler la flotte adverse, en écrivant sur sa feuille sans être vu de l'adversaire.

LA FLOTTE EST A L'ABORDAGE

Les bâtiments ne peuvent pas bouger, mais le tir couvre toute la surface de l'eau.

La préparation du jeu

Chacun des deux joueurs trace sur sa feuille de papier deux carrés (fig. 1 et 2) de dix cases de côté qui sont désignées horizontalement par des lettres de a à j et verticalement par des chiffres de 1 à 10.

Dans le premier carré (fig 1), il place, à l'insu de son adversaire, sa propre flotte qui se compose de dix bâtiments :
- un cuirassé amiral, rectangle de quatre cases,
- deux croiseurs, rectangles de trois cases,
- trois torpilleurs, rectangles de deux cases,
- quatre sous-marins, carrés d'une case.

Ces bâtiments ne devront pas se toucher entre eux, ne fût-ce que par un coin. Ils ne pourront toucher le cadre que par un côté de case ; les cases des quatre coins seront donc libres.

Le second carré (fig. 2) représente les eaux de la flotte adverse dans lesquelles chaque joueur notera son propre tir.

Chaque joueur dessine, en outre, son « tableau de tir » (fig. 3), c'est-à-dire la flotte de son adversaire, identique à la sienne, sur lequel il inscrira les coups qui auront porté.

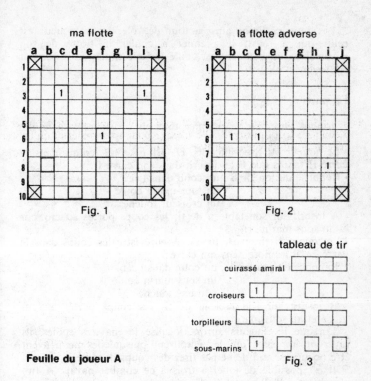

ma flotte — la flotte adverse

Fig. 1 — Fig. 2

tableau de tir

cuirassé amiral
croiseurs
torpilleurs
sous-marins

Feuille du joueur A

Fig. 3

La marche du jeu

Pour la première partie, on tire au sort le joueur qui engagera le combat. Par la suite, ce droit est réservé au perdant.

- Le joueur A lance une salve de trois coups en désignant trois cases qu'il note, dans le carré de la flotte adverse, par le numéro du tour de jeu (au premier tour : 1, 1, 1).

- Le joueur B porte ces coups dans son carré 1 et signale à A les bâtiments touchés ou coulés, sans respecter obligatoirement l'ordre des coups tirés pour ne pas fournir trop de renseignements.

- Le joueur A note sur son tableau de tir (fig 3) les coups portés à la flotte adverse.

Les joueurs tirent ainsi à tour de rôle. Le vainqueur est celui qui a réussi le premier à couler la flotte de son adversaire ; un bâtiment est coulé lorsque toutes ses cases ont été touchées.

La partie

Jouons ensemble le premier tour en considérant la feuille du joueur A.
- Le joueur A tire : b6, d6, i7. (Il note ses coups dans le carré II tandis que B les inscrit dans son carré I).
- Réponse du joueur B : un coup dans l'eau
        un sous-marin coulé
        un croiseur touché
- A inscrit sur son tableau de tir les coups portés au croiseur et au sous-marin (fig 3).
- Le joueur B tire : c3, f6, i3. A enregistre les coups dans le carré 2 ; B les note dans son carré 1.
« Réponse du joueur A : un coup dans l'eau
        un sous-marin coulé
        cuirassé touché
- B inscrit sur son tableau de tir les coups portés au cuirassé et au sous-marin.
Lorsque les joueurs auront localisé les navires coulés, ils rayeront les cases qui les entourent puisqu'elles ne peuvent être occupées, afin de ne pas tirer des coups dans l'eau.
Il est possible de jouer à trois à ce combat naval : A tire alors contre B, B contre C, C contre A.

Variante

Cette variante se joue sur un tableau de quinze cases de côté.
La flotte de chaque joueur possède un sous-marin supplémentaire. Les bâtiments peuvent se placer n'importe où, aussi bien le long du cadre que dans les coins, mais ils n'ont pas le droit de se toucher, ne fût-ce que par un coin.
Les coups sont tirés par salves de trois et les réponses sont de trois sortes :
- *touché*, lorsque la case désignée est occupée par l'un des bâtiments ;
- *en vue*, lorsque le tir touche une case adjacente à l'un des bateaux ;

- *rien*, si les navires sont éloignés d'au moins une case de l'endroit où le coup a porté.

Le jeu n'est terminé que lorsque les navires de l'un des joueurs sont tous coulés et lorsque leur position est correctement identifiée.

Aussi longtemps qu'un joueur n'a pas correctement identifié la position de l'ensemble des bateaux de son adversaire, ce dernier a toujours le droit de *placer trois mines* pour continuer à couler la flotte ennemie (en fait, il continue à désigner trois cases comme précédemment, mais l'expression change puisque, les bâtiments étant coulés, ils ne peuvent plus tirer).

Le joueur ayant coulé tous les navires adverses n'est autorisé à indiquer qu'une seule identification totale à chaque tour de jeu. La réponse lui est donnée globalement (exact ou faux) et non par bâtiment.

LA FLOTTE EST EN EXERCICE

Les bâtiments peuvent se déplacer, mais le tir, qui part obligatoirement d'un navire, n'a qu'une portée limitée.

La préparation du jeu

Chacun des deux joueurs dispose sur sa feuille quadrillée :
- un tableau de dix fois dix cases (comme précédemment, mais ici les quatre coins sont utilisables) ;
- un tableau de trois colonnes : cuirassé, torpilleur et sous-marin, où il notera les coups ou les déplacements des navires adverses ;
- un second tableau à triple colonne afin d'y marquer ses propres tirs et déplacements.

La flotte

Elle se compose de trois bâtiments : un cuirassé (C), un torpilleur (T) et un sous-marin (S) qui occupent chacun une case.

Avant le début de la partie, chaque joueur place, à l'insu de son adversaire, ses trois bâtiments en inscrivant leur initiale dans la case occupée. A ce moment, comme au cours de leurs déplacements, ils peuvent se toucher, occuper les quatre coins ou la place d'un bâtiment coulé.

Le mouvement des navires

Les. navires se déplacent uniquement horizontalement et verticalement. Le cuirassé avance d'une case, le torpilleur de deux cases et le sous-marin de trois (fig. 1).

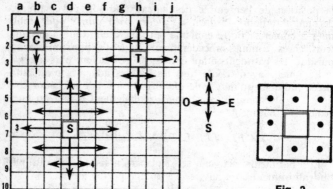

Fig. 1. Mouvements possibles des pièces

**Fig. 2.
Tir possible
d'une pièce**

Ces déplacements sont désignés à l'aide des points cardinaux (un par case). Par exemple, les mouvements marqués d'un chiffre sur la figure 1 s'annoncent de la façon suivante :

1. Cuirassé Sud (= le cuirassé avance d'une case en direction du Sud) ;
2. Torpilleur Sud-Est (ou Est-Sud) ;
3. Sous-marin Ouest-Ouest-Ouest ;
4. Sous-marin Sud-Sud-Est (ou Est-Sud-Sud, ou Sud-Est-Sud).

Le tir

Les trois navires ont la même portée ; chacun d'eux peut tirer dans la case où il se trouve et dans les huit cases qui l'entourent (fig. 2). Mais, tandis que le cuirassé tire une salve de quatre coups (dans quatre cases différentes ou non), le torpilleur tire deux coups (dans deux cases différentes ou non) et le sous-marin un seul coup.

Un navire touché peut encore tirer, mais ne peut plus

bouger. Pour être coulé, le cuirassé doit recevoir quatre coups, le torpilleur deux coups et le sous-marin un coup.

Une partie

A tour de rôle, chaque joueur déplace un de ses navires ou lance une bordée à partir de l'un d'eux selon les règles indiquées ci-dessus.

Dans le carré, il note d'un point les cases où il tire et marque celles où tire l'adversaire d'un signe différent pour chaque navire (par exemple : C ×, T + et S °).

Il indique par des flèches ses propres déplacements.

Dans l'un des tableaux à trois colonnes, seront inscrits les déplacements et tirs de l'adversaire selon les navires mis en action et les coups que ceux-ci auront reçus.

Et dans le second tableau, le joueur notera ses propres mouvements et tirs.

Voici, à titre d'exemple, la feuille d'un joueur à la fin d'une partie.

Tirs et mouvements du joueur A (c'est lui qui engage le combat).

Cuirassé	Torpilleur	Sous-marin
5. E	2. N-N	1. c7
6. S	3. O-O	3. coulé
7. E	4. touché-g6-g7	
8. E	5. coulé	
9. E		
10. S		
11. f4-f5-g4-g5		
12. f4-f5-g4-g5		
13. E		
14. S		
15. touché 1 fois		
g7-g7-g7-h5		
16. touché 2 fois		
g5-g5-g6-g6		

Pour permettre au lecteur de prendre une vue générale de la partie notée ici, nous donnons les tirs et mouvements du joueur B. Ensuite, on trouvera l'explication raisonnée de la partie engagée.

Tirs et mouvements du joueur B

Cuirassé	Torpilleur	Sous-marin
3. f6-g6-h6-h7	2. c8-d8	1. e6
4. touché	5. N-N	9. E-E-N
f6-g6-h6-h7	6. E-E	11. coulé
7. f6-f7-f8-g6	11. N-N	
8. f6-f7-f8-g6	12. f4-f5	
10. f6-f7-g6-h6	13. E-E	
15. coulé	14. h5-h6	
	15. h6-h6	
	16. coulé	

Comment le joueur A a-t-il raisonné pour gagner ?

1. En tirant f8 (au tour 7), le joueur B révèle que son cuirassé (touché au 4ᶜ tour par le torpilleur qui a tiré g6-g7) se trouve en g7. S'il était en g6, il ne pourrait tirer en f8 (cf fig. 3).

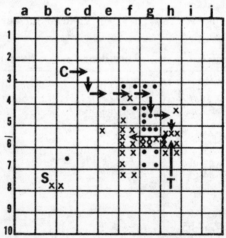

Fig. 3. Carré du joueur A à la fin de la partie

2. Le sous-marin adverse, qui a tiré e6, pouvait être situé, en début de jeu, en : d5, d6, d7, e5, e6, e7, f5, f6 ou f7. Le joueur A sait donc qu'après le tour 9, le sous-marin peut être en f4, f5, f6, g4, g5, g6, h4, h5 ou h6. Son cuirassé étant

amarré en g5 (tour 11), il tente un tir... et réussit.

3. Pour avoir tiré (au 2e tour) c8 et d8, le torpilleur doit être en c7, c8, c9, d7, d8, d9. Après les mouvements des tours 5, 6 et 11, le torpilleur doit être amarré dans l'une des cases suivantes. :

- e3 (s'il vient de c7), mais le tir f5, au tour 12, est impossible ;
- e4 (s'il vient de c8), mais, après le tour 13, il passe en g4 d'où le tir h6 est impossible ;
- e5 (s'il vient de c9), après le tour 13, il passe en g5 d'où il peut tirer h5 et h6 ;
- f3 (s'il vient de d7), mais le tir f5 est impossible ;
- f4 (s'il vient de d8) ; après le tour 13, il passe en h4 d'où le tir h6 est impossible ;
- f5 (s'il vient de d9) ; passant en h5 après le tour 13, il peut tirer en h5 et h6.

Le torpilleur ne peut donc se trouver qu'en g5 ou h5. Le tir 15 du cuirassé ne l'atteint pas en h5 ; le torpilleur est donc en g5.

Variante simplifiée

Chaque joueur ne dispose que d'un bateau qui tire par salves de trois coups auxquels l'adversaire répond par : *en vue*, *coulé* ou *rien*.

Le propriétaire d'un bâtiment coulé peut *poser des mines* tant que son adversaire n'a pas correctement identifié sa position.

les jeux
de
réflexion

LES DOMINOS

2 à 6 joueurs
Matériel : 1 jeu de dominos

Sans qu'on puisse l'affirmer de source sûre, les dominos semblent être d'origine chinoise. En Europe, on les trouve pour la première fois au XIVe siècle, en Italie. Peut-être furent-ils introduits par Marco Polo ou quelque autre explorateur, d'où ils furent transmis à la France, puis à l'Angleterre.

On raconte que ce jeu innocent était en vogue dans les couvents. D'où son nom qui proviendrait de la ressemblance des pièces avec le camail blanc et noir du chanoine, appelé domino ou encore de l'invocation des moines qui, souhaitant gagner une partie, s'écriaient : « *Domino gratias !* »

C'est au XVIIIe siècle qu'il se répandit en France. En mars 1791, le régiment du Royal-Dauphin offrit à Louis XVII un jeu de dominos fabriqué par Palloy, l'entrepreneur de démolitions, à l'aide de matériaux provenant de la Bastille. Sur le revers de chaque pièce, était gravée une lettre d'or et l'on pouvait lire sur les pièces réunies : « Vivent le Roi, la Reine et le Dauphin ».

Les pièces

Le jeu de dominos se compose de prismes rectangulaires dont le dos est noir (en ébène ou bois teint) et dont la face blanche (en os, ivoire ou matière plastique) est divisée en deux parties égales qui portent chacune un chiffre marqué, comme sur les dés, par des points.

On utilise généralement le jeu de *double-six* qui comprend vingt-huit pièces : sept doubles de 0-0 à 6-6 (les chiffres des deux parties de chaque pièce sont identiques) et vingt-et-une pièces numérotées de 0-1 à 5-6.

Plus rares sont les jeux de *double-huit* qui comportent quarante-cinq pièces et ceux de *double-neuf* qui en comptent cinquante-cinq. Le *double-douze*, de quatre-vingt-onze dominos, est encore utilisé aujourd'hui aux Etats-Unis.

La partie

Les pièces sont étalées, soigneusement mélangées, les faces gravées étant retournées contre la table. Les joueurs en prennent chacun un nombre égal, mais en conservent quelques-unes dans le talon. (7 chacun pour deux ou trois joueurs, 6 pour quatre joueurs, 5 pour cinq joueurs).

Il existe deux manières de commencer le jeu.

1. Chaque joueur tire un domino avant la distribution et celui qui a le nombre de points le plus élevé commencera par le domino de son choix.

2. Après la distribution, le joueur qui a le plus fort double *fait la pose,* c'est-à-dire joue le premier, en déposant ce double.

Le joueur placé à droite du *poseur* ajoute un domino en accolant deux faces de même chiffre et ainsi de suite.

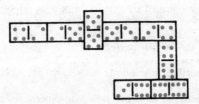

Une chaîne de dominos

La chaîne ainsi constituée ne peut avoir que deux extrémités, mais elle formera une ligne brisée au gré des joueurs. De plus, les doublets sont posés le plus souvent perpendiculairement aux autres pièces.

Lorsqu'un joueur ne peut plus poser de dominos, on peut procéder de deux façons. Il faudra convenir de l'une ou de l'autre avant de commencer la partie.

1. *Bouder,* c'est-à-dire passer son tour.

2. *Piocher,* c'est-à-dire prendre un à un les dominos du talon jusqu'à ce que l'on puisse en poser un. Lorsque le talon est épuisé, il ne reste plus qu'à bouder.

Dans le premier cas, les joueurs se répartiront, au début du jeu, un plus grand nombre de pièces et n'en laisseront que trois ou quatre dans le talon. Dans le second, le talon sera plus important.

Le gagnant est celui qui s'est débarrassé le premier de toutes ses pièces. On dit qu'il *a fait domino.* Lorsque la chaîne est *bouchée*, c'est-à-dire lorsqu'aucun joueur ne peut plus poser de pièces, les jeux sont abattus et le vainqueur est celui qui totalise le plus petit nombre de points.

Les dominos tête-à-tête

Les joueurs sont au nombre de deux et prennent chacun sept dominos, la partie est plus amusante si elle se déroule en boudant.

On peut convenir également que l'on n'aura recours à la pioche que si les deux joueurs sont obligés de bouder.

Le domino whist

Il se joue à deux contre deux. Chacun tire un domino. Les deux plus forts jouent contre les deux plus faibles.

Le plus fort a l'avantage de la pose (joue le premier). Le plus faible s'assied à sa gauche et les deux autres se placent chacun en face de leur partenaire.

Chaque joueur prend six dominos. Les quatre pièces restantes, qui constituent le talon, ne seront pas utilisées au cours de la partie.

Si un joueur ne peut pas poser de pièces, il *boude*. Lorsque le jeu est *fermé*, c'est-à-dire que les quatre participants *boudent*, chacun abat ses pièces et l'équipe qui compte le moins de points marque ceux de l'autre équipe.

La partie se joue généralement en 150 points. Si une équipe totalise ce nombre de points alors que l'autre n'en a marqué aucun, la partie, appelée *grande bredouille*, se paie le triple de la valeur convenue pour le point.

Si l'autre équipe n'a marqué des points qu'une seule fois, c'est une partie *petite bredouille* pour laquelle la valeur du point est doublée.

Domino qui perd gagne

On joue comme précédemment, mais chaque joueur s'efforce de garder dans son jeu le plus grand nombre de points possible.

LE DOUBLE-NEUF

4 à 10 joueurs

Matériel : 1 jeu de dominos de double-neuf

Comme son nom l'indique, ce jeu nécessite des dominos de double-neuf. Il est facile de les fabriquer en découpant les pièces dans du carton.

La distribution des pièces

Les cinquante-cinq dominos, retournés contre la table, sont mélangés. Les joueurs prennent chacun le nombre de pièces qui leur reviennent :

             13 dominos s'ils jouent à quatre,
             11 dominos s'ils jouent à cinq,
              9 dominos s'ils jouent à six,
              7 dominos s'ils jouent à sept,
              6 dominos s'ils jouent à huit ou neuf,
              5 dominos s'ils jouent à dix.

Les dominos restants sont écartés.

La marche du jeu

Le joueur qui détient le double-neuf le pose à découvert sur la table. Si ce domino est resté dans le talon, le coup est nul : les pièces sont mélangées et distribuées à nouveau.

Lorsqu'un participant a posé le double-neuf, les joueurs suivants, dans le sens des aiguilles d'une montre, accolent des neufs au double posé de manière à former une étoile à huit branches ou bien ajoutent des dominos ayant une demi-face identique à celle d'un domino déjà posé.

Lorsqu'un concurrent ne peut jouer aucune de ses pièces, il *boude*.

Celui qui réussit à se débarrasser de sa dernière pièce dit : *Domino*. Le jeu s'arrête et le gagnant marque tous les points encore détenus par ses adversaires.

Lorsqu'aucun des participants ne peut plus poser de pièces avant que l'un d'eux n'ait épuisé les siennes, le vainqueur est celui qui a en main le nombre de points le plus faible ; il marque les points détenus par ses adversaires. Si deux joueurs ont ce même nombre, la partie est annulée.

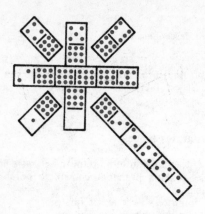

Le double-six

De trois à cinq joueurs peuvent également suivre la même règle avec un jeu de double-six. Ils constituent alors une étoile à cinq branches et prennent chacun :

8 dominos s'ils jouent à trois,
6 dominos s'ils jouent à quatre,
5 dominos s'ils jouent à cinq.

CINQ PARTOUT

2, 3 ou 4 joueurs
Matériel : 1 jeu de dominos

Coup d'œil et calcul rapide permettent de gagner à ce jeu qui, en Angleterre, porte le nom de *muggins*.

Chaque participant tire un domino et celui qui a le nombre de points le plus élevé engage la partie.

Les pièces tirées sont remises avec les autres et les joueurs en prennent sept, six ou cinq chacun selon qu'ils sont au nombre de deux, trois ou quatre.

Ils posent un domino à tour de rôle en assemblant deux demi-faces identiques selon la règle ordinaire, mais, pour marquer des points, ils doivent s'efforcer de former avec les deux dominos des extrémités un total de 5 ou d'un multiple de 5.

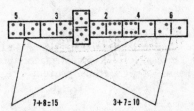

Il est obligatoire de nommer à haute voix le domino qui donne les points. Si un joueur omet de le faire, celui qui s'en aperçoit avant qu'un autre domino ait été posé prend les points à son compte.

Un total de 5 donne 1 point,
Un total de 10 donne 2 points,
Un total de 15 donne 3 points,
Un total de 20 donne 4 points.

Le joueur qui engage la partie posera de préférence le double-cinq s'il le possède, car son voisin ne pourra alors marquer un point que s'il a le cinq-blanc (5-0).

Sur la figure, les chiffres indiquent l'ordre de pose des dominos. Le joueur qui a posé le domino 5 a marqué 3 points pour avoir réalisé un total de 7 + 8 = 15 et celui qui a posé le domino 6 a marqué 2 points pour avoir réalisé un total de 7 + 3 = 10.

LE MATADOR

2, 3 ou 4 joueurs
Matériel : 1 jeu de dominos

Les participants prennent chacun sept dominos s'ils jouent à deux ou trois, cinq s'ils jouent à quatre.

Celui qui a le double le plus élevé le pose au centre de la table pour ouvrir le jeu.

Au lieu d'accoler deux demi-faces identiques comme dans le jeu ordinaire, on assemble deux demi-faces dont le total est égal à sept.

Si le premier joueur a posé le double-six par exemple, son voisin de gauche accolera une demi-face d'un point à celle du six et ainsi de suite.

Comme à la suite d'un blanc il ne serait pas possible d'obtenir un total de sept, on convient d'accoler à un blanc l'un des quatre dominos : 0-0, 1-6, 2-5, 3-4. Ce sont les *matadors*. Dans ce cas, les pièces sont placées perpendiculairement à la chaîne (cf fig.) et ne peuvent être suivies que d'un blanc.

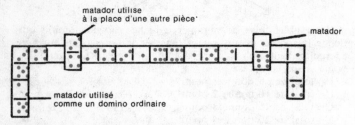

matador utilisé
à la place d'une autre pièce

matador

matador utilisé
comme un domino ordinaire

Un joueur peut se servir d'un matador comme d'un domino ordinaire pour former un total de sept, les deux demi-faces complémentaires étant accolées, (fig.)

Un matador peut encore être joué à la place de n'importe quelle pièce ; le joueur a la faculté de le poser perpendiculairement à la chaîne ou dans son alignement selon qu'il désire offrir au joueur suivant la possibilité de poser un blanc ou la demi-face complémentaire d'une de son matador (fig.)

Un joueur qui ne peut composer de sept avec son jeu, qui n'a pas ou ne veut pas poser de matador, doit piocher jusqu'à ce qu'il tire le point désiré ou qu'il ne reste plus que deux dominos dans le talon. Cependant, s'il ne peut jouer aucune autre pièce, il est obligé de poser un matador lorsqu'il en a un. S'il n'en a pas, il passe son tour.

Le joueur qui pose sa dernière pièce dit : « Domino » et marque le nombre de points détenus par ses adversaires.

Mais si aucun des concurrents ne peut plus poser de pièces avant que l'un d'eux n'ait épuisé les siennes, le jeu est bloqué. Le gagnant est le joueur qui a le plus petit nombre de points en mains ; il marque le nombre des points détenus par ses adversaires.

La partie se joue en 150 points.

Quelques conseils pour le jeu à deux

1. Il est bon, au début de la partie, de faire jouer l'adversaire sur les blancs pour qu'il se défasse de ses matadors.

2. On cherchera à empêcher l'adversaire de poser ses blancs si l'on suppose qu'il en possède.

3. Enfin, on ne jouera pas de blanc si l'on ne possède pas soi-même de matador.

BERGEN-GAME

2, 3 ou 4 joueurs
Matériel : 1 jeu de dominos

Les dominos sont mélangés, les points cachés contre la table. Les joueurs prennent chacun six pièces s'ils sont deux ou trois ; ils en prennent cinq s'ils sont au nombre de quatre. Les dominos restants constituent la *pioche*.

Le joueur qui détient le double le plus bas sera le meneur. A ce titre, il marque 2 points. Si aucun des joueurs ne possède de double, c'est le possesseur du domino le plus faible qui mène et marque les 2 points.

Il pose un domino de son choix. Son voisin de gauche en place un qui possède une extrémité identique à l'une des deux parties du domino exposé, les deux demi-faces semblables étant mises bout à bout et ainsi de suite.

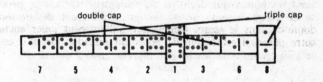

**Le 4ᵉ domino a réussi un « double cap »
et le 8ᵉ domino un « triple cap ».**

Si l'un des participants ne peut placer un domino de son jeu, il en prend un dans la pioche. Si celui-ci ne convient pas, il *boude*. Les joueurs sont autorisés à piocher jusqu'à ce qu'il ne reste plus que deux dominos dans le talon.

Le but du jeu

Le but du jeu est de réussir le plus souvent possible les deux coups suivants :

1. Obtenir deux chiffres semblables à chaque extrémité. Ce coup vaut 2 points. C'est le *double cap*.

2. Placer à l'une des extrémités un double dont le point répété est semblable à celui qui termine l'autre extrémité du jeu, ou bien, s'il y a déjà un double, placer un domino dont le dernier chiffre sera le même que celui du double. Ce coup compte 3 points ; c'est le *triple cap*.

La fin de la partie

La partie se joue en 10 points lorsqu'il y a trois ou quatre joueurs, en 15 points s'ils ne sont que deux.

Le premier joueur qui place sa dernière pièce dit : « Domino » et marque 2 points supplémentaires.

S'il ne reste plus que deux dominos dans la pioche et qu'aucun des joueurs ne puisse plus poser ses pièces, le jeu est bloqué et celui qui n'a pas de double en main est le gagnant.

Si aucun d'eux ne possède de double, celui qui a le plus petit nombre de points remporte la partie.

De même, si les joueurs ont plusieurs doubles chacun, celui qui en a le plus petit nombre gagne sans tenir compte du nombre de points. Mais à égalité du nombre de doubles, ce sont les points qui décident du vainqueur. Ce cas se produit assez fréquemment car les joueurs s'efforcent de conserver leurs doubles le plus longtemps possible dans l'espoir de faire le *triple cap*.

Le gagnant d'un jeu bloqué marque aussi 2 points.

TSUNG-SHAP

2 joueurs

Matériel : 1 jeu de dominos chinois ou 2 jeux ordinaires

Il faut, pour jouer au tsung-shap, un jeu de dominos chinois. Il est facile d'en constituer un avec deux de nos jeux de double-six.

Le jeu de dominos chinois se compose, en effet, de vingt-et-une pièces d'un jeu de double-six, la séquence des blancs n'existant pas et de onze autres pièces qui sont en double : 6-6, 6-5, 6-4, 5-5, 5-1, 4-4, 3-3, 3-1, 2-2, 1-1.

La marche du jeu

On forme, avec les dominos face cachée, huit piles de quatre pièces.

Les deux joueurs prennent chacun quatre piles. Puis le premier prend le domino supérieur de sa pile d'extrême droite et le découvre sur la table.

Le second fait de même en posant son domino à côté de la pièce déjà jouée.

Tel est le système du jeu, identique, en somme, à un jeu de bataille avec des cartes.

L'évaluation des points

L'évaluation des points s'effectue suivant quatre règles dont l'observation demande une attention vive et soutenue.

1. Si un joueur pose un domino identique à l'une des pièces placées aux deux extrémités de la rangée, il prend les deux pièces pour constituer une paire qu'il étale devant lui. Cette paire vaut dix fois le nombre de points placés sur chacune des deux pièces.

2. Si un joueur pose un domino dont les points forment un multiple de dix lorsqu'ils sont ajoutés à ceux des pièces placées aux deux extrémités de la rangée, ou aux deux dominos posés à l'une de ces deux extrémités, il prend les trois pièces et marque les points qui y sont inscrits.

3. S'il n'y a que deux dominos sur la table, le joueur qui

peut les prendre pour former un multiple de dix les pose devant lui l'un sur l'autre et compte 40 points pour ce coup en plus des points de chaque pièce. Il prend alors un domino de sa pile et le pose sur la table pour continuer le jeu.

4. Si un joueur laisse échapper une combinaison gagnante de deux ou trois dominos, son adversaire peut la prendre à son compte. Celui-ci joue ensuite normalement.

La fin de la partie

La partie se termine lorsque l'un des joueurs a retourné tous ses dominos. Le gagnant est celui qui compte le plus de points.

KAI T'AI SHAP

2 joueurs ou plus   🎲 😐 ≡
Matériel : jeux de dominos

C'est le jeu de dominos le plus pratiqué aux Etats-Unis dans les établissements de jeux chinois. Il rappelle un peu le mah-jongg.

Le kai t'ai shap nécessite plusieurs jeux de dominos suivant le nombre des joueurs (cinq jeux pour cinq joueurs).

Les pièces sont soigneusement mélangées et rangées, face cachée, par piles de cinq selon la figure indiquée.

Au début de la partie, chaque joueur place dans une boîte le montant de l'enjeu convenu qui sera remis au gagnant. (Dans les cercles officiels, 5 pour 100 de cette somme reviennent à l'établissement).

La distribution des pièces

Le croupier ou l'un des joueurs lance quatre dés et compte — à partir de son voisin de droite et dans le sens inverse des aiguilles d'une montre — un à un les joueurs jusqu'au nombre obtenu. Le dernier joueur nommé sera le meneur de jeu.

Celui-ci prend le domino supérieur de la troisième pile à partir d'une extrémité quelconque et le pose à l'autre extrémité, puis le domino supérieur de la cinquième pile qu'il met sur celui qu'il vient de poser. Il déplace ainsi autant de dominos qu'il y a de joueurs moins un en constituant des piles de cinq.

Puis il prend pour lui les deux premières piles encore intactes. Son voisin de droite et les autres joueurs prennent, dans l'ordre, chacun deux piles ; ils n'auront donc que neuf dominos.

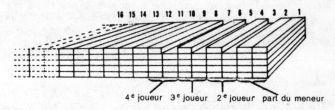

16 15 14 13 12 11 10 9 8 7 6 5 4 3 2 1

4ᵉ joueur   3ᵉ joueur   2ᵉ joueur   part du meneur

Distribution des pièces pour une partie à 4 joueurs

La marche du jeu

Le jeu consiste à posséder dix pièces comprenant une paire de deux dominos identiques et quatre paires *décimales,* la somme des points de chacune de ces paires étant égale à dix ou à un multiple de dix.

Si le meneur n'a pas tiré ces cinq paires gagnantes, il écarte un domino en le posant à découvert sur la table.

Son voisin de droite peut le prendre pour former une paire qu'il étale devant lui. En outre, que ce domino l'intéresse ou non, il prend une pièce sur la première pile du bloc qu'il peut soit écarter si celle-ci ne l'intéresse pas, soit conserver en écartant une autre pièce de son jeu.

Le troisième joueur agit de même et ainsi de suite jusqu'à ce que l'un des joueurs ait obtenu les cinq paires recherchées.

Le gagnant prend les enjeux et une nouvelle partie recommence.

Attention : le domino 2-4 compte pour 3 points dans les paires décimales.

LE MAH-JONGG

4 joueurs   ❓ 🎭 ≡

**Matériel : 1 jeu de dominos
chinois, 2 dés, jetons, 4 réglettes**

*Le mah-jongg est un jeu de dominos chinois. Son nom, qui
signifie* oiseau, *vient peut-être du moineau gravé sur certaines
pièces.*

*On lui prête des origines diverses. Selon l'hypothèse la plus
répandue, son invention remonterait à 1860 et serait due à
Hong-Sieou-Ts'iuen, le promoteur de la révolte des T'ai-P'ing.*

*Le mah-jongg supplanta vite tous les autres jeux, même
celui des échecs chinois pratiqué pourtant depuis des milliers
d'années. D'abord réservé à la cour impériale et à la haute
noblesse, il devint populaire à la faveur de la révolution de
1911 et pénétra aux Etats-Unis par l'intermédiaire des marins
américains faisant escale dans les ports chinois.*

*Il apparut enfin en Europe à la suite des échanges qui
résultèrent de la première guerre mondiale et y fit fureur dans
les années 1920. Après un déclin rapide, il connaît aujour-
d'hui un regain de faveur.*

Le matériel

Le jeu de mah-jongg comprend :
- 144 dominos, appelés *tuiles,*
- 92 jetons de quatre sortes, ainsi répartis : 4-16-32 et 40,
- 2 dés,
- 4 réglettes (une par joueur) servant de barre d'appui pour
placer les tuiles.

Les dominos

Chaque tuile, de bois, d'os ou d'ivoire, a une forme et des
dimensions analogues à celles d'un domino courant. Elle porte
un symbole, souvent finement sculpté.

Les pièces, au nombre de 144, se décomposent comme
suit :
- les tuiles ordinaires :
4 séries de *cercles* ou sapeks numérotés de 1 à 9, soit 36
pièces,
4 séries de *chiffres* de 1 à 9, ou *caractères* 36 pièces,
4 séries de *bambous* numérotés de 1 à 9, 36 pièces.
Les numéros   des bambous sont souvent ·représentés par

un moineau, l'*oiseau de riz*.
- les honneurs simples :
4 séries de *vents* ou points cardinaux : est, sud, ouest et nord, 16 pièces ;
- les honneurs supérieurs :
4 séries de *dragons* ou bonheurs : rouge, vert et blanc, 12 pièces ;
- les honneurs suprêmes, numérotés de 1 à 4 :
les *fleurs*, 4 pièces ;
les *saisons*, 4 pièces.

Les jetons
Avant le début de la partie, on distribue à chaque joueur 1 000 points sous forme de jetons marqués de 1, 2, 5 ou 10 petits cercles :

1 jeton de 5 cercles, soit	500 points
4 jetons de 1 cercle, soit 100 x 4,	400 points
8 jetons de 10 cercles, soit 10 x 8,	80 points
10 jetons de 2 cercles, soit 2 x 10,	20 points
23 jetons	1 000 points

Ces jetons servent pour le règlement entre les concurrents à la fin de chaque donne. Les joueurs jouent chacun pour leur propre compte et non deux à deux.

La préparation du jeu

La mise en place du jeu suit des règles compliquées à dessein pour éviter toute tricherie. Néanmoins, le mécanisme du jeu lui-même est très simple et demande surtout une grande attention et un peu d'entraînement pour se familiariser avec toutes les pièces et adopter une bonne tactique.

Le placement des joueurs
On opère par tirage au sort. Chaque joueur lance les dés. Le nombre le plus élevé désigne le vent d'est. Dans l'ordre décroissant des points, le vent du sud se place à sa droite, le vent d'ouest en face de lui et le vent du nord à sa gauche (sud et nord sont inversés par rapport à la rose des vents ordinaires).

Le banquier
Le joueur placé à l'est est le banquier. Il conserve ce privilège tant qu'il est gagnant. Lorsqu'il vient à perdre, *les*

vents tournent et le joueur qui vient de gagner devient à son tour vent d'est, donc banquier et les autres participants suivent la permutation.

Le banquier tient un rôle dans la distribution des pièces et en cas de contestation, c'est lui qui engage la partie. Ses gains et ses pertes sont doublés

La distribution des pièces

Les 144 tuiles sont mélangées, la face tournée contre la table. Chaque joueur en prend 36 avec lesquelles il construit un mur de 18 pièces sur 2 rangées superposées qui va rejoindre les murs de ses compagnons pour former un carré parfait.

La donne est faite par le banquier qui lance les deux dés. En comptant, de gauche à droite et en commençant par le sien, autant de côtés qu'il y avait de points sur les dés, il détermine la muraille qui sera ouverte. Le vent affecté à ce côté sera le *vent dominant* :

5, 9 font ouvrir la muraille est,
2, 6, 10 font ouvrir la muraille sud,
3, 7, 11 font ouvrir la muraille ouest,
4, 8, 12 font ouvrir la muraille nord.

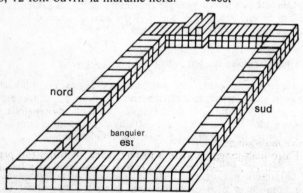

Le banquier a lancé les deux dés dont le total indique 7. La muraille s'ouvrira dans le mur d'Ouest qui devient le vent dominant. Ouest lance les deux dés dont le total des points 1 + 2 (par exemple) s'ajoute aux 7 points obtenus par le lancement d'Est, soit 10.

Ouest compte 10 piles en partant de l'extrémité droite de son mur et prend la 10ᵉ pour ouvrir la brèche.

Le joueur *vent dominant* lance alors les deux dés ; le nombre sortant s'ajoute à celui sorti précédemment et le total indique à quel endroit sera ouverte la muraille du vent dominant : à partir de l'extrémité gauche, celui-ci compte vers sa droite un nombre de piles égal à ce total. La brèche est faite à la dernière pile comptée dont les deux tuiles sont déposées, une par une, sur la muraille, à droite de la brèche ; elles appartiendront aux pièces détachées.

Le banquier effectue alors la distribution : il prend d'abord pour lui les deux premières piles *à gauche* de la brèche. Il donnent les deux suivantes à vent du sud et ainsi de suite jusqu'à ce que, trois tours de distribution ayant été accomplis, chaque joueur soit en possession de 12 pièces.

Au quatrième tour, est prend pour lui les deux dominos supérieurs des première et troisième piles ; il donne à sud le domino supérieur de la cinquième pile ; à ouest celui de la septième pile et à nord celui de la neuvième pile.

Les joueurs prennent alors connaissance de leurs dominos et les installent sur leur réglette. Est en a 14 et ses compagnons n'en ont que 13. La partie peut commencer.

Le but du jeu

Le but du jeu est d'obtenir le plus grand nombre de points possible en formant des *combinaisons* à l'aide de ses dominos. Celles-ci sont au nombre de quatre :

la *paire* est formée par deux pièces identiques,

le *brelan* ou *pung*, par trois pièces identiques,

le *carré* ou *kong*, par quatre pièces identiques,

la *séquence* ou *chow* se compose de trois pièces qui se suivent dans une même série.

Faire mah-jongg

Faire mah-jongg consiste à former, avec 14 tuiles (on prend sans écarter au dernier coup), quatre combinaisons : brelans, carrés ou séquences plus une paire. Chaque fois que l'on compose un carré, on prend un domino supplémentaire dans les pièces détachées, sinon il serait impossible de former la quatrième combinaison.

Lorsqu'un joueur a fait mah-jongg, le jeu s'arrête et on compte les points.

Les tuiles ayant des valeurs différentes, celui qui a fait mah-jongg n'est pas forcément celui qui a le nombre de points le plus élevé.

Les grands jeux

Ce sont des combinaisons extraordinaires que recherchent les joueurs acharnés. Elles sont très nombreuses et il est facile d'en inventer. Il faudra donc convenir, au début de la partie, de celles qui seront admises et de leur valeur.

On peut n'accepter que les *mains pures,* c'est-à-dire le mah-jongg constitué par des combinaisons d'une seule série en dehors des honneurs (uniquement des bambous ou des cercles, etc).

En voici d'autres exemples :
- le quadruple bonheur domestique : mah-jongg avec les quatre vents ;
- les quatre bénédictions sur la maison : quatre brelans ou quatre carrés de vents, plus une paire ;
- les treize lanternes merveilleuses : l'as et le 9 de chaque sorte de tuiles ordinaires (bambous, cercles et caractères), un dragon de chaque couleur et les quatre vents. La quatorzième tuile forme une paire avec une pièce des combinaisons ;
- la maison pleine de neuf pièces : quatorze pièces de la même série :
- le petit serpent : une série complète de 1 à 9, les quatre vents et un honneur :
- le grand serpent : une série complète de 1 à 9, un brelan et une paire d'honneurs ;
- picorer le coq d'or : faire mah-jongg avec le *5 cercle.*

Mais d'ordinaire, on se contente des quatre combinaisons classiques énumérées plus haut (paire, brelan, carré, séquence).

La marche du jeu

Les tuiles étant distribuées, est demande les fleurs et les saisons ; les joueurs qui en possèdent les posent devant eux, face visible et les remplacent par autant de *pièces détachées* prises à droite de la brèche. S'ils en tirent dans la muraille en cours de jeu, ils les exposeront et les remplaceront immédiatement.

Est dépose ensuite, à découvert, dans l'enceinte carrée, un domino de son jeu qui lui semble présenter peu d'intérêt, en annonçant distinctement son nom et, pour les cercles, les caractères et les bambous, en précisant d'abord le numéro ; il dira, par exemple : 6 cercle, 2 caractère, etc.

Sud joue à son tour en prenant la première tuile à gauche de la brèche et en écartant une de ses pièces. (Tout au long de la partie, les tuiles seront prises en démolissant systématiquement le mur par la pièce la plus proche de la brèche).

Chow, Pung et Kong

Mais si l'un des joueurs a besoin de la tuile écartée par est pour achever une combinaison, il annonce *Chow* pour une séquence, *Pung* pour un brelan et *Kong* pour un carré. Il expose devant lui la figure ainsi constituée, et il écarte une de ses pièces. Dans ce cas, il n'en prend pas dans la muraille. S'il compose un carré, il prend, en outre, une pièce détachée. Seul le joueur placé immédiatement à droite de celui qui vient d'écarter peut annoncer *Chow*. Mais les deux autres peuvent, comme lui, demander *Pung* ou *Kong*, même si ce n'est pas leur tour. Dans ce cas, les joueurs placés entre le demandeur et celui qui a fait l'écart passent leur tour.

Lorsque deux joueurs désirent la même pièce, pour *Pung* ou *Kong*, celui qui joue le premier la prend. Si celui-ci a annoncé *Chow* et l'autre *Pung* ou *Kong*, c'est le second qui l'emporte.

Toutefois, si la pièce revendiquée aide un joueur à faire mah-jongg pour quelle combinaison que ce soit, c'est à lui qu'elle revient. C'est le seul cas où un joueur peut annoncer *Chow* en dehors de son tour de jeu. Mais il doit prévenir les joueurs qu'il fait mah-jongg et ceux qui sont placés entre celui qui vient d'écarter et lui-même jouent encore une fois. C'est le seul cas où un joueur prévient ses adversaires qu'il va faire mah-jongg.

On ne peut jamais prendre un écart pour constituer une paire à moins que ce ne soit pour faire mah-jongg.

Un domino non demandé aussitôt après avoir été écarté n'est plus utilisable.

Les combinaisons exposées

Une combinaison terminée à l'aide d'un domino écarté doit être *exposée*, la face visible, devant le joueur.

Par contre, une combinaison achevée à l'aide d'une tuile de la muraille est conservée sur la réglette, à l'exception des carrés qui doivent toujours être exposés afin de permettre au joueur de prendre un domino supplémentaire.

Cependant, si le carré a été constitué à l'aide des tuiles du mur, seules deux faces seront visibles et le carré aura la valeur d'une combinaison *cachée*.

Comme on le verra, en effet, dans le décompte des points, les combinaisons perdent la moitié de leur valeur lorsqu'elles sont exposées. Les joueurs ont donc intérêt à ne pas montrer leur jeu avant l'arrêt lorsqu'ils n'y sont pas obligés par la prise d'un domino écarté.

La fin de la partie

Lorsqu'un joueur annonce mah-jongg, il abat son jeu. Ses compagnons font de même et l'on compte les points.

Si plusieurs joueurs s'apprêtent à faire mah-jongg par *Chow, Pung* ou *Kong* à l'aide de la même pièce écartée, celle-ci revient à celui qui doit jouer le premier.

Enfin, si personne n'a fait mah-jongg alors qu'il ne reste plus que 14 tuiles dans la muraille, la donne est nulle et l'on recommence. Le joueur qui était vent du sud devient vent d'est ; c'est le nouveau banquier.

La partie se joue en quatre donnes.

Le règlement des comptes

A la fin de chaque donne, chacun reçoit des trois autres les jetons correspondant aux points de sa main. Les points du banquier, on le sait, sont doublés en gain comme en perte.

Evaluation des points

Qu'ils aient fait mah-jongg ou non, tous les joueurs marquent des points pour les fleurs et les saisons (4 points par pièce) et pour les combinaisons. Celles-ci ont une valeur différente selon qu'elles sont exposées ou cachées.

	Combinaisons	Exposées	Cachées
Carrés :	Vents et Dragons	16	32
	1 à 9	16	32
	Tuiles ordinaires de 2 à 8	8	16
Brelans :	Vents et Dragons	4	8
	1 à 9	4	8
	Tuiles ordinaires de 2 à 8	2	4
Paires :	Dragons	0	2
	Vent du joueur	2	2
	Vent de la partie	2	2

Tout joueur double sa marque :

Une fois : 1. S'il possède sa propre fleur ou sa propre saison (est étant 1, sud 2 etc.) ;

2. Pour un brelan ou un carré de dragons ;

3. Pour un brelan ou un carré de son propre vent ;

4. Pour un brelan ou un carré du vent dominant (c'est-à-dire le vent du mur dans lequel la brèche a été ouverte).

Deux fois : s'il possède sa fleur et sa saison.

Trois fois (multiplie par 8) : s'il a réalisé le *bouquet* (les quatre fleurs ou les quatre saisons).

Le joueur qui a fait mah-jongg marque :

- pour un mah-jongg ordinaire   20 points ;

- pour un mah-jongg ne comportant que des séquences plus une paire (combinaisons sans valeur)   30 points ;

- pour un mah-jongg réalisé en tirant un domino de la muraille   22 points ;

- pour un mah-jongg réalisé d'entrée de jeu   100 points

Il double ses points :

Une fois : 1. S'il fait mah-jongg en tirant le dernier domino possible du mur (c'est-à-dire s'il n'en reste plus que 14 après son coup). On dit qu'il a *pris la lune au fond de la mer* ;

2. Si son mah-jongg ne comporte pas de séquence ;

3. S'il fait un mah-jongg par un *jong* en prenant une pièce détachée ;

4. Pour un jeu composé de brelans ou de carrés de 1 ou de 9, exception faite des vents et des dragons ;

Trois fois : 1. Si, vents et dragons exceptés, les tuiles sont toutes de la même série ;

2. Si son mah-jongg n'est constitué que par des brelans ou des carrés de dragons, la quatorzième tuile formant paire avec une des treize autres.

Pénalités

En revanche, on applique des pénalités en cas de faute. Les points de pénalités du banquier sont doublés.

1. Si, par mégarde, un joueur annonce mah-jongg à tort, il est pénalisé d'une forte amende à déterminer avant le début du jeu.

2. Tout joueur qui, par erreur, n'aurait pas remplacé un domino écarté ne pourra plus gagner, mais le total de ses douze pièces lui sera compté.

3. Si, au contraire, un joueur a pris un ou plusieurs dominos supplémentaires au cours de la partie, son jeu sera nul ; il ne comptera que les fleurs et les saisons et devra payer intégralement les autres joueurs.

4. Celui qui annonce à haute voix un domino tiré de la muraille paie 10 points aux trois autres.

Litiges

Le vent d'est est l'arbitre en cas de contestation.

S'il est lui-même en cause, c'est vent du sud qui tranchera le litige.

LE CAUPUR

2 ou 4 joueurs

Matériel : carton, crayon, 3 dés, 4 pions par joueur

C'est le jeu national de l'Inde depuis des siècles. Son nom vient du sanscrit catus-pada *et signifie qui a quatre pieds.*

Dans l'une des grottes du temple d'Ellora, au nord-est de Bombay, qui remonte au VIe siècle de notre ère, on peut voir une représentation sculptée de l'échiquier du caupur qui se présente en forme de croix.

Assis sur un siège surélevé d'un mètre et entouré de ses courtisans, Akhbar, le grand empereur mongol du XVIe siècle, jouait sur un vaste échiquier en marbre, incrusté à même le sol, dans la cour de son palais à Agra. En guise de pions, seize jeunes esclaves de son harem, revêtues de saris aux couleurs appropriées, se déplaçaient sur les carrés rouges et blancs au hasard des coups de dés.

Aujourd'hui, le caupur se pratique aussi bien dans les palais que dans les cafés ou sur les places publiques à même le sol.

Le matériel

En Inde, on utilise souvent un échiquier d'étoffe brodée, mais il est facile de le dessiner sur du carton ou de le reproduire sur le sol.

Chaque joueur possède quatre pièces de bois, en forme de cône arrondi au sommet, marquées de ses propres couleurs. On remplacera aisément ces pièces par quatre pions dont la couleur différera pour chaque joueur

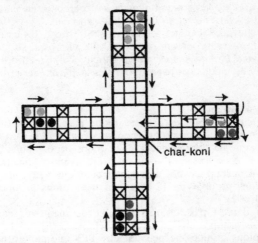

Position de départ des pions et circuit des pions jaunes

Les pions avancent du nombre de points donné par trois dés longs, les *pâsas*. Leurs quatre faces rectangulaires portent sur chacune d'elles, respectivement, 1, 2, 5 et 6 points.

La marche du jeu

Les joueurs s'asseyent à chaque extrémité de la croix. Chacun est le partenaire de son vis-à-vis.

Au début du jeu, les pièces sont placées en position de départ comme l'indique la figure ci-dessus. Chacune d'elles doit parcourir le pourtour extérieur de la croix dans le sens inverse des aiguilles d'une montre et revenir au centre par la ligne médiane du joueur qui s'appelle le *ghar*, c'est-à-dire la maison.

Comme au jeu de jacquet, on additionne les points de chaque dé pour faire progresser un seul pion ou bien on les considère séparément pour avancer deux ou trois pions. Mais on ne peut avancer plusieurs pièces avec les points d'un seul dé, ni fragmenter à sa fantaisie le total des trois dés.

Les mises à mort

Le long du parcours, on *tue* les pions ennemis en s'arrêtant sur les cases où ils se trouvent. Lorsqu'on se contente de les dépasser, ils sont indemnes.

Un pion *tué* doit recommencer son parcours en partant du centre, le *char-koni* et en descendant son *ghar*.

Lorsque deux joueurs seulement s'affrontent, les cases marquées d'une croix servent de refuge : les pions qui s'y trouvent ne peuvent être tués. Les pièces ennemies qui n'auront pas le nombre de points suffisant pour les dépasser resteront derrière.

Les pions groupés

On peut grouper ses propres pions par deux ou trois sur une même case. Leur progression sera plus rapide : un double 3, par exemple, fera avancer deux pions de 6 points. Si l'on amène 3, 2, 5, les deux pions pourront avancer chacun de 10 points. Un coup de dés amenant trois 4 permettra d'avancer trois pions groupés de 12 cases ou deux pions groupés de 8 cases (4 × 2).

Mais il n'est pas toujours possible de maintenir ensemble des pions groupés et l'on peut les séparer lorsqu'on le désire.

Les pions groupés ne peuvent être tués que par un nombre égal ou supérieur de pions groupés ennemis ; ils sont à l'abri des pions individuels qui seront bloqués derrière eux tant qu'ils n'auront pas le nombre de points suffisant pour les dépasser.

La fin de la partie

Lorsqu'un pion a fait le tour de l'échiquier, il rentre dans son *ghar*, couché pour le différencier des partants. Là, il se trouve en sécurité et ne peut plus être tué. Il est nécessaire d'avoir le nombre exact de points pour atteindre le *char-koni*, point final de la course.

Un pion arrivé au but peut ressortir pour tuer un adversaire, mais il devra alors effectuer un second tour.

Le caupur se joue en équipe : lorsqu'un joueur a rentré toutes ses pièces, il continue à lancer les dés pour avancer celles de son partenaire.

LE PACHISI

2 ou 4 joueurs
Matériel : carton, crayon, 6 coquillages,
pions

Le pachisi, ou *jeu des vingt-cinq*, est également très répandu en Inde. Il se joue sur le même échiquier que le caupur et selon des règles à peu près semblables.

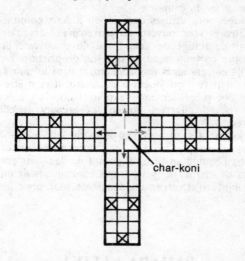

char-koni

Le char-koni est le point de départ et d'arrivée des pions

Les dés sont remplacés ici par six *cauris*, ces petits coquillages présentant une fente sur leur face plane. Le nombre de points est déterminé de la façon suivante :

aucune fente visible sur l'ensemble des six cauris donne 25 points,

une fente visible donne 10 points,
deux fentes visibles donnent 2 points,
trois fentes visibles donnent 3 points,
quatre fentes visibles donnent 4 points,
cinq fentes visibles donnent 5 points,
six fentes visibles donnent 6 points.

La marche du jeu

Les pions partent du centre, le *char-koni,* et effectuent le même parcours que dans le caupur ; le premier pion entre dans le jeu par n'importe quel nombre de points, mais les suivants n'y seront admis que par 6, 10 ou 25 points.

De plus, le joueur qui amène 6, 10 ou 25 points a droit à un jet supplémentaire de même que celui qui vient de tuer une pièce ennemie.

Les mises à mort, les pions groupés suivent les mêmes règles que celles du caupur.

Les refuges sont utilisés dans le jeu à deux comme dans le jeu à quatre et sont ouverts au partenaire. Lorsqu'une pièce s'arrête sur le refuge de l'extrémité du quatrième bras, elle peut attendre en toute sécurité que son propriétaire amène 25 points ; elle entrera alors immédiatement dans le *char-koni.*

Si le partenaire d'un joueur a du retard, il peut être bon de conserver des pièces en arrière pour l'aider en bloquant la voie aux pièces adverses ou en les prenant si elles sont menaçantes.

Si un joueur a sorti tous ses pions du jeu, à la différence du caupur, il ne peut lancer les cauris au bénéfice de son partenaire ; l'équipe adverse, disposant de deux jets contre un, n'aura pas de mal à tuer ses propres ennemis ; mais un joueur a la possibilité d'effectuer un deuxième tour pour aider son partenaire.

PAHADA KELIYA

4 joueurs

**Matériel : carton, crayon,
2 dés, 16 jetons**

On utilise pour le pahada keliya ou *jeu de course,* le même échiquier que pour les deux jeux précédents. A Ceylan, en particulier, des parties acharnées font l'objet d'enjeux.

Les joueurs disposent de quatre pièces chacun dont le mouvement est déterminé par le jet de deux dés longs dont les quatre faces rectangulaires sont marquées respectivement par 1, 6, 3 et 4 points.

Chaque joueur est le partenaire de son vis-à-vis. La position de départ des pièces est indiquée sur la figure ci-dessous :

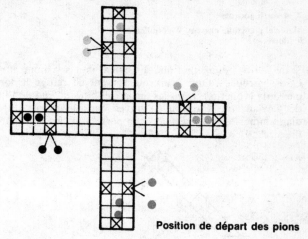

Position de départ des pions

Les règles du jeu

Les règles du jeu sont les mêmes que celles du caupur à ceci près :
- les refuges ne sont pas utilisés,
- les pions doublés ne peuvent être tués,
- lorsque le premier joueur d'une équipe a amené ses quatre pièces sur les trois dernières cases où il risque d'être tué, c'est-à-dire les cases précédant sa ligne médiane, il attend que son partenaire vienne l'aider. Celui-ci doit amener deux de ses pions dans la case placée au début de la ligne où se trouvent les pions en attente. Ces deux pions devront avancer ensemble d'une case à chaque fois par un double 1, un double 2, etc. Si la sixième case est occupée par les pions en attente, le double 6 ne pourra pas être utilisé, mais il faudra tout de même l'obtenir. C'est alors seulement que les pions immobilisés pourront entrer dans la ligne médiane.

Pendant cette période d'attente, les adversaires essaient de capturer les pièces du co-équipier pour l'empêcher de prêter assistance à son partenaire.

La difficulté du parcours, on le voit est ainsi considérablement augmentée.

PANCHA KELIYA

2, 4 ou 6 joueurs

Matériel : carton, crayon, 6 coquillages, 6 pions

Le *jeu des cinq,* pratiqué à Ceylan, doit son nom aux cinq cases marquées d'une croix qui servent de refuge le long du parcours (voir fig.). Dans les anciennes cités du sud de l'Inde et de Ceylan, on a retrouvé, gravés dans la pierre différents diagrammes de ce jeu qui comporte toujours un parcours linéaire.

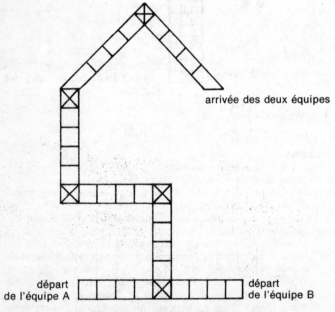

arrivée des deux équipes

départ de l'équipe A

départ de l'équipe B

Départ et arrivée des équipes

Les dés sont remplacés par six *cauris,* ces petits coquillages utilisés pour le jeu de pachisi. Chaque coquillage montrant sa fente donne 1 point.

Quel que soit le nombre des joueurs, la partie se joue toujours entre deux camps qui possèdent trois pions chacun.

Il faut un nombre de 6, 5 ou 1 point pour faire entrer un pion dans le jeu. Ces nombres autorisent également à lancer les cauris une seconde fois.

Un pion est dit *coupé* lorsqu'un pion adverse prend sa place ; il sort du jeu et ne peut y rentrer que par un 6, un 5 ou 1 point. Mais un pion placé sur une case marquée d'une croix est invulnérable. Plusieurs pions appartenant au même joueur peuvent d'ailleurs s'y tenir ensemble.

Le but doit être atteint par un nombre exact de points. Si un joueur amène un nombre de points trop élevé, son pion reste immobile.

CATURANGA

2, 3 ou 4 joueurs

Matériel : carton, crayon, 2 dés, 2 pions par joueur

Le caturanga, un jeu de l'Inde, très ancien, se joue sur un échiquier de neuf cases sur neuf, d'une seule couleur (voir croquis). Seules, cinq cases sont marquées d'une croix : quatre d'entre elles, appelées *katti,* sont situées au milieu des rangées

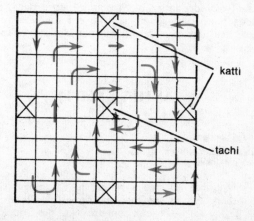

Circuit d'un pion

extérieures ; elles servent de points de départ pour les pions (une par joueur) et la case centrale, ou *tâchi*, est le point d'arrivée de tous les pions. La figure donne le schéma du circuit que doit effectuer un pion.

La règle du jeu

Chaque joueur possède deux pions et le gagnant est le premier qui aura conduit ses deux pions dans le tâchi. La progression des pions est déterminée par le jet de deux dés longs aux extrémités arrondies. Sur leurs *quatre* faces rectangulaires, sont gravés respectivement 1, 3, 4 et 6 points.

Au cours du jeu, on observe les règles suivantes :

1. Le joueur peut, à son gré, avancer un pion du total des points marqués sur chaque dé ou bien avancer à la fois ses deux pions, l'un progressant du nombre de points donnés par l'un des dés et le second du nombre de points donnés par l'autre dé.

2. Un double oblige à relancer les dés.

3. Un joueur ne peut pas refuser d'avancer ses pions.

4. Un pion qui n'est pas sur un katti est retiré du jeu lorsqu'un pion adverse traverse la case où il se trouve ou s'y arrête. Le pion sorti ne rentrera dans le jeu, sur son propre katti que par le jet d'un double 1.

5. Tous les pions doivent s'arrêter à quatre cases du but ; il leur faut attendre le double 4 pour pénétrer dans le tâchi. Si les deux pions d'un joueur se trouvent sur cette même case, ils pénètrent tous deux dans le but par le même coup de dés.

ASTHA-KASHTE

2, 3 ou 4 joueurs   🚩 😊 😈 ≡

Matériel : carton, crayon, 4 coquillages, 4 pions par joueur

L'ashta-kashte est une variante du caturanga. On y joue surtout dans l'état du Bengale, au nord-est de l'Inde.

Les règles des deux jeux sont très voisines ; quelques différences de détail seulement les différencient.

- L'échiquier de l'ashta-kashte ne comporte que sept cases sur sept ; cinq cases sont marquées d'une croix comme dans le caturanga et l'itinéraire que doivent suivre les pions est le même.
- Chaque joueur possède quatre pions qu'il fait progresser grâce au jet de quatre *cauris* en guise de dés. Le joueur compte 1 point pour une fente visible, 2 points pour deux fentes visibles, etc. Si aucune fente n'apparaît, le coup rapporte 8 points.
- Le joueur qui amène 4 ou 8 points relance les cauris une seconde fois ; mais il peut toujours refuser d'utiliser ses points.
- Lorsqu'un joueur arrive sur une case occupée par un pion ennemi, il renvoie celui-ci à son point de départ à moins que cette case ne soit marquée d'une croix. Dans ce cas, il peut se poser au-delà de la case si son nombre de points le lui permet ; sinon, il ne bouge pas de place.

Cependant, un joueur qui se trouve sur la case de départ d'un adversaire, au moment où celui-ci fait entrer un de ses pions dans le jeu, est chassé également.
- Enfin, si les deux pions d'un joueur se trouvent sur la même case, ils ne peuvent être pris que par deux pions ennemis se déplaçant ensemble.

THAYYAM

2, 3 ou 4 joueurs   ❗ 😀 😄 ≡
Matériel : carton, crayon, 4 coquillages, 4 pions par joueur

Le thayyam, pratiqué dans le sud de l'Inde, est voisin de l'ashta-kashte, mais ses règles plus compliquées allongent la partie et lui donnent plus d'intérêt.

L'échiquier ne possède que cinq cases sur cinq (voir fig., p. 138), mais les pions et les cauris sont les mêmes que ceux du jeu précédent. Le circuit à effectuer est identique. Les cauris donnent également le même nombre de points.

La marche du jeu

Les joueurs lancent les cauris à tour de rôle ; celui qui a obtenu le plus grand nombre de points commence. En cas de rampeau on tire à nouveau.

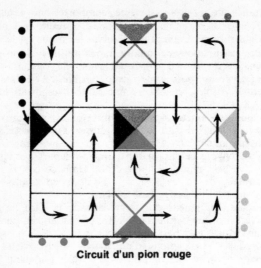

Circuit d'un pion rouge

Un joueur ne peut introduire une pièce sur l'échiquier que par un jet de 1 point. Il la place alors sur la case qui lui est réservée, son *château*, comme dans les deux jeux précédents. Les jets obtenus auparavant sont considérés comme nuls.

Lorsqu'un pion est entré en jeu, il progresse selon le nombre de points donné par le ou les jets. Chaque joueur, en effet, continue à lancer les cauris tant qu'il n'amène pas un jet de 2 ou 3 points. Il fait alors avancer une pièce du montant donné par chaque jet. Il ne peut fractionner le total d'un jet pour bouger plusieurs pions, mais il peut utiliser les différents jets dans l'ordre qu'il désire.

Les pièces doivent effectuer le circuit indiqué sur la figure pour arriver dans la case centrale. Lorsque toutes les pièces d'un joueur y seront parvenues, il leur faudra alors sortir du jeu comme elles y sont entrées, c'est-à-dire par un jet de 1 point. Le premier joueur qui a retiré toutes ses pièces de l'échiquier est le gagnant.

Les règles

- Un joueur peut avoir plusieurs de ses propres pièces sur une même case.
- Si un pion arrive sur une case occupée par un ennemi, celui-

ci est mis hors de combat et retiré du jeu ; il ne pourra y revenir qu'après un jet de 1 point et devra recommencer tout le trajet.

- Cependant, dans le château de chaque joueur, même l'ennemi est en sécurité : l'hospitalité est un devoir sacré ; toutes les pièces peuvent y demeurer aussi nombreuses soient-elles.

- Lorsqu'un joueur élimine le pion d'un adversaire, il joue une seconde fois.

- Si un pion arrive dans une case occupée par plusieurs pièces ennemies (non jumelées) celles-ci sortent du jeu comme s'il n'y en avait qu'une.

Les pions jumelés

Lorsqu'un joueur a amené deux de ses pions sur le château opposé au sien, il peut les jouer séparément de la façon habituelle ou les *jumeler*.

Dans ce cas, les deux pions avancent ensemble de la moitié des points donnés par les cauris. Si c'est un nombre impair, ils avancent de la moitié du nombre pair inférieur. Par exemple, après les jets de 1, 4, 4, 2, soit 11 points, les pions jumelés avanceront de quatre ou de cinq cases, mais un autre pièce seule pourra avancer également de trois ou d'une case.

Des pions jumelés reposant sur une case ordinaire ne peuvent être chassés du jeu que par d'autres pions jumelés. Mais en revanche, il leur est interdit d'attaquer des pièces uniques. Ils peuvent donc cohabiter sur la même case avec une pièce ennemie, qu'ils soient ou non les premiers occupants.

Lorsque des pions jumelés sont éliminés par d'autres, deux méthodes sont possibles pour réintégrer le jeu. Il faudra adopter l'une ou l'autre avant de commencer la partie.

Ou bien, les pions jumelés redeviennent les pièces uniques et sont réintroduits séparément chacun par un jet de 1 point.

Ou bien, ils conservent leur caractère de pions jumelés et ne sont réintroduits que si leur propriétaire obtient deux jets de 1 point dans un seul tour.

Dans la case centrale, les jumeaux se séparent et sortent chacun par un jet de 1 point obtenu ou non dans le même tour.

LE JEU DE L'HYÈNE

4 joueurs
**Matériel : carton, crayon,
4 bâtonnets, 4 pions**

Ce jeu favori des Arabes du Soudan suit le récit d'un conte pour enfants.

On trace dans le sable ou sur un carton un diagramme du modèle ci-dessous.

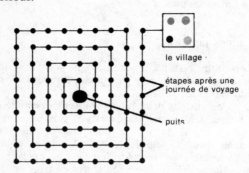

le village

étapes après une
journée de voyage

puits

Chaque point représente l'étape après une journée de voyage. Au centre se trouve un puits.

Les quatre dés dont se servent les Arabes sont des morceaux de bois de dix-sept centimètres, taillés de manière à être blancs et plats d'un côté, arrondis et bruns de l'autre.

A chaque jet, un côté blanc en l'air donne droit à 1 *taba* ; deux côtés blancs en l'air donnent droit à 2 journées de voyage ; trois côtés blancs en l'air donnent droit à 3 journées et les quatre côtés blancs en l'air donnent droit à 6 journées.

Chaque joueur lance les « dés » tant qu'il n'a pas amené un 2. A ce moment-là seulement, il passe les dés à son voisin de gauche.

Un voyage périlleux

Chaque joueur reçoit un pion qui représente sa mère. C'est elle qui entreprend ce long et périlleux voyage. Au début de la partie, les femmes se trouvent au village figuré sur le diagramme par un carré.

Un départ difficile

La mère ne peut quitter le village avant que son fils n'ait payé 1 taba, c'est-à-dire avant qu'il n'ait amené un seul bâtonnet présentant son côté blanc. Tous les jets effectués auparavant sont considérés comme nuls.

La mère voyage alors à chaque jet pendant deux, trois ou six jours (c'est-à-dire avance de 2, 3 ou 6 points) selon le nombre amené par les dés, jusqu'à ce qu'elle parvienne au puits. Deux femmes peuvent s'arrêter à la même étape.

Par la suite, lorsqu'un joueur obtient 1 taba, sa mère ne peut avancer : il l'inscrit à son crédit pour s'en servir plus tard.

Arrivée au puits…

La mère aura besoin de 2 tabas pour laver ses vêtements et de 2 autres pour acheter ses vivres du retour.

Si son fils n'a pas mis 4 tabas en réserve, la mère doit attendre qu'il les ait obtenus avant de se mettre en route. Toutefois, les jets de 2, 3 ou 6 points amenés dans l'intervalle seront pris en compte pour être utilisés plus tard.

Vêtements lavés et munies de vivres, les mères doivent faire le même chemin en sens inverse par les mêmes moyens.

De retour au village…

Soudain, prise de folie furieuse, la mère qui est la première de retour au village laisse échapper une hyène sous le contrôle de son fils dans l'espoir que l'animal rattrapera et dévorera les autres femmes qu'elle déteste.

L'hyène quitte le village moyennant 2 tabas. Elle avance deux fois plus vite que les femmes : les points de chaque jet sont doublés.

Elle est retenue au puits jusqu'à ce que son propriétaire ait payé 10 tabas pour qu'elle se désaltère. Lorsqu'elle peut enfin repartir, elle avance toujours deux fois plus vite et dévore toutes les femmes qu'elle dépasse. A l'aller, par contre, elle les a dépassées sans s'attaquer à elles : il lui est impossible de manger avant d'avoir bu !

Le joueur qui a mené l'hyène est le gagnant et les femmes dévorées par l'animal sont les grandes perdantes !

SEEGA

2 joueurs
Matériel : carton, crayon,
48 pions

La seega est peut-être une survivance du jeu romain des
latroncules *dont parlent Varron et Ovide et qui était un jeu*
intermédiaire entre les échecs et les dames.
Les fellahins y jouaient en Egypte au siècle dernier. Au-
jourd'hui encore, on le pratique dans les Somalis — et l'on
sait que l'Empire romain étendait jusque là ses frontières.

Le matériel

La seega se joue sur un damier carré de 49 ou de 81 cases.
Les joueurs reçoivent 24 pions chacun dans le premier cas et
40 pions dans le second. L'un a les blancs, l'autre les noirs.

La partie

La partie se déroule en deux phases.

Première phase

Les joueurs placent à tour de rôle deux jetons à la fois sur
n'importe quelles cases libres du damier à l'exception de celle
du centre. Aucune prise ne peut alors être faite.
Le joueur qui pose les deux derniers pions commence la
seconde phase.

Deuxième phase

Les joueurs cherchent à prendre le plus de pièces ennemies
possible tout en protégeant les leurs.
- Un pion se déplace horizontalement ou verticalement pour
se poser sur toute case contiguë inoccupée, y compris celle du
centre.
- Un joueur capture un pion ennemi et le retire du jeu
lorsqu'il réussit à l'emprisonner entre deux de ses pions horizontalement ou verticalement (mais non en diagonale). Il
continue à mouvoir son propre pion tant que celui-ci peut
effectuer des prises successives.

- Un seul mouvement peut permettre à un pion d'opérer plusieurs captures simultanées.

Dans la figure ci-dessous, le pion blanc opère trois captures par un seul mouvement.

- Le pion qui occupe la case centrale ne peut être capturé.
- Un joueur peut introduire son pion entre deux pièces ennemies sans danger. En effet, la capture n'a lieu que si c'est l'ennemi lui-même qui opère le mouvement.
- Quand un joueur ne peut plus bouger, son adversaire est tenu de jouer à nouveau pour lui faire une ouverture.

La faiblesse de ce jeu est, en effet, d'aboutir à une partie nulle car chaque joueur peut construire une barrière derrière laquelle s'abriteront seulement ses pièces qu'il déplacera sans aucun risque d'attaque. La victoire dépendra donc beaucoup de la première phase.
- Si un joueur réussit à prendre toutes les pièces de l'ennemi, sa victoire est évidente.

Lorsque chacun des joueurs a édifié sa barrière, celui qui a conservé le plus grand nombre de pions est le gagnant.

Mais s'ils ont tous deux un nombre égal de pions, la partie est nulle.

MARELLES

2 joueurs

Matériel : carton, crayon, 6 ou 10 pions

Il ne faut pas confondre le jeu des marelles ou mérelles *avec le jeu de la marelle actuel qui se joue à cloche-pied (voir la marelle). Tous deux n'ont de commun que leur ancienneté et leur universalité.*

Le nom de mérelles vient du latin merellus *qui signifie*

pion et le nom de morris *utilisé en Angleterre serait une déformation dialectale de* mérels.

Les Grecs jouaient à différentes variantes de marelles sous le nom général de pettie, « la dame aux cinq lignes ».

Ovide décrit ce jeu dans l'Art d'aimer : « on y joue au moyen de trois pièces pour chaque joueur, sur une petite table dressée à cet effet ; pour gagner, il faut amener ses trois pièces sur une même ligne.

La marche du jeu

Les marelles peuvent se jouer sur différents diagrammes (fig. 1 à 8). Chaque joueur reçoit trois ou cinq pièces, l'un

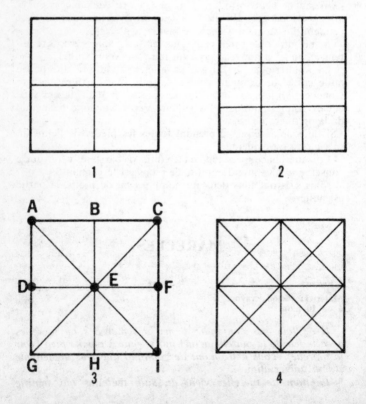

1

2

3

4

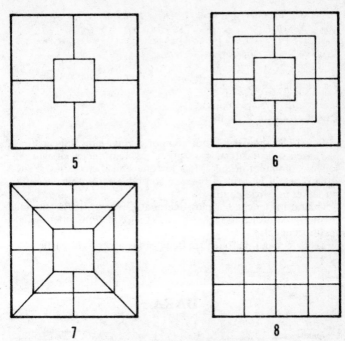

Différentes sortes de diagrammes

des blanches, l'autre des noires. Le jeu consiste à aligner trois pièces sur l'une des sept premières figures ou cinq sur la huitième.

On tire au sort pour savoir qui commencera.

Les joueurs posent à tour de rôle, une à une, leurs trois ou leurs cinq pièces sur une intersection, puis les déplacent d'une intersection à une autre jusqu'à ce qu'ils aient réussi leur alignement.

Une partie

Par exemple, sur la figure 3, les joueurs ont posé leurs pièces respectivement en E, A, F et C, I, D (le premier joueur occupe généralement le centre).

La partie pourra se dérouler ainsi :

Premier joueur		*Deuxième joueur*	
A	H	I	E
H	G	C	B
F	C	E	F
A	E		

Le premier joueur a gagné.

Les marelles à 9 pions

Pour le diagramme 8 qui comporte vingt-cinq intersections, les joueurs peuvent aussi disposer de neuf pions chacun. Ils jouent comme ci-dessus. Mais lorsque l'un d'eux a pu aligner trois pions, il choisit un pion de son adversaire pour le retirer du jeu et la partie continue.

Quand un joueur n'a plus que quatre pions, il peut, sur une même ligne droite, franchir à son gré les stations intermédiaires inoccupées.

Le joueur qui n'a plus que deux pions a perdu la partie.

DARA

2 joueurs
Matériel : carton, crayon, 24 pions

C'est un jeu de marelles africain.

Les règles sont les mêmes que pour le jeu classique à neuf

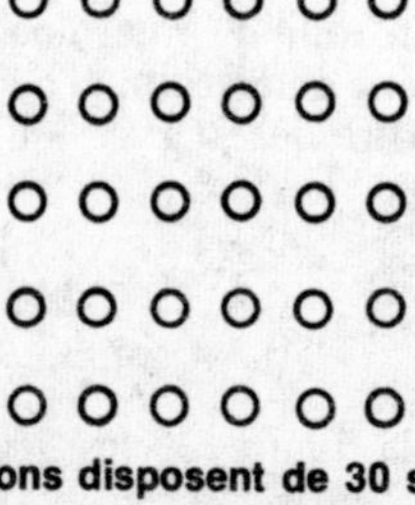

○ ○ ○ ○ ○ ○

○ ○ ○ ○ ○ ○

○ ○ ○ ○ ○ ○

○ ○ ○ ○ ○ ○

○ ○ ○ ○ ○ ○

Les pions disposent de 30 stations

pièces, mais on le joue avec douze pièces et sur un diagramme différent (figure ci-dessus).

De plus, les pions peuvent être déplacés seulement le long des horizontales et des verticales, mais non en diagonale.

HASHAMI-SHOGI

2 joueurs
Matériel : carton, crayon, 36 pions

Ce jeu japonais demande un damier carré de neuf cases de côté et trente-six pions répartis par moitié en deux couleurs différentes.

Chaque joueur, assis en face de son adversaire, pose les dix-huit pions de sa couleur sur les deux rangées les plus proches de lui.

Le but du jeu est de former un alignement de cinq pions en-dehors des deux rangées de départ.

Les déplacements du pion

Le pion se déplace d'une case le long des lignes horizontales et verticales, en avant et en arrière, mais jamais en diagonale. Il n'est pas autorisé à se poser sur une case déjà occupée.

Un pion peut sauter par-dessus un autre pion qui lui est voisin pour se placer juste au-delà ; mais il ne peut jamais sauter une case vide.

Un joueur prend un pion ennemi en le coinçant entre deux des siens sur une rangée ou une colonne ; il le retire alors du damier. Toutefois, un pion peut se déplacer entre deux pièces ennemies en toute sécurité ; il n'y a capture que lorsque l'ennemi opère lui-même le mouvement de prise.

La fin de la partie

Un joueur a gagné lorsqu'il a réussi à aligner cinq pions horizontalement, verticalement ou en diagonale.

Variante

Le but de cette variante est de prendre toutes les pièces ennemies et de les retirer du damier.

Chaque joueur a seulement neuf pions sur sa rangée arrière.

Les méthodes de déplacements et de captures sont les mêmes que précédemment.

Une pièce située dans un coin est prise en bloquant ses mouvements avec des pièces placées sur les deux cases adjacentes des lignes horizontale et verticale.

SPOIL FIVE

2 joueurs

Matériel : carton, crayon, 200 pions

Introduit en Europe par des Anglais, à la fin du siècle dernier, le spoil five se joue sur un *go-bang*, damier carré de dix-huit cases de côté, mais il est beaucoup moins difficile que le go (p. 150) et s'apparente aux marelles.

Les joueurs disposent de cent pions chacun ; l'un des noirs, l'autre des blancs.

Comme au jeu du go, ils placent les pions un à un, à tour de rôle, mais ici avec l'intention de former une ligne continue de cinq pions horizontalement, verticalement ou en diagonale.

Si tous les pions sont utilisés avant que la rangée de cinq soit formée, la partie peut être annulée. Mais le jeu peut aussi entrer dans une deuxième phase : les joueurs déplacent une pièce d'une case, à tour de rôle, dans le sens vertical ou horizontal, mais pas en diagonale, jusqu'à ce que cinq pions soient alignés.

WALI

2 joueurs

Matériel : carton, crayon,
24 pions

Le wali est une véritable institution locale dans le pays sonraï au Mali occidental. On y joue d'ailleurs sous des noms divers dans de nombreuses régions de l'Afrique. Des compétitions ont lieu entre les champions des différents villages. Certaines familles conservent jalousement des plans du jeu découverts par leurs ancêtres et transmis, de génération en génération, aux plus jeunes enfants, dès qu'ils sont en âge de garder un secret.

Le déroulement du jeu

Les joueurs tracent un damier de cinq rangées sur six (voir figure p. 150). Chacun d'eux dispose de douze pièces. Dans les villages africains, on utilise généralement des bâtonnets pour l'un et des cailloux ou des crottes de chameau pour l'autre.

Le jeu se déroule en deux phases.

Première phase

A tour de rôle, les joueurs placent une pièce dans une case sans avoir le droit de constituer des alignements de trois pièces.

Deuxième phase

Le joueur qui a engagé la première phase commence aussi la seconde.

Le jeu consiste alors, en déplaçant les pions d'une case dans l'une des quatre directions orthogonales (en avant, en arrière et sur le côté), de manière à former une suite de trois pions dans le sens vertical ou horizontal. Le joueur qui a constitué une telle série retire un pion de son choix à l'adversaire. Il est interdit d'aligner plus de trois pions.

Si un joueur forme deux alignements d'un coup, il n'en compte qu'un et ne retire qu'un pion à l'adversaire.

Le cheval

Une disposition des pions telle que l'un d'eux est capable de défaire un alignement pour en former un autre s'appelle un *cheval*. Cette figure permet à son auteur de prendre un pion ennemi à chaque nouvel alignement. Naturellement, dès que l'adversaire aura réussi à former une suite de trois pions, il retirera du jeu le pion ennemi qui réalise le cheval et le plus tôt sera le mieux s'il ne veut pas perdre la partie !

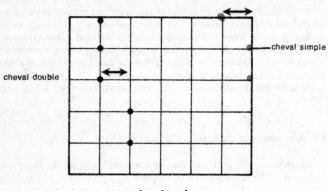

Le cheval

Le cheval est dit *simple* lorsque l'alignement peut être réalisé tous les deux coups (fig. ci-dessus) et *double* s'il peut être réalisé à chaque mouvement.

La fin de la partie

Le vainqueur est celui qui a retiré du damier tous les pions de son adversaire. Il marque 2 points s'il n'a perdu lui-même aucun pion. Sinon, il compte seulement 1 point. La partie se joue en 10 points.

GO

2 joueurs

**Matériel : carton, crayon,
361 pions**

Le go, wei chi *ou* wai k'i, *est très répandu en Extrême-Orient. Inventé, dit-on par l'empereur Yao, fondateur de l'empire chinois, il remonterait à plus de trente siècles. De Chine il passa ensuite en Corée, puis au Japon.*

Le go gagna bientôt toutes les classes de la société, la noblesse comme le peuple, les religieux comme les militaires.

C'est au XVIIe siècle que fut fondée par un moine la première académie officielle du jeu. Depuis lors, il s'est constamment développé, et aujourd'hui au Japon, des problèmes de go sont publiés dans les journaux, comme chez nous ceux de bridge ou d'échecs. Des livres entiers lui sont consacrés.

En 1924, une Association japonaise du go fut fondée et réunit, en fédération, les joueurs professionnels. Ce jeu assure actuellement aux meilleurs d'entre eux des revenus assez substantiels.

Le go-bang

On joue au go sur un damier carré, le *go-bang*, sur lequel sont tracées dix-neuf lignes parallèles horizontales et verticales formant trois cent soixante et une intersections, appelées en japonais *me*.

Les jeux vendus dans le commerce possèdent 181 pions blancs et 180 noirs, mais, sauf peut-être pour les débutants, 120 à 150 suffisent largement.

Il est possible également de jouer avec 60 pions de chaque couleur sur un damier de onze lignes offrant cent vingt et une intersections.

Au Japon, notamment, les damiers et les pions, de nacre et de basalte, sont souvent des œuvres d'art.

La notation

Pour l'exposé des problèmes de go, plusieurs systèmes de notation sont utilisés.

Le système japonais, semblable à celui des échecs, tend à se généraliser ; c'est incontestablement le meilleur. Les lignes verticales du go-bang sont désignées par les lettres de *a* à *s*, de droite à gauche suivant le sens de l'écriture japonaise et les lignes horizontales par les nombres de *1* à *19* de haut en bas. Un *me* est donc défini par ses coordonnées (la lettre et le nombre correspondant aux deux lignes qui se rencontrent).

La marche du jeu

Le but de ce jeu de stratégie consiste à encercler avec ses pions des parties du damier pour conquérir le plus de terrain possible.

Les blancs commencent (ils sont réservés au joueur le plus fort ou, en cas de doute, au plus âgé) et les joueurs placent à tour de rôle un pion sur un *me* de manière à former une chaîne de pions qui encerclera un espace vide appelé *œil* ou occupé par des pions ennemis qui seront faits prisonniers. Le bord du go-bang sert également de clôture.

Un pion posé ne peut pas se déplacer. Mais bien qu'il lui soit interdit de bouger, il doit, pour rester libre, toujours conserver une possibilité de mouvement, c'est-à-dire être voisin d'un *me* disponible qu'il pourrait atteindre par une ligne horizontale ou verticale, mais non en diagonale. Ainsi, une case libre encerclée protège les pions qui l'entourent car elle leur laisse une possibilité de déplacement pour le cas où ils seraient eux-mêmes encerclés.

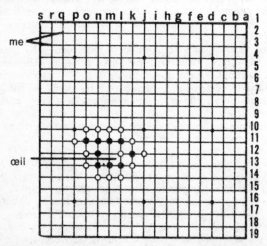

Les blancs ont encerclé les noirs qui sont prisonniers ; ils ont gagné ainsi 11 me.

Les prisonniers peuvent être retirés du jeu à tout moment, même plusieurs coups après la capture. Les *me* qu'ils occupaient deviennent alors disponibles pour la pose d'autres pions.

Un enclos qui n'a que peu de *me* libres peut être pris lui-même en l'entourant, puis en remplissant l'œil *me* par *me*, *sauf le me central*. Le joueur ne met pas ses pions en état d'arrestation, car il retire ceux de l'adversaire avant que celui-ci ne soit placé au centre (fig. de la p. 152).

Mais le jeu n'est pas si simple qu'il le paraît et il faut prévoir les coups de l'adversaire assez longtemps à l'avance pour y parer.

La fin de la partie

La partie se termine lorsque les joueurs ne peuvent plus conquérir de terrain en posant des pions ou lorsqu'un joueur, se voyant perdu, déclare qu'il abandonne.

Les adversaires ramassent les derniers prisonniers et les combattants qui ne participent pas à la manœuvre d'encerclement ; puis chacun mesure le terrain conquis en comptant les *me* vides entourés par ses pions.

Une partie historique

On raconte qu'au XVIIe siècle, l'empereur du Japon demanda au meilleur joueur du pays de se mesurer avec lui. Celui-ci accepta à contre-cœur : il savait que, s'il perdait, il tomberait en disgrâce, mais que s'il gagnait, il aurait la tête tranchée pour avoir osé vaincre l'empereur. Il ignorait que, de son côté, le souverain ne voulait pas s'exposer à perdre un si bon joueur de go.

Comme l'exigeait l'étiquette, l'empereur prit les blancs et posa le premier pion au centre. Le champion, décidé tout de même à se défendre, posa lui aussi un pion. Quelle ne fut pas sa surprise de voir l'empereur, au coup suivant et tout au long de la partie, placer ses pions symétriquement opposés aux siens par rapport au centre !

Lorsque tous les pions furent posés, l'empereur n'avait qu'un *me* de plus que son adversaire, celui du centre ; une telle victoire sauvait l'honneur impérial, tout en évitant la disgrâce du champion !

Mais un tel stratagème n'est permis qu'aux empereurs. On interdit parfois aux joueurs de former des positions symétriques autour du centre. Mais les Orientaux ont trop le goût du jeu pour le jeu pour qu'une telle interdiction soit nécessaire :

ils ne font jamais usage de cet artifice qui, certes, assure la victoire, mais supprime toute activité de jeu.

PALLANKULI

2 joueurs

Matériel : 1 échiquier spécial
6 jetons

Les femmes Tamoul affectionnent particulièrement ce jeu du sud de l'Inde et de Ceylan.

Son échiquier comprend deux rangées de sept trous, séparées par deux trous plus importants : la réserve de chaque joueur.

Les jeux anciens étaient faits d'ivoire ou de bois souvent artistement décorés. A Ceylan, notamment, on a retrouvé plusieurs jeux de pallankuli creusés dans la pierre à proximité de constructions remontant au iv^c siècle avant notre ère.

Mais des échiquiers plus simples (rangées de quatre ou cinq trous seulement) découverts en Egypte permettent d'attribuer à ce jeu une origine égyptienne qui, sous des formes et des noms divers, est pratiqué dans une grande partie de l'Afrique.

Maintenant, les échiquiers sont généralement en métal, à moins qu'ils ne soient creusés à même le sol, dans la terre ou le sable.

La première manche

Chaque joueur dispose donc de sept trous (ou boîtes) et place six cailloux (graines, coquillages ou jetons) dans chacun d'eux.

Le joueur qui commence la partie retire les cailloux d'un de ses trous au choix et le laisse vide. Il dépose un à un, de droite à gauche, les cailloux qu'il a en main, dans les trous suivants, y compris ceux de son adversaire. Lorsque le dernier caillou est semé, il ramasse tous les cailloux du trou suivant et les sème de la même manière.

Si le dernier caillou tombe dans un trou précédant un trou vide, le joueur prend les cailloux du trou opposé au trou vide et les met dans sa réserve. Si celui-ci est vide également, il ne prend rien. Dans l'un et l'autre cas, son tour se termine ici.

Son adversaire prend alors les cailloux d'un de ses propres trous et les sème de la même façon jusqu'à ce que le dernier caillou tombe dans un trou précédant un trou vide qui lui permet ou non d'opérer une capture. Et c'est alors le tour du premier joueur.

Lorsqu'un joueur n'a plus de cailloux dans ses trous, il passe son tour.

Quatre cailloux dans un trou se nomment une *vache* et, quel que soit le semeur, ils deviennent la propriété du possesseur du trou qui les met immédiatement dans sa réserve tandis que le jeu continue.

La première manche se termine lorsqu'il ne reste plus de cailloux sur l'échiquier.

Les manches suivantes

Chaque joueur reprend les graines de sa réserve qu'il sème par six dans chacun de ses trous.

Le gagnant de la manche précédente remet dans sa réserve les cailloux qui lui restent. Le perdant, par contre, ne peut remplir ses sept trous. Ceux qu'il laisse vides sont marqués d'un bâtonnet et ne seront pas utilisés ; ce sont des trous *aveugles*. Si le nombre de cailloux d'un joueur n'est pas un multiple de six, le trou contenant les derniers cailloux (de 1 à 5) est conservé.

Au cours de la partie, les joueurs auront à tour de rôle le privilège d'ouvrir une manche.

Le joueur perdant peut, au cours d'un engagement, gagner suffisamment de graines pour ouvrir à nouveau un ou plusieurs trous aveugles ; il est donc toujours possible de retourner la situation et de battre son adversaire.

La fin de la partie

La partie se termine lorsqu'à la fin d'une manche, un joueur possède moins de six cailloux dans sa réserve, car il ne peut remplir un trou pour la manche suivante.

Une partie jouée par deux partenaires habiles peut durer très longtemps. Un joueur n'est pas autorisé à compter ses pièces avant de commencer à semer ; mais s'il est expérimenté, il saura choisir d'un coup d'œil le trou de départ de manière à gagner le plus de cailloux.

CHISOLO

2 joueurs
Matériel : 29 godets, 66 jetons

C'est en Rhodésie du Nord que l'on trouve les adeptes du chisolo.

Le jeu comporte vingt-huit trous creusés à même le sol ou vingt-huit godets disposés comme il est indiqué sur la figure et destinés à recevoir un certain nombre de pions ou de cailloux. Des cailloux de la réserve sont placés dans un trou ou un godet plus grand.

Les joueurs débutent la partie avec trente-trois cailloux chacun et les déposent dans chaque trou des deux rangées placées devant lui en respectant bien les nombres indiqués sur la figure.

La marche du jeu

On tire au sort le joueur qui va commencer. Celui-ci retire tous les cailloux d'un de ses trous et les sème un à un dans chacun des trous suivants en choisissant le sens de rotation

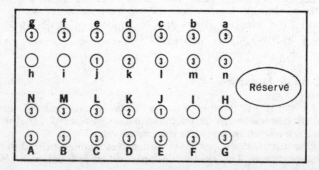

qu'il désire, mais qu'il conservera tout au long de la partie. Son adversaire adoptera également le sens de son choix ; tous deux se déplaceront donc dans des directions opposées ou identiques, peu importe.

Trois cas peuvent alors se présenter.

1. Si le dernier caillou qu'il a en main tombe dans un trou chargé, le joueur prend tous les cailloux de ce trou et les sème de la même manière, et ainsi de suite jusqu'à ce que le dernier caillou tombe dans un trou vide.

2. Si ce trou vide se trouve dans la rangée la plus proche du centre du jeu, le joueur s'empare de tous les cailloux des deux trous adverses placés en face du trou vide. Il a ensuite le privilège de prendre les cailloux d'un autre trou de l'adversaire. Mais si les deux trous adverses sont vides également, il n'est pas autorisé à puiser dans ce troisième trou. C'est ensuite le tour de son partenaire.

3. Enfin, si le dernier caillou d'une telle distribution tombe dans un trou vide de la rangée arrière, le coup est terminé. Le joueur ne pourra faire aucune prise.

Les deux joueurs opèrent de cette façon à tour de rôle et lorsque l'un d'eux n'a plus de cailloux de son côté, il a perdu la partie.

AWELE

2 joueurs

**Matériel : 14 godets,
48 jetons**

C'est le jeu national de l'Afrique noire. Il appartient à la même famille que le pallankuli. *Très ancien, ce jeu est parvenu depuis longtemps dans les Iles de la Sonde et aux Philippines où l'on y joue encore assidûment. Les Arabes en ont créé certaines variantes sous le nom de* mancala, *tandis que les esclaves noirs l'introduisaient en Amérique et aux Antilles où il est pratiqué sous son nom dahoméen* adji.

En Afrique comme en Asie, le jeu a souvent conservé son caractère sacré. Le meuble de bois précieux souvent sculpté, parfois recouvert de plaques d'or et d'argent, représente l'arche de la mythologie indigène et les billes sont comparées aux étoiles. Chez les Alladians de Côte d'Ivoire, lorsque les hommes ont joué pendant la journée, ils laissent le meuble dehors à la nuit tombée pour le plaisir des dieux qui jouent à leur tour. Mais à la mort d'un chef une partie s'engage entre les candidats à la succession et se prolonge toute la nuit. Le gagnant, choisi par les dieux, sera le roi.

La règle du jeu

Le meuble (que vous pourrez remplacer par des godets) comporte deux rangées de six trous et possède souvent un trou supplémentaire à ses deux extrémités pour y placer les grains (cf figure). Quatre graines (ou jetons) sont semées dans chacun des douze trous.

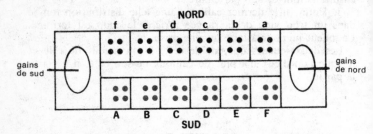

Disposition des graines au début du jeu

Les joueurs s'asseyent de part et d'autre du meuble, ayant devant eux chacun une rangée de trous.

Le joueur qui engage la partie prend les quatre graines de l'un de ses trous, au choix, et les sème, une par trou, en allant de gauche à droite.

Voici un exemple :

$\dfrac{1\text{-}2\text{-}1\text{-}7\text{-}1\text{-}0}{1\text{-}1\text{-}1\text{-}1\text{-}0\text{-}6}$. Sud vide *F*, ce qui donne $\dfrac{2\text{-}3\text{-}2\text{-}8\text{-}2\text{-}1}{1\text{-}1\text{-}1\text{-}1\text{-}0\text{-}0}$;

la dernière graine tombe dans *f* ; il ramassera donc *f, e, d,* soit sept graines. Il ne pourra prendre *b* puisque *c* est occupé par huit graines et non par deux ou trois et le jeu sera :

$\dfrac{0\text{-}0\text{-}0\text{-}8\text{-}2\text{-}1}{1\text{-}1\text{-}1\text{-}1\text{-}0\text{-}0}$

Si la dernière graine tombe dans la rangée du semeur, ou bien dans un trou ennemi vide ou contenant plus de deux billes, le joueur cède son tour à son adversaire.

Mais si la dernière graine tombe dans un trou ennemi contenant une ou deux graines, avant de céder son tour, le semeur ramasse le contenu de ce trou et le met dans sa réserve. Il ramasse, en outre, le ou les groupes de deux ou trois graines placés *sans interruption* derrière le trou qu'il vient de vider.

Un trou qui contenait plus de douze graines doit rester vide lorsqu'on sème ses graines : il faut le sauter. Par exemple, on a : $\dfrac{3\text{-}6\text{-}1\text{-}1\text{-}0\text{-}0}{4\text{-}2\text{-}8\text{-}0\text{-}0\text{-}15}$. Sud prend F et cela donne $\dfrac{4\text{-}6\text{-}3\text{-}3\text{-}2\text{-}2}{5\text{-}3\text{-}9\text{-}1\text{-}1\text{-}0}$. La dernière graine tombant dans d, Sud ramassera d, c, b, a, soit dix graines et le jeu deviendra : $\dfrac{4\text{-}6\text{-}0\text{-}0\text{-}0\text{-}0}{5\text{-}3\text{-}9\text{-}1\text{-}1\text{-}0}$

Un joueur ne peut cependant pas retirer toutes les pièces du camp de son adversaire ; il doit lui laisser un trou plein pour lui permettre de jouer au tour suivant.

Lorsque tous les trous d'un joueur sont vides, son adversaire doit les remplir si c'est à son tour de jouer. Dans le cas contraire, la partie est terminée et les graines restées en jeu reviennent au propriétaire des trous dans lesquels elles se trouvent.

La notation

On note les coups par les trous que l'on vide ; ainsi, les quatre premiers coups d'une partie notés $DcFd$ donnent la position suivante :

— après D $\dfrac{4\text{-}4\text{-}4\text{-}4\text{-}5\text{-}5}{4\text{-}4\text{-}4\text{-}0\text{-}5\text{-}5}$

— après c $\dfrac{5\text{-}5\text{-}5\text{-}0\text{-}5\text{-}5}{5\text{-}4\text{-}4\text{-}0\text{-}5\text{-}5}$

— après F $\dfrac{5\text{-}6\text{-}6\text{-}1\text{-}6\text{-}6}{5\text{-}4\text{-}4\text{-}0\text{-}5\text{-}0}$

— après d $\dfrac{6\text{-}7\text{-}0\text{-}1\text{-}6\text{-}6}{6\text{-}5\text{-}5\text{-}1\text{-}5\text{-}0}$

La tactique

L'*awélé* est un jeu de réflexion d'où le hasard est exclu. Un bon joueur repère d'un coup d'œil l'attaque à lancer et les menaces qui pèsent sur lui.

1. L'attaque

Il est bon de se *construire une maison*, c'est-à-dire d'accumuler un grand nombre de graines dans un trou, ce qui dégarnit le jeu de l'adversaire, afin qu'il n'ait plus qu'une ou deux graines dans chaque trou. A ce moment-là, et en calculant bien pour que la dernière graine tombe dans le camp adverse, on pourra vider la *maison*.

Ainsi, par exemple, la position est : $\dfrac{0\text{-}0\text{-}0\text{-}0\text{-}0\text{-}1}{0\text{-}0\text{-}3\text{-}2\text{-}1\text{-}12}$. Si Sud joue

F, on aura $\dfrac{1\text{-}1\text{-}1\text{-}1\text{-}1\text{-}3}{1\text{-}1\text{-}4\text{-}3\text{-}2\text{-}0}$, il ne gagne que les trois graines de a.

Mais s'il joue d'abord E, le jeu sera $\dfrac{0\text{-}0\text{-}0\text{-}0\text{-}0\text{-}2}{0\text{-}0\text{-}3\text{-}2\text{-}0\text{-}13}$;

Nord joue a $\dfrac{0\text{-}0\text{-}0\text{-}1\text{-}1\text{-}0}{0\text{-}0\text{-}3\text{-}2\text{-}0\text{-}13}$

Sud joue D $\dfrac{0\text{-}0\text{-}0\text{-}1\text{-}1\text{-}0}{0\text{-}0\text{-}3\text{-}0\text{-}1\text{-}14}$

Nord joue b $\dfrac{0\text{-}0\text{-}0\text{-}2\text{-}0\text{-}0}{0\text{-}0\text{-}3\text{-}0\text{-}1\text{-}14}$

Sud joue E $\dfrac{0\text{-}0\text{-}0\text{-}2\text{-}0\text{-}0}{0\text{-}0\text{-}3\text{-}0\text{-}0\text{-}15}$

Nord joue c $\dfrac{0\text{-}1\text{-}1\text{-}0\text{-}0\text{-}0}{0\text{-}0\text{-}3\text{-}0\text{-}0\text{-}16}$

Sud joue C $\dfrac{0\text{-}1\text{-}1\text{-}0\text{-}0\text{-}0}{0\text{-}0\text{-}0\text{-}1\text{-}1\text{-}16}$

Nord joue d $\dfrac{0\text{-}2\text{-}0\text{-}0\text{-}0\text{-}0}{0\text{-}0\text{-}0\text{-}1\text{-}1\text{-}16}$

Sud joue E $\dfrac{0\text{-}2\text{-}0\text{-}0\text{-}0\text{-}0}{0\text{-}0\text{-}0\text{-}1\text{-}0\text{-}17}$

Nord joue e $\dfrac{1\text{-}0\text{-}0\text{-}0\text{-}0\text{-}0}{1\text{-}0\text{-}0\text{-}0\text{-}1\text{-}17}$

Sud joue *D* $\dfrac{\text{1-0-0-0-0-0}}{\text{1-0-0-0-1-17}}$

Nord joue *f* $\dfrac{\text{0-0-0-0-0-0}}{\text{2-0-0-0-1-17}}$

Sud joue *F* $\dfrac{\text{2-2-2-2-2-2}}{\text{2-0-0-0-1-0}}$

Il gagne les douze graines tombées dans les trous de l'adversaire et ramasse les trois dernières de sa rangée puisque sud, qui devrait jouer, n'a plus de graines.

Lorsque l'adversaire s'est constitué une *maison*, il faut essayer d'avoir des trous vides ou des trous de trois graines ou, si l'on peut, ajouter des graines à cette *maison* pour que la dernière tombe dans le camp adverse.

2. Les menaces

Un trou contenant une ou deux graines est menacé lorsqu'un trou ennemi en contient autant que le nombre de trous qui les sépare. Par exemple, si le trou *C* contient une ou deux graines, il est menacé par *f* 3, *e* 4, *d* 5, *c* 6, *b* 7, *a* 8. Pour repérer un danger, il est plus facile de compter en arrière à partir du trou menacé. Si un trou ennemi contient plus de onze graines, on effectue le même calcul après avoir soustrait 11 du nombre des graines.

Si une seule graine est menacée, elle peut être défendue de plusieurs façons :

1. en la mettant dans le trou suivant ;

2. en ajoutant une graine au trou menaçant, la dernière graine tombera alors dans le trou suivant ;

3. le joueur peut laisser peser la menace et préparer des représailles égales ou supérieures.

Une coupe chargée de plus de onze graines peut menacer aussi bien un trou vide qu'un trou chargé d'une seule graine. La coupe vide est difficile à défendre. Le trou chargé d'une seule graine sera sauvé si l'on y ajoute une autre graine, ce qui fera un total de quatre graines lorsque l'adversaire videra sa maison.

Nord $\dfrac{\text{14-0-0-0-0-0}}{\text{1-1-0-0-0-1}}$ Sud

Sud a le trait. S'il joue *A*, après le tour de nord, on a : $\dfrac{\text{0-1-1-1-1-1}}{\text{2-4-2-1-1-2}}$. Nord ne prend que les graines de *C*.

Si sud avait joué B, la position aurait été $\dfrac{0\text{-}1\text{-}1\text{-}1\text{-}1\text{-}1}{2\text{-}3\text{-}3\text{-}1\text{-}1\text{-}1}$; nord aurait pris les huit graines de *C, B, A.*

S'il avait joué *F,* le jeu aurait été $\dfrac{0\text{-}1\text{-}1\text{-}1\text{-}1\text{-}2}{3\text{-}3\text{-}2\text{-}1\text{-}1\text{-}1}$ et nord aurait pris également huit graines en *C, B, A.*

Enfin, lorsqu'un joueur subit une double menace, il doit généralement parer la plus grave, mais il arrive parfois que la perte immédiate la plus faible ne se révèle pas, en fin de jeu, être la solution la plus profitable.

De toute façon, un joueur doit toujours éviter de laisser plusieurs de ses trous sous la menace d'un seul trou ennemi.

3. Un conseil

Chaque joueur a intérêt à conserver autant de graines que possible dans ses propres trous et à en amener aussi peu que possible dans ceux de son adversaire. En répartissant les graines de façon irrégulière et en jouant les trous peu chargés de préférence aux autres, il ralentit la marche des graines et leur sortie est plus faible. En effet :

prendre une graine fait avancer de 1 unité ;

prendre deux graines fait avancer de 3 unités (1 unité pour la première graine + 2 unités pour la seconde) ;

prendre trois graines fait avancer de 6 unités ;

prendre quatre graines fait avancer de 10 unités, etc.

La fin de la partie

A la fin de chaque engagement, les joueurs comptent leurs graines. Celui qui en a le plus est le gagnant.

Le vainqueur de la première manche emplit ses trous et commence à garnir ceux de son adversaire de quatre graines également. S'il lui reste en main une, deux ou trois graines, il garnira un trou supplémentaire. Tous les trous ennemis qu'il aura remplis deviennent sa propriété pour l'engagement qui commence.

Lorsqu'un joueur n'a plus que deux ou trois trous, il laisse généralement la partie à son adversaire.

MUGHAL PATHAN

2 joueurs
Matériel : carton, crayon,
32 pions

Le nom de ce jeu viendrait des guerres que se livrèrent, au Bengale, Mogols et Pathan au cours du XVIᵉ siècle.

Le diagramme du jeu comporte trente-sept intersections.

Chaque joueur reçoit seize pions, différents de ceux de son adversaire et les dispose sur les intersections en laissant libre la case centrale (voir figure ci-dessous).

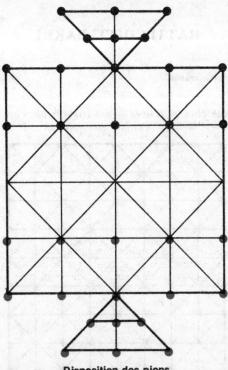

Disposition des pions

Le but du jeu est la capture de tous les pions de l'adversaire qui s'opère, comme dans le jeu de dames, en sautant en ligne droite par-dessus un pion pour se poser sur le point situé immédiatement après, qui doit être libre.

Un pion peut effectuer plusieurs prises en un seul coup si la disposition du jeu s'y prête, soit en continuant son parcours en ligne droite, soit en pivotant d'un quart de tour sur les cases où il se pose.

Les pions se déplacent d'un point à un autre sur les lignes horizontales, verticales ou en diagonale, en avant ou en arrière.

La capture est obligatoire.

RATTI-CHITTI-BAKRI

2 joueurs
Matériel : carton, crayon,
80 pions

Ce jeu des *chèvres rouges et des chèvres blanches*, pratiqué surtout dans l'état du Penjab au nord de l'Inde, suit les

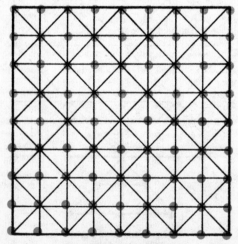

Disposition des chèvres

mêmes règles que le *mughal pathan*, mais il se joue sur un diagramme différent.

L'échiquier est en effet un carré quadrillé comportant quatre-vingt-un points d'intersection (cf figure).

Chaque joueur dispose sur les intersections, ses quarante chèvres, rouges pour l'un, blanches pour l'autre, en laissant vide le point central.

Le jeu consiste à *manger* toutes les chèvres de l'adversaire selon la méthode du jeu précédent.

TERHÜCHÜ

2 joueurs

Matériel : carton, crayon, 18 pions

Le terhüchü, cousin des deux jeux précédents, est la distraction d'une tribu de Nagas en Assam.

Le diagramme est un carré autour duquel sont placés huit triangles. Des lignes tracées horizontalement, verticalement et

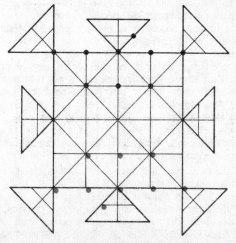

Disposition des pions

en diagonale donnent soixante-treize points d'intersection.

Les joueurs reçoivent neuf pions dont la disposition est indiquée sur la figure en p. 165.

Les règles et le but du jeu sont les mêmes que dans le mughal pathan, mais la capture n'est pas obligatoire.

BAGH-BANDI

2 joueurs
Matériel : carton, crayon, 22 pions

Le bagh-bandi, pratiqué au Bengale, est un autre nom du jeu du Tigre que l'on retrouve dans toute l'Inde et à Ceylan. Le nombre des pions et le diagramme diffèrent quelque peu selon les régions, mais les règles sont à peu près identiques.

La marche du jeu

On prépare un échiquier du modèle ci-contre.

L'un des joueurs reçoit deux pions représentant des tigres ; son adversaire est le propriétaire de vingt chèvres : il reçoit vingt pions.

Les tigres doivent dévorer les chèvres en sautant par-dessus celles-ci suivant une trajectoire rectiligne pour se poser sur le point immédiatement voisin qui doit être libre. Quant aux chèvres, il leur faudra encercler les tigres pour les rendre inoffensifs. Elles ne peuvent jamais les capturer.

Les pions, chèvres ou tigre lorsqu'il ne dévore pas une chèvre, se déplacent le long des lignes en franchissant un pas à la fois et se posent sur une intersection qui doit être libre.

Au début de la partie, les tigres sont placés en A2 et C2 et les chèvres groupées par cinq sur B2, B4, D2 et D4.

Le propriétaire des chèvres ouvre le jeu.

Lorsqu'un tigre franchit un groupe de chèvres, il n'en prend qu'une à la fois ; mais il peut effectuer dans un même tour des bonds successifs afin de prendre plusieurs chèvres si la disposition des pions le lui permet.

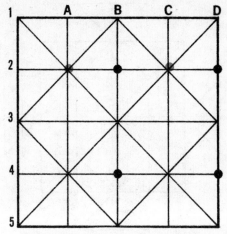

Disposition des tigres et des chèvres

DIVIYAN KELIYA

2 joueurs

Matériel : carton, crayon, 26 pions

Très répandu dans le sud de l'Inde, ce jeu est une variante du précédent. Il s'agit ici d'un combat entre deux léopards et vingt-quatre vaches qui se déroule sur un échiquier un peu plus compliqué (voir fig. ci-dessus).

La méthode de combat, c'est-à-dire les règles de prise et de déplacement, sont les mêmes que celles du *bagh-bandi,* mais la mise en jeu est un peu différente.

Le joueur qui possède les léopards commence la partie en plaçant l'un de ses pions là où il le désire, généralement au centre.

Son adversaire pose une de ses vaches. Entre alors en jeu le second léopard, puis une seconde vache. Et les léopards commencent à se déplacer tandis qu'une à une, les vaches sont introduites sur l'échiquier de manière à chercher à

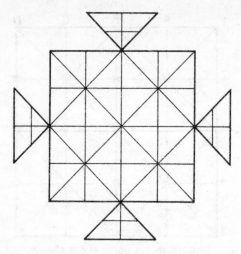

encercler les léopards tout en évitant d'être prises. Ce n'est que lorsqu'elles seront toutes en jeu qu'elles commenceront à se mouvoir.

En fait, si les léopards parviennent à tuer huit vaches, ils doivent gagner. Mais en étant prudentes et avisées tout au long du combat, les vaches peuvent réussir à encercler leurs ennemis.

LES SEIZE SOLDATS

2 joueurs
Matériel : carton, crayon,
32 pions

Deux bataillons de seize soldats chacun s'affrontent sur le même échiquier que celui du *diviyan keliya*. Au début de la partie, ils sont disposés comme il est indiqué sur la figure.

Le but du jeu est de capturer tous les soldats ennemis en observant les mêmes règles de prise et de déplacement que pour les deux jeux précédents.

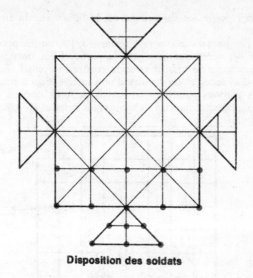

Disposition des soldats

LE RENARD ET LES POULES

2 joueurs   🔋😊😈≡
Matériel : carton, crayon,
14 pions

*De tous temps, les renards ont ravagé les poulaillers, mais,
dans ce jeu. les poules peuvent espérer prendre leur revanche !*
*C'est, du moins, le jeu qu'ont inventé les peuples nordiques.
Originaire du nord de l'Europe, on le trouve mentionné sous
le nom de* hala-tafl, *dans une* saga *d'Islande qui aurait été
écrite au* XIVe *siècle par un moine anonyme islandais.*

La partie

Treize pions blancs, représentant des poules, sont disposés
sur un diagramme en forme de croix et comptant trente-trois
intersections comme celui du solitaire anglais. La position de

départ des poules et du renard est indiquée sur la figure ci-dessous.

L'un des joueurs manœuvre le renard, l'autre les poules. Ce sont ces dernières qui engagent la partie. Elles doivent chercher à encercler le renard pour le rendre inoffensif. Elles ont le droit d'avancer et de reculer d'une intersection à une autre. Mais ces pauvres volatiles, dépourvus de toute énergie musculaire, ne pourront jamais échapper au renard en volant au-dessus de lui.

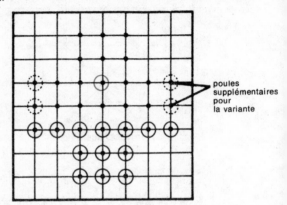

poules
supplémentaires
pour
la variante

Disposition des pièces

Celui-ci, par contre, avance et recule comme les poules mais il peut croquer celle qui est à sa portée en sautant par-dessus pour se poser sur la case vide qui se trouve derrière elle. Elle est alors retirée du jeu. Comme au jeu de dames, il peut prendre plusieurs poules d'un coup, par bonds successifs.

Le renard a gagné s'il a pu tuer toutes les poules ; il a perdu s'il s'est laissé encercler par elles. Si les poules jouent habilement, elles doivent réussir, mais ce n'est pas si facile !

Une *variante* consiste à prendre dix-sept poules au lieu de treize, mais en leur interdisant de reculer.

LES GUERRIERS DE PIERRE

2 ou 4 joueurs
Matériel : carton, crayon,
6 pions par joueur

Nous voici maintenant parmi les Indiens d'Amérique !
Le nom de ce jeu vient de ce que les pions figurant les soldats étaient, autrefois, des disques de poterie.

La marche du jeu

Après avoir dessiné le diagramme ci-dessous, les deux joueurs placent leurs six soldats sur les intersections les plus proches d'eux.

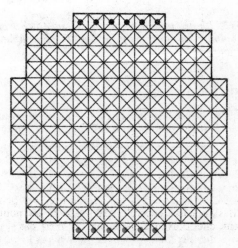

Disposition des guerriers

Le but du jeu est de traverser le damier pour prendre la place des soldats de l'adversaire en faisant autant de prisonniers que possible.

Les soldats se déplacent le long des diagonales, d'une intersection à une autre.

Une capture s'opère en bloquant sur une diagonale une

pièce ennemie entre deux de ses propres pièces. Le prisonnier est alors retiré du jeu.

Le premier soldat que perd un joueur est remplacé par une pièce spéciale, le *prêtre de l'arc*, qui peut se déplacer horizontalement, verticalement ou en diagonale.

Aucune pièce n'est autorisée à reculer.

Lorsque la partie se joue entre quatre joueurs, Ouest et Nord se battent contre Est et Sud.

TABLUT

2 joueurs

Matériel : carton, crayon, 25 pions

En 1932, Linné, le célèbre botaniste suédois, découvrit ce jeu en Laponie, au cours d'un voyage d'étude, et le consigna dans son journal.

Le matériel

L'échiquier utilisé est un carré de quatre-vingt-une cases dont certaines sont décorées comme l'indique la figure 1.

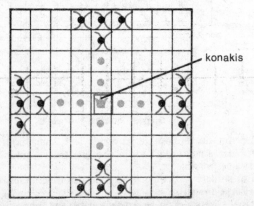

konakis

Fig. 1. Disposition des pièces sur l'échiquier

La case centrale est le *konakis*, ou trône, et ne peut être occupée que par le *roi de Suède*.

L'un des joueurs combattra avec huit Suédois blonds et leur monarque contre seize noirs Moscovites qui seront manœuvrés par son adversaire.

Au début de la partie, le roi de Suède, occupant le *konakis*, est entouré de ses huit soldats ; derrière eux, les Moscovites, par groupes de quatre, se tiennent sur les cases décorées (fig. 1).

La partie

Le but du jeu est, pour les Moscovites, de capturer le roi de Suède ; pour les Suédois, de protéger leur roi pour qu'il parvienne sain et sauf sur une case quelconque de la périphérie.

Pour y parvenir, ils devront observer les règles suivantes :

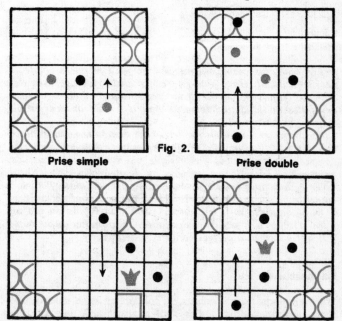

Prise simple

Fig. 2.

Prise double

Fig. 3. Prise du roi de Suède par trois et quatre Moscovites

- toutes les pièces se déplacent horizontalement ou verticalement sur la longueur désirée (comme la tour aux échecs) ;
- un soldat est capturé et retiré du jeu lorsque l'adversaire occupe les deux cases adjacentes horizontalement ou verticalement (fig. 2).
- le roi est prisonnier lorsque les quatre cases qui l'entourent sont occupées par des Moscovites ou bien si, placé sur l'une des quatre cases voisines du *konakis*, il est cerné par trois Moscovites. (fig. 3). La partie est alors terminée.
- lorsque la voie est libre du roi au périmètre, le joueur des Suédois peut avertir son adversaire en disant : *Raichi !* (comme on annonce l'*échec*). S'il dispose de deux voies libres, il dit : *Tuichi !*, ce qui équivaut à *échec et mat*, puisqu'il est impossible aux Moscovites de bloquer deux directions en un seul coup.

SOLITAIRE

1 joueur
Matériel : 1 jeu de solitaire

Les Romains connaissaient déjà ce jeu : le poète Ovide le décrit en détail. On y joua en France au Moyen âge avec des plateaux ronds percés de trous dans lesquels étaient nichées des billes qu'il fallait déplacer. Mais il semble que ce jeu ait été un moment oublié.

Sa forme et son nom modernes ne remontent, en France, qu'à la fin du XVIe siècle. Un explorateur français de cette époque le rapporta-t-il d'Amérique où il vit des Indiens s'y amuser avec des flèches en guise de boules ? Ou ce jeu fut-il inventé dans une cellule de la Bastille par le comte Pellisson emprisonné sur ordre de Louis XIV ? Les avis sont partagés.

Quoi qu'il en soit, le solitaire connut un grand succès au XVIIIe siècle. Leibniz, en particulier, le pratiqua beaucoup : « Il sert, disait-il, à perfectionner l'art de méditer ».

La marche du jeu

Comme son nom l'indique, le solitaire peut se jouer à une seule personne. Mais, si l'on veut se distraire à plusieurs, on peut organiser un concours dans lequel chaque participant tentera de résoudre le problème à tour de rôle. Il faudra alors limiter le temps de réflexion.

Le jeu comporte une tablette octogonale percée de trente-sept trous qui contiennent tous une bille à l'exception d'un seul. Les billes peuvent se déplacer grâce à ce trou vide en sautant par-dessus sa voisine dans le sens horizontal ou vertical pour se poser dans le trou vide qui se trouve immédiatement derrière, la bille élimine celle qu'elle a enjambée et qui est ainsi retirée de la tablette.

Le but du jeu est d'éliminer toutes les billes sauf une ou de ne conserver que celles destinées à former une figure. Il faut prendre garde de ne pas laisser isolées les billes indésirables, car il serait impossible ensuite de les enjamber pour les retirer de la tablette.

Problèmes et solutions

Pour plus de commodité, les trous seront désignés par un numéro, selon le diagramme ci-dessous.

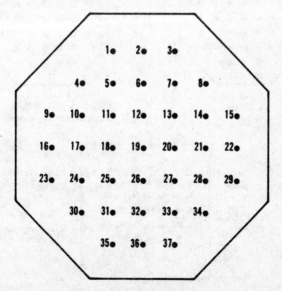

Fig. 1. Notation des trous

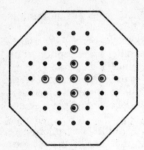

Fig. 2. La Croix. Disposition de départ

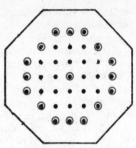

Fig. 3. Le lecteur et ses auditeurs

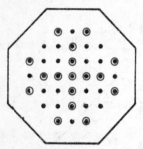

Fig. 4. Le triolet

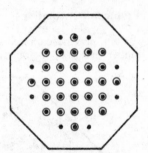

Fig. 5. L'octogone — Disposition de départ

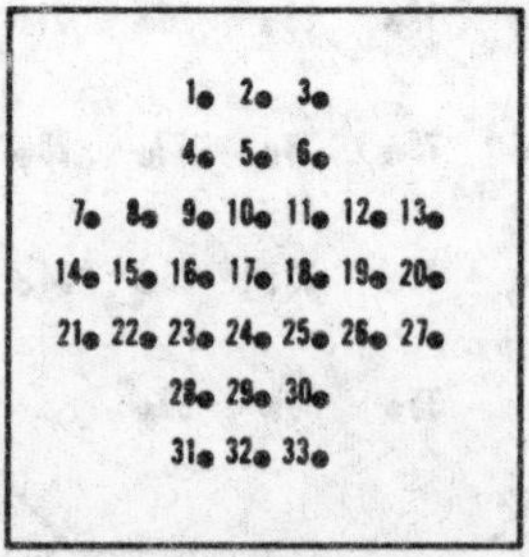

```
        1●  2●  3●
        4●  5●  6●
7●  8●  9● 10● 11● 12● 13●
14● 15● 16● 17● 18● 19● 20●
21● 22● 23● 24● 25● 26● 27●
       28● 29● 30●
       31● 32● 33●
```

Fig. 6. Le solitaire anglais

Le jeu classique

Le problème consiste donc à éliminer toutes les billes sauf une. Le trou vide est le numéro 1.

On pourra commencer par la bille 3 qui, allant en 1, éliminera 2 ; puis la bille 12 allant en 2 éliminera 6 ; l'on continuera ainsi ;

de 8 à 6	de 1 à 11	de 5 à 18
de 2 à 12	de 16 à 18	de 30 à 17
de 4 à 6	de 18 à 5	de 26 à 24
de 18 à 5	de 9 à 11	de 24 à 10
de 36 à 26	de 6 à 19	de 37 à 27
de 35 à 25	de 34 à 32	de 22 à 20
de 26 à 24	de 20 à 33	de 20 à 33
de 23 à 25	de 33 à 31	de 29 à 27
de 25 à 11	de 19 à 32	de 33 à 20
de 12 à 26	de 31 à 33	de 20 à 7
de 10 à 12		de 15 à 13
		de 7 à 20

en retirant du jeu, à chaque saut, la bille intermédiaire.

Une variante plus difficile : le corsaire

Il s'agit ici de ne laisser en jeu qu'une seule bille qui devra se trouver diamétralement opposée au trou vide. Ainsi, par exemple, si le trou vide est le numéro 1, la dernière bille devra occuper le trou 37.

Voici une manière de procéder :

de 3 à 1	de 20 à 7	de 18 à 20
de 12 à 2	de 9 à 11	de 20 à 33
de 13 à 3	de 16 à 18	de 33 à 31
de 15 à 13	de 23 à 25	de 2 à 12
de 4 à 6	de 22 à 20	de 8 à 6
de 18 à 5	de 29 à 27	de 6 à 19
de 1 à 11	de 18 à 31	de 19 à 32
de 31 à 18	de 31 à 33	de 36 à 26
de 18 à 5	de 34 à 32	de 30 à 32
de 20 à 7	de 20 à 33	de 26 à 36
de 3 à 13	de 37 à 27	de 35 à 37
de 33 à 20	de 5 à 18	

Les figures

— La croix

Neuf billes sont laissées en jeu et disposées comme l'indique la figure 2. Il convient de ne conserver qu'une bille placée dans le trou 19. On ira donc :

de 26 à 36	de 21 à 19
de 12 à 26	de 36 à 26
de 17 à 19	de 26 à 12
de 19 à 32	de 6 à 19

On pourra d'ailleurs commencer par un autre bras de la croix : de 12 à 2, de 20 à 22 ou de 18 à 16.

— Le lecteur et ses auditeurs

Il faut conserver en fin de jeu toutes les billes du tour et celle du centre (figure 3). Le trou central (19) est vide. On procédera ainsi :

de 6 à 19	de 24 à 26
de 4 à 6	de 27 à 25
de 18 à 5	de 33 à 31
de 6 à 4	de 25 à 35
de 9 à 11	de 29 à 27
de 24 à 10	de 14 à 28
de 11 à 9	de 27 à 29
de 26 à 24	de 19 à 21
de 35 à 25	de 7 à 20
de 24 à 26	de 21 à 19

— Le triolet

Cette figure ancienne a la forme d'un trèfle à quatre feuilles. Le problème est d'occuper, en fin de jeu, les trous 1, 3, 6, 9, 12, 15, 17, 18, 20, 21, 23, 26, 29, 32, 35 et 37 (fig. 4). Le 19 est le trou vide.

Voici une solution :

de 6 à 19	de 19 à 17	de 8 à 21
de 10 à 12	de 16 à 18	de 32 à 19
de 19 à 6	de 30 à 17	de 28 à 26
de 2 à 12	de 21 à 19	de 19 à 32
de 4 à 6	de 7 à 20	de 36 à 26
de 17 à 19	de 19 à 21	de 34 à 32
de 31 à 18	de 22 à 20	

— L'octogone

C'est l'un des problèmes les plus difficiles. Les trous placés aux angles (1, 3, 9, 15, 23, 29, 35, 37) sont vides (fig. 5). Il faut retirer toutes les fiches et amener la dernière au centre (19).

On y parviendra en allant :

de 27 à 37	de 19 à 32	de 26 à 24
de 31 à 33	de 33 à 31	de 30 à 17
de 37 à 27	de 30 à 32	de 34 à 21
de 20 à 33	de 36 à 26	de 21 à 19
de 22 à 20	de 17 à 30	de 18 à 20

de 16 à 18	de 20 à 18	de 13 à 11
de 8 à 21	de 25 à 11	de 10 à 12
de 21 à 19	de 11 à 13	de 4 à 6
de 7 à 20	de 2 à 12	de 6 à 19
de 11 à 25		

Le solitaire anglais

Plus récent, le solitaire dit *anglais* ne comporte que trente-trois trous (fig. 6). Les règles sont les mêmes que pour le solitaire classique, mais les trous qui ont été supprimés (4,8, 30, 34) rendent le jeu plus facile.

Comme précédemment, les trous ont été numérotés de 1 à 33 en suivant les lignes horizontales.

Le trou 17 est vide. Le problème consiste à faire sortir toutes les billes sauf la dernière qui doit occuper le centre (17).

Voici une manière de procéder :

de 5 à 17	de 22 à 24	de 24 à 10
de 12 à 10	de 31 à 23	de 10 à 8
de 3 à 11	de 16 à 28	de 8 à 22
de 18 à 6	de 33 à 31	de 22 à 24
de 1 à 3	de 31 à 23	de 24 à 26
de 3 à 11	de 4 à 16	de 19 à 17
de 30 à 18	de 7 à 9	de 16 à 18
de 27 à 25	de 10 à 8	de 11 à 25
de 24 à 26	de 21 à 7	de 26 à 24
de 13 à 27	de 7 à 9	de 29 à 17
de 27 à 25		

LAM-TURKI

1 joueur

Matériel : carton, crayon, 9 pions

Le lam-turki est une variante simplifiée du *solitaire* qui se joue à l'est de l'Inde dans les Etats du Bihar et du Bengale.

La pratique de ce jeu par les débutants sera une excellente initiation au jeu du solitaire classique.

Le joueur pose neuf pions sur un diagramme en étoile qui comporte dix intersections (fig.).

Le but du jeu est d'éliminer tous les pions sauf un. La prise des pions se fait comme au solitaire.

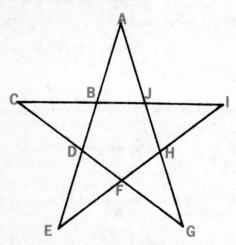

Solutions

Les intersections étant désignées par des lettres (fig.), les déplacements des pions seront exprimés par trois lettres : la première est le point de départ du pion ; la seconde, la position du pion éliminé et la troisième, le point d'arrivée du pion.

1 solution : IHF - EFH - BJI - CDF - GHJ - IJB - ABD - FDC.

Le dernier pion reste en C.

2 solution : EDB - HFE - AJH - CBJ - IHF - GFD - EDB - BJI.

Le dernier pion reste en I.

Mais on peut en trouver beaucoup d'autres.

TAQUIN

1 joueur

Matériel : 1 jeu de taquin

Le taquin fut inventé à la fin du siècle dernier par un Américain, Sam Lloyd, sous le nom de *puzzle à 15* et, très vite, il fit fureur aux Etats-Unis d'abord, puis en Europe.

La marche du jeu

Le jeu est un petit plateau carré contenant seize plaquettes carrées numérotées de 1 à 16 qui occupent toute la surface du plateau (fig. 1).

1	2	3	4
5	6	7	8
9	10	11	12
13	14	15	16

1	5	9	13
2	6	10	14
3	7	11	15
4	8	12	16

Fig. 1 **Fig. 2**

On retire le 16 du plateau et l'on met en désordre les quinze plaquettes restantes. Le jeu consiste à les remettre en ordre en les faisant glisser sur le plateau dans le sens horizontal ou vertical. Il est interdit de les soulever, ce qui serait obligatoire pour les déplacements en diagonale.

Des mathématiciens se sont intéressés à ce jeu. Il existe, paraît-il, plus de vingt-mille milliards de positions de départ possibles, mais toutes ne permettent pas la reconstitution de l'ordre naturel des nombres ; certains ont prouvé que les chances de réussite n'étaient que d'environ cinquante pour cent.

Il n'en est pas de même, bien sûr, de certains taquins que l'on trouve dans le commerce et dont les plaquettes sont solidaires du plateau sur lequel elles glissent. Il sera toujours possible de reconstituer l'ordre de 1 à 16 puisqu'il a été établi à l'origine.

Variantes

En partant d'une même position initiale, on peut chercher à ordonner les nombres selon une disposition différente : en comptant dans le sens vertical, de haut en bas ou de bas en haut, de droite à gauche ou de gauche à droite par exemple (fig. 2).

PUZZLE

1 ou 2 joueurs
Matériel : 1 puzzle

C'est le jeu de patience d'autrefois qui fut tellement en vogue pendant les deux derniers siècles.

Il connaît aujourd'hui un regain de faveur, et son nom britannique s'est généralisé. Puzzle *signifie embarras, mais le nom complet était* jig-saw puzzle *; ces deux mots précisent la raison de l'embarras qui vient du fait que l'image à reconstituer est « sciée de manière fantaisiste, comme en sautillant ».*

Le jeu consiste, en effet, à assembler entre elles des parties d'un dessin découpées de façon très irrégulière et mélangées.

Il existe des puzzles très simples qui, pour de jeunes enfants, ont à la fois un but éducatif et récréatif, mais il en est de plus compliqués, de véritables œuvres d'art qui, une fois reconstituées, peuvent être accrochées au mur comme un tableau, les séparations des morceaux étant invisibles.

On se fabriquera facilement un puzzle en découpant une carte postale ou une reproduction qu'on aura préalablement collée sur un carton.

Mais il faut prendre garde d'adapter ce puzzle à l'âge du joueur : si les découpes sont trop compliquées et les morceaux trop nombreux, le jeu risque d'être trop ardu.

LES DAMES

2 joueurs

Matériel : 1 jeu de dames

De tous temps, les hommes ont joué avec des pions sur un damier. Des représentations de damiers, gravées dans la pierre, ont été retrouvées en Egypte et à Troie. Mais on ignore le plus souvent les règles de ces jeux.

L'ancien jeu de dames à la française qui remonte, semble-t-il, au XVe siècle et se pratique encore aujourd'hui dans les pays anglo-saxons, serait dérivé du jeu d'échecs.

A cette époque, tous les pions étaient dénommés dames *et notre dame actuelle s'appelait* dame damée. *L'inventeur ayant supprimé les figures du jeu d'échecs, il s'agissait bien d'un jeu de dames (comme nous dirions aujourd'hui un jeu de pions). C'est vers 1750 seulement que, dans le vocabulaire des jeux, les dames devinrent des pions.*

Le jeu de dames tel qu'on le joue aujourd'hui a été inventé en 1723 par un officier du Régent qui jouait souvent avec un Polonais, d'où le nom de dames à la polonaise *que ce jeu conserva très longtemps. Lorsque ce jeu parvint en Pologne cependant, comme il venait de France, on l'appela tout naturellement :* le jeu à la française.

L'innovation de cet officier fut d'adopter un damier de cent cases (au lieu de soixante-quatre) sur lequel évoluaient vingt pions répartis sur quatre rangées (au lieu de douze répartis sur trois rangées), de permettre au pion de prendre en tout sens alors qu'auparavant il ne pouvait prendre qu'en avant (comme dans les échecs) et surtout d'augmenter la puissance de la dame en lui laissant toute liberté sur les diagonales (auparavant, elle avait l'ancienne marche du pion, mais en avant comme en arrière).

Depuis deux cents ans, le jeu de dames a évolué différemment selon les pays. Le jeu français, l'anglo-américain, l'espagnol, l'italien, le russe et le turc sont parmi les plus couramment pratiqués.

LES DAMES FRANCAISES

2 joueurs
Matériel : 1 jeu de dames

Le jeu des dames françaises est répandu en France, bien sûr, mais aussi aux Pays-Bas, en Belgique, en Suisse, au Canada et de plus en plus en U.R.S.S.

La préparation du jeu

On utilise un damier de cent cases alternativement noires et blanches, vingt pions noirs et vingt pions blancs.

En France, les pions se déplacent uniquement sur les cases blanches, la diagonale des cases blanches étant orientée nord-est, sud-ouest. Aux Pays-Bas, c'est l'inverse : on joue sur les cases noires et c'est la diagonale noire qui prend l'orientation nord-est sud-ouest. Il suffit, pour cela, de faire pivoter le damier d'un quart de tour.

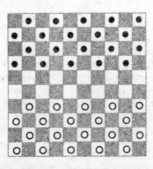

Fig. 1. Disposition des pions au début de la partie

Chaque joueur dispose ses vingt pions sur les quatre rangées de cases blanches les plus proches de lui. Il reste donc au milieu du damier deux rangées de cases libres (fig. 1).

Le joueur qui a les pions blancs commence ; il aura les pions noirs à la partie suivante.

Le jeu consiste à s'emparer de toutes les pièces de l'adversaire tout en protégeant les siennes.

La notation

Afin de pouvoir noter les déplacements des pions, les cases blanches sont numérotées de 1 à 50 (fig. 2). C'est ce qu'on appelle *la notation Manoury* du nom de son inventeur, un joueur français du XVIIIe siècle.

Fig. 2. Notation Manoury

Chaque coup est indiqué par deux chiffres : le numéro de la case de départ et le numéro de la case d'arrivée. Ces deux nombres sont séparés par un tiret en cas de déplacement simple et par une croix en cas de prise. S'il s'agit d'une prise multiple, on peut indiquer le numéro de chaque case où se pose le pion.

Les noirs jouant toujours en second, leurs coups sont inscrits soit entre parenthèses, soit sous les coups des blancs dont ils sont séparés par un trait. Par exemple :

$$38\text{-}33 \ (18\text{-}13) \quad \text{ou} \quad \frac{38\text{-}33}{18\text{-}13}$$

On désigne, comme aux échecs, les bons et les mauvais coups respectivement par les signes ! et ?.

La marche des pièces

Selon qu'elles sont pions ou dames, les pièces ont des méthodes de déplacement et de prise différentes.

Le pion

Le pion se déplace obligatoirement d'une case en avant. Comme il doit toujours se trouver sur une case claire, deux directions s'offrent à lui, pourvu que les cases soient vides (fig. 3). Il ne peut pas reculer, *sauf pour prendre.*

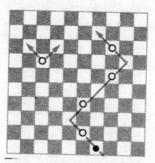

Fig. 3. Déplacement du pion

Lorsqu'un pion se trouve en contact avec une pièce adverse, elle-même située devant une case vide, il doit obligatoirement sauter par-dessus la pièce et occuper la case libre ; il vient alors d'opérer une *prise* et retire du jeu la pièce adverse. Si cette prise le met en contact avec une autre pièce ennemie placée devant une case libre, il poursuit son chemin et prend ainsi plusieurs pièces d'un coup (*rafle*). Dans ce cas, il est autorisé à pivoter sur lui-même pour s'engager dans une perpendiculaire (fig. 4). Il lui faut terminer son parcours avant de ramasser les pions capturés, sinon il pourrait découvrir des pions qui se trouveraient alors en position de prise.

Si plusieurs prises s'offrent à lui par des voies différentes, il doit choisir celle qui lui assure le plus grand nombre de pièces ennemies sans tenir compte de leur importance. Par exemple, s'il a le choix entre la prise de deux pions ou celle d'une dame, il doit opter pour la première ; mais s'il a le choix entre un pion et une dame, il prendra la dame. Si les prises sont égales d'un côté comme de l'autre, en nombre et en valeur, le joueur est libre de son choix.

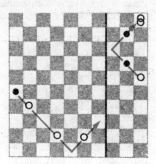

Fig. 4. Le pion ne peut devenir dame « en passant »

La règle du *soufflage* est supprimée dans les championnats depuis un demi-siècle. Cependant, elle est encore pratiquée couramment dans les parties non officielles. D'après cette règle, un joueur qui omet de faire une ou plusieurs prises ou ne prend pas les pièces les plus importantes se voit retirer le pion coupable par son adversaire qui, avant de jouer lui-même, dit en soufflant sur le pion : « souffler n'est pas jouer ».

La règle moderne laisse à l'adversaire la faculté d'accepter le coup tel qu'il a été joué ou d'obliger le joueur à prendre l'itinéraire qui lui assure le plus grand nombre de prises.

La promotion du pion

Quand un pion parvient à sa dixième rangée, il devient une dame, honneur qui se matérialise en le recouvrant d'un pion de même couleur.

S'il atteint cette rangée à la suite d'une ou plusieurs prises, il ne devient dame que s'il n'a plus de prise à faire, sinon il est obligé de prendre et, ne faisant que *passer* sur cette dixième rangée, il n'a pas le droit au titre de dame (fig. 4).

La dame

La dame doit attendre que l'adversaire joue une fois pour entrer en action. Elle se déplace en avant et en arrière le long des diagonales sur le nombre de cases qu'elle désire, mais toujours en ligne droite.

Elle *prend*, comme le pion, en sautant par-dessus une pièce adverse, mais selon son mode de déplacement. Elle peut donc franchir plusieurs cases vides avant d'enjamber la pièce capturée et se poser sur la case de son choix, si plusieurs cases vides se trouvent devant elle (fig. 5).

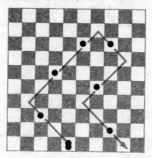

Fig. 5. Déplacement de la dame

Comme le pion également, après une prise, elle pourra pivoter sur une case vide afin d'emprunter une perpendiculaire qui lui permettra d'opérer une nouvelle capture.

La fin de la partie

Le joueur qui a réussi à prendre tous les pions et les dames de l'adversaire ou à les bloquer pour l'empêcher de jouer est le gagnant.

Lorsque l'un des deux joueurs n'a plus qu'une dame pour tout matériel et l'autre soit une dame seule, soit une dame et deux pions, soit deux dames et un pion, soit trois dames, la partie est déclarée nulle.

Si le joueur qui a le matériel le plus fort refuse la nullité, son adversaire peut l'obliger à terminer la partie en quinze coups dans le cas où sa propre dame occupe la grande diagonale, et en cinq coups dans le cas contraire.

La nullité peut également être invoquée par l'un des joueurs lorsque les mêmes mouvements ou la même position des pièces se reproduisent trois fois de suite.

LES DAMES ANGLAISES

Les *draughts* auxquelles on joue en Grande-Bretagne et les *checkers* aux Etats-Unis ne sont autres que l'ancien jeu pratiqué en France avant le XVIIIe siècle.

Le matériel comporte un damier de soixante-quatre cases et deux douzaines de pions. Les cases sont numérotées selon une méthode analogue à celle de Manoury. Chaque joueur dispose ses douze pions sur les cases noires des trois rangées les plus proches de lui. La grande diagonale de cases noires est donc orientée nord-est, sud-ouest.

La marche du jeu

Les noirs commencent. Les joueurs échangent leurs pions à la fin de chaque partie.

Le but du jeu est le même, mais la marche des pièces est un peu différente.

Le pion se déplace comme dans le jeu français, mais ne peut prendre qu'en avant.

La dame n'avance ou ne recule que d'une case. Elle prend comme le pion, mais en arrière ou en avant. Le pion ne devient dame que s'il *s'arrête* à la huitième rangée ; s'il ne fait que passer, il reste pion.

En cas de prise multiple, le choix est libre, quels que soient le nombre et la valeur des pièces à prendre.

Si un joueur n'effectue pas une prise possible, son adversaire peut opter pour l'une des trois solutions suivantes :
- accepter le coup tel qu'il a été joué, mais il peut rendre la prise obligatoire au tour suivant ;
- annuler le coup et obliger le joueur à prendre ;
- souffler le pion coupable, c'est-à-dire le retirer du jeu en disant : « souffler n'est pas jouer », puis jouer à son tour.

LES DAMES ESPAGNOLES
ET ALLEMANDES

C'est une variante intermédiaire entre le jeu français et le jeu anglais.

On utilise le damier de soixante-quatre cases dont la diagonale noire est orientée nord-est, mais les pions occupent les cases claires.

Le pion se déplace comme dans le jeu anglais, la dame comme dans le jeu français.

Il est permis de *souffler*. Et la prise du maximum des pièces est obligatoire.

Les Allemands observent les mêmes règles, mais laissent la liberté du choix, en cas de plusieurs possibilités de prises.

LES DAMES ITALIENNES

Le damier et la disposition des pièces sont les mêmes que dans le jeu espagnol.

Le pion et la dame marchent comme les pièces du jeu anglais, mais le pion n'est pas autorisé à s'emparer de la dame qui prend, dès lors, une puissance considérable.

En cas de prise multiple, on observe la règle : « le plus prend le plus », c'est-à-dire que :

1. Est obligatoire la prise du nombre maximum de pièces ;
2. La dame prend de préférence au pion, lorsqu'elle peut prendre autant de pièces que lui ;
3. La dame doit être prise de préférence au pion lorsqu'il y a égalité de pièces à prendre.

Le *soufflage* est autorisé. En cas d'infraction à la règle *le plus prend le plus*, est soufflée la pièce qui devait prendre et non celle qui a pris.

Si un joueur perd sans que l'un de ses pions soit promu en dame, il est *capot*, c'est-à-dire qu'il a perdu la partie sans avoir droit à une revanche.

LES DAMES RUSSES

Les dames russes portent en U.R.S.S. le nom de *shaski*.

Le damier comporte soixante-quatre cases ; la diagonale

blanche est orientée nord-est, sud-ouest et les pions sont placés sur les cases blanches.

La notation est analogue à celle du jeu d'échecs, chaque case étant définie par ses coordonnées, lettres de *a* à *h*

Les dames russes

à l'horizontale et chiffres de *1* à *8* à la verticale (fig. ci-dessus).

Les règles sont celles des dames françaises jouées sur cent cases. Deux différences cependant :

1. Le choix est libre en cas de prise multiple ;

2. Un pion peut devenir dame en passant simplement dans la huitième rangée et continue à prendre comme une dame s'il en a la possibilité.

LES DAMES TURQUES

Entièrement différentes des précédentes, les dames turques se jouent sur un damier de soixante-quatre cases, mais les douze pions de chaque joueur sont posés sur les deuxième et troisième rangées ; ils occupent donc toutes les cases, blanches et noires de chaque rangée (fig. 1).

La marche des pièces

Le *pion* avance d'une case horizontalement ou verticalement mais non en diagonale ; il ne peut reculer, pas même

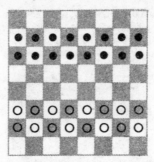

Fig. 1. Disposition des pions au début de la partie

pour opérer une capture. Il peut donc prendre également dans trois directions s'il se trouve une case libre immédiatement au-delà du pion qu'il veut prendre (fig. 2).

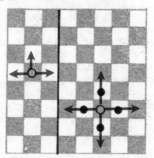

Fig. 2. Mouvement des pions

Parvenu à la huitième rangée, il devient dame. Comme dans le jeu russe, il peut accéder à cette « dignité », en *passant*, s'il a la possibilité de continuer à prendre.

La dame se déplace comme la tour aux échecs, verticalement et horizontalement, en avant et en arrière et prend à distance en sautant par-dessus un pion et en se posant sur la case libre de son choix.

Les prises

- Il est obligatoire d'opter pour la prise maximum.
- Les pièces prises sont enlevées au fur et à mesure des sauts.

- En cas de prises multiples en nombre égal, on peut choisir de prendre le pion ou la dame. Un joueur continue à jouer tant qu'il peut faire des prises.
- Le soufflage n'existe pas, mais si le joueur n'effectue pas la prise maximum, il a perdu la partie.

Le gagnant est le premier joueur qui réussit à prendre toutes les pièces de son adversaire ou qui reste avec une dame contre un pion (car le pion peut alors toujours échapper à la poursuite de la dame sans jamais parvenir lui-même à dame).

QUI PERD GAGNE

2 joueurs
Matériel : 1 jeu de dames

Comme le nom l'indique, le but est ici, à l'inverse du jeu de dames ordinaire, de faire prendre tous ses pions par l'adversaire.

On peut adopter indifféremment les règles de l'un ou l'autre pays.

Le gagnant est le premier qui se trouve dans l'impossibilité de jouer soit parce que toutes ses pièces ont été prises, soit parce que les dernières en jeu se trouvent bloquées.

La règle du soufflage est supprimée et un joueur doit imposer à son adversaire toute prise possible.

Ce jeu est aussi savant que l'autre, mais contrairement à ce que l'on pourrait croire, la prise de quelques pions ennemis au début n'est pas toujours à déplorer : un joueur qui possède beaucoup de pions a plus de facilité pour s'en faire prendre plusieurs à la fois.

LES DAMES EN DIAGONALE

2 joueurs
Matériel : 1 jeu de dames anglaises

Ce jeu demande un damier de soixante-quatre cases et suit les mêmes règles que les dames anglaises, mais la disposition des pions est différente (voir fig. p. 194).

C'est un jeu très amusant qui demande les mêmes qualités d'attention et de perspicacité que les dames anglaises. La disposition des pions différente, comme nous l'avons dit, introduit un attrait supplémentaire dans le jeu.

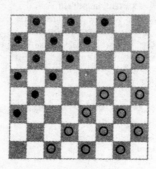

LOUPS ET BREBIS

2 joueurs   🔈 😊 😐 ≡
Matériel : 1 damier, 22 pions

Les pions, ici, amuseront déjà les enfants. On peut, au choix, jouer sur un damier de soixante-quatre ou de cent cases, avec un ou deux loups noirs et quatre, cinq ou vingt brebis blanches.

Un loup

Le loup se place sur l'une quelconque des cases blanches de la huitième rangée (cf fig.).

Les brebis blanches sont disposées sur toutes les cases blanches de la première rangée.

Le loup marche comme la dame anglaise, c'est-à-dire qu'il se déplace d'une case en avant ou en arrière, mais il ne « prend » pas. Les brebis avancent comme le pion, mais ne prennent pas non plus et ne deviennent pas dames.

Le loup doit parvenir à la première rangée en passant derrière les brebis, tandis que celles-ci doivent s'efforcer de l'encercler. Elles y parviennent généralement si leur propriétaire mène le jeu habilement.

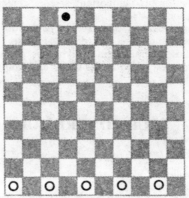

Position de départ

Deux loups

Leur tâche sera plus ardue — et le jeu plus équilibré — si vingt brebis, marchant comme des pions mais sans prendre, se

deux loups

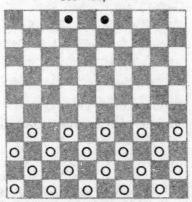

Position de départ

mesurent sur un damier de cent cases avec deux loups qui se déplacent et prennent comme les dames françaises. Ils occupent, au départ, deux cases blanches de leur choix sur la dixième rangée.

Les loups gagnent la partie si l'un d'eux parvient au but, tandis que les brebis l'emportent si elles réussissent à encercler les deux loups.

Sur un damier de soixante-quatre cases, un loup noir, qui avance et prend comme une dame anglaise, affronte douze brebis blanches qui marchent comme des pions sans prendre, ni devenir dames. En jouant bien, elles doivent réussir à encercler le loup.

SEUL CONTRE TOUS

2 joueurs
Matériel : 1 damier, 21 pions

Un seul pion noir est en jeu et doit, pour gagner, réussir à ne pas prendre, comme *à qui perd gagne*, les vingt pions blancs.

En fait, si le jeu est bien mené, les pions blancs disposant

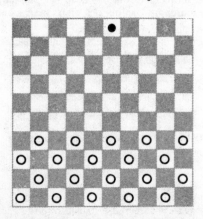

**Disposition des pions. Le pion noir occupe la case
blanche de son choix sur la 10e rangée**

d'un plus grand choix de coups, peuvent toujours obliger le noir à les prendre tous, mais ce n'est pas si facile !

HALMA

2 ou 4 joueurs
Matériel : carton, crayon,
38 ou 52 pions

Ce jeu très amusant remonte seulement à la fin du siècle dernier.

On utilise un damier carré de seize cases de côté.

Lorsque la partie se joue à deux, chaque joueur place dix-neuf soldats dans son camp qui est délimité sur le damier (coin à droite de chaque joueur : (fig. 1).

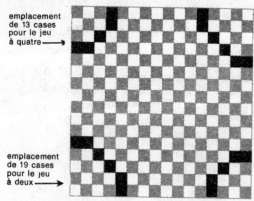

emplacement de 13 cases pour le jeu à quatre →

emplacement de 19 cases pour le jeu à deux →

Fig. 1. Le damier

Pour une partie à quatre joueurs, chacun d'eux dispose ses hommes, au nombre de treize, sur le coin placé à sa droite, et joue individuellement, sans constituer d'équipe.

La partie

Le but du jeu est d'occuper le camp de l'adversaire.

Un soldat avance d'une case dans n'importe quelle direction comme le roi aux échecs ; il a donc huit possibilités (fig. 2) si les huit cases qui l'entourent sont libres. Il a, en outre le droit d'enjamber un autre soldat — de son camp ou de l'ennemi — pour se placer sur la case située immédiatement derrière.

Comme aux dames, il est possible d'effectuer plusieurs sauts en un seul coup ; mais les sauts ne sont pas obligatoires et il n'y a pas de prise. Les joueurs s'efforceront donc de se fabriquer des « échelles » ou d'emprunter celles de l'adversaire

Fig. 2. Marche d'un soldat

pour parvenir plus vite au but, tout en empêchant celui-ci de se servir des siennes.

Si l'on dispose du damier courant de cent cases, on placera treize ou quinze pions dans deux angles opposés (fig. 3), mais on ne pourra jouer qu'à deux personnes.

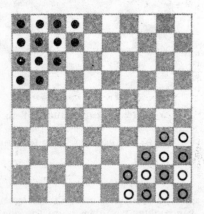

Fig. 3. Disposition des soldats sur un damier à 100 cases

DAMMA

2 joueurs

**Matériel : carton, crayon,
40 bâtonnets, 40 cailloux**

Dâmma est le nom maure de *dames*. On y joue au Sahara sur un damier de quatre-vingt-une cases.

L'un des joueurs prend quarante pions *mâles* qui sont des bâtonnets ; l'autre quarante pions *femelles* représentés par des cailloux, des noyaux de dates ou des crottes de chameaux.

Chacun dispose ses pions comme l'indique la figure ci-dessous en laissant libre la case centrale.

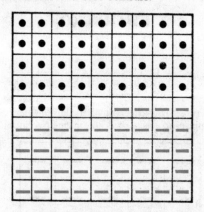

Fig. 1. Disposition des pions

Fig. 2. Marche et prise du pion

Les mâles ont le trait. Le gagnant de l'engagement précédent prend toujours les pions mâles.

Le mouvement des pions

Les pions se déplacent d'une case, verticalement ou en diagonale, mais en avant seulement.

Ils prennent dans tous les sens : en avant, en arrière et latéralement (huit directions) en sautant par-dessus un pion ennemi comme dans le jeu de dames ordinaire. La prise est obligatoire et le soufflage (*cafar*) autorisé.

Le pion arrivé à dames, c'est-à-dire sur la neuvième rangée, se déplace en ligne droite dans tous les sens et sans limitation de parcours.

KHARBERG

2 joueurs

Matériel : carton, crayon, 24 pions

Cette variante simplifiée du jeu de *dâmma* demande un damier de vingt-cinq cases et douze pions par joueur.

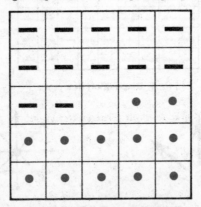

Fig. 1. Disposition des pions.

Les règles sont les mêmes que celles du jeu précédent, mais les pions peuvent se déplacer en tous sens d'une case à la fois.

La figure ci-dessous indique comment la marche des pions et la façon de les prendre.

Fig. 2. Marche et prise du pion.

C'est un jeu d'un grand intérêt et très captivant.

LES ECHECS

2 joueurs
Matériel : 1 jeu d'échecs

D'où viennent les « échecs »? Des textes hébreux, grecs, persans, égyptiens, hindous et chinois en parlent depuis des siècles. Platon, Homère et Hérodote déjà cherchèrent en vain leur origine.

Il est certain, en tout cas, qu'ils sont nés en Orient et qu'ils nous ont été transmis par les Arabes à l'époque des Croisades. Par la suite, leurs règles se modifièrent et la convention du roque *ne fut elle-même universellement admise qu'au milieu du* XIXe *siècle.*

Le nom des échecs viendrait, selon le savant Thomas Hyde, du mot shatranj, *nom arabe de la mandragore adopté en raison de la similitude entre les figures des pièces et les racines de la plante dont l'extrémité prend la forme d'une petite poupée.*

Des joueurs illustres

Les échecs restèrent longtemps l'apanage de la noblesse et du clergé. Ils étaient connus à la cour de Charlemagne à qui le calife Haroun el-Raschid fit don d'un échiquier, conservé aujourd'hui à la Bibliothèque nationale de Paris. Celui de Saint-Louis est exposé au musée de Cluny.

Henri IV, Gustave-Adolphe, Charles XII, Madame de Sévigné y prenaient grand plaisir. Voltaire admirait fort ce jeu;

quant à Rousseau, il avoue, dans ses mémoires, avoir fait sans succès bien des efforts pour s'y perfectionner. Napoléon y consacra une grande partie de ses courts loisirs.

Les échecs modernes

De nos jours, le jeu des échecs s'est répandu dans tous les milieux. On ne peut citer tous les personnages illustres qui furent joueurs d'échecs, pas plus qu'il n'est possible de donner le nom des joueurs, champions du monde de leur époque, que ce jeu rendit célèbres.

Depuis la seconde guerre mondiale, la Russie soviétique a vivement encouragé le jeu des échecs au niveau de la masse et l'a inclu parmi les manières d'enseignement où il est considéré à la fois comme un art et comme un sport. Cet effort lui vaut de détenir depuis près de vingt ans le titre de champion du monde.

La Fédération Internationale des Echecs (FIDE), fondée à Paris en 1924, groupe environ quatre-vingts nations. Elle préside aux championnats du monde et publie les règles officielles du jeu et de la compétition.

L'échiquier et les figures

Le jeu des échecs est un combat à armes égales entre deux joueurs. Le combat se déroule sur l'échiquier carré de soixante-quatre cases alternativement claires et sombres.

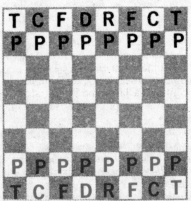

Fig. 1. Disposition des pièces

Les joueurs ont pour matériel de combat seize pièces chacun : un roi, une dame, deux tours, deux fous, deux cavaliers et huit pions. Ils placent l'échiquier devant eux de manière que la case de coin à leur droite soit claire.

Au début de la partie, les figures occupent la première rangée et les pions la seconde (fig. 1). Attention : les figures blanches sont placées face à face et non symétriquement par rapport au centre ; ainsi, la dame noire est placée à gauche de son roi sur une case sombre et la dame blanche à droite du sien sur une case claire.

La marche des pièces

Des règles communes à l'ensemble des pièces et des conventions différentes pour chaque catégorie de combattants président à leur évolution.

Les règles communes

- Une pièce peut se poser sur une case vide ou sur une case occupée par une pièce adverse. Elle ne peut jouer sur une case occupée par une pièce de son camp.
- A l'exception du cavalier, aucune pièce ne peut sauter par-dessus une case occupée.

Lorsqu'une pièce vient se poser sur une case occupée par une pièce adverse, celle-ci est retirée de l'échiquier.

Aucune pièce ne peut se déplacer lorsqu'elle est *clouée* sur le roi, c'est-à-dire lorsqu'elle protège le roi d'une pièce ennemie.

La marche propre à chaque combattant

Le *roi*, qui est la pièce la plus importante puisque sa capture est l'enjeu de la partie, n'est pas la pièce la plus puissante : il ne peut se déplacer que d'une case à la fois.

Toute case contiguë à la sienne lui est accessible lorsqu'elle n'est pas menacée par une pièce adverse, car un roi n'a pas le droit de se mettre volontairement *en échec* (le roi est en échec précisément lorsqu'il est menacé par une pièce adverse). Il peut donc contrôler au maximum huit cases (fig. 2).

La *dame* est la plus puissante. Elle peut se déplacer horizontalement, verticalement ou en diagonale sur la longueur qu'elle désire, en avant comme en arrière. Elle contrôle donc au maximum vingt-sept cases (lorsqu'elle est placée au centre de l'échiquier, fig. 3).

La *tour* se déplace uniquement le long des verticales et des horizontales du nombre de cases désiré. Elle contrôle donc toujours quatorze cases, (fig. 4).

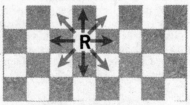

Fig. 2. Marche du roi

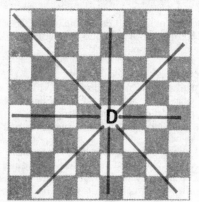

Fig. 3. Marche de la dame

Le *fou*, par contre, joue uniquement en diagonale ; il ne peut donc se poser que sur les cases de sa couleur, c'est-à-dire sur treize cases lorsqu'il est placé au centre de l'échiquier (fig. 5).

Le *cavalier* est la seule pièce qui soit autorisée à sauter par-dessus une case. Si le cavalier occupe une case blanche, il ne pourra se poser que sur les cases noires les plus proches, mais non contiguës. Il contrôle huit cases (fig. 6, p. 206).

Le *pion*, simple fantassin avance seulement d'une case le long de la verticale. Mais il prend de façon différente : seules les deux cases qui se trouvent en diagonale devant lui sont sous menace (fig. 8, p. 206). En aucun cas, il ne peut reculer.

Toutefois, s'il n'a pas encore joué, il peut avancer à volonté d'une ou deux cases à la fois (fig. 7, p. 206).

Il possède, en outre, deux autres propriétés :
La promotion du pion : lorsqu'un pion atteint la huitième rangée de l'échiquier, il est retiré du jeu et remplacé par une

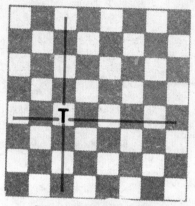

Fig. 4. Marche de la tour

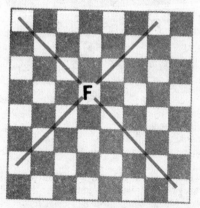

Fig. 5. Marche du fou

figure de sa couleur. Le joueur choisit celle qu'il préfère — dame, tour, fou ou cavalier — selon son intérêt et sans se limiter aux pièces qu'il a déjà perdues. Si l'on ne possède pas un second jeu, on indiquera sur le pion sa nouvelle valeur.
La prise en passant : ce cas particulier se produit lorsqu'un pion se trouve à sa cinquième rangée et que l'un des deux

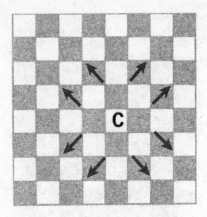

Fig. 6. Marche du cavalier

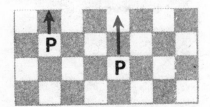

Fig. 7. Marche du pion

avant   après

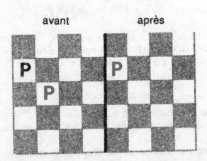

Fig. 8. La prise du pion

pions adverses situés sur une colonne contiguë à la sienne avance de deux cases pour son premier coup. Le premier pion a le droit de prendre le second en se plaçant sur la case que celui-ci aurait occupée s'il avait avancé d'une seule case. Cette prise ne peut s'opérer qu'immédiatement après l'avance du pion ennemi (fig. 9).

avant   après

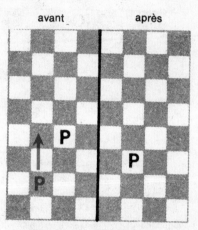

Fig. 9. La prise en passant

Le roque

Cette manœuvre particulière du *roi* et de la *tour* n'est autorisée qu'une seule fois au cours de la partie. C'est à la fois une mesure de sécurité pour le roi et une mobilisation de la tour.

Alors qu'ils sont encore tous deux sur leur case de départ, le roi se déplace horizontalement de deux cases et la tour l'enjambe pour se poser à côté de lui (fig. 8). C'est le seul cas où deux pièces jouent dans un même coup.

Si le roque est réalisé du côté du roi, c'est le *petit roque* (fig. 10, p. 208) ; s'il est réalisé du côté de la dame, c'est le *grand roque* (fig. 11, p. 208).

Quatre conditions sont nécessaires à la réalisation du roque :

1. Les deux pièces en cause n'ont pas encore été déplacées.
2. Les cases séparant le roi et la tour sont inoccupées.
3. Le roi n'est pas mis en échec, c'est-à-dire que la case

qu'il occupe n'est pas contrôlée par une pièce adverse.

4. Les deux cases sur lesquelles le roi passe et s'arrête ne sont pas contrôlées par des pièces ennemies. La case où se trouve la tour et, dans le grand roque, la case contiguë, peuvent être contrôlées par une pièce adverse.

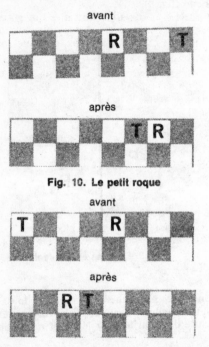

avant

après

Fig. 10. Le petit roque

avant

après

Pièces	Valeur	Qualité
Pion	1	—
Fou	3 1/4	pièces mineures
Cavalier	3 1/4	ou légères
Tour	5	pièces majeures
Dame	10	ou lourdes

La valeur comparée des figures

L'étendue du champ d'action de chacune des pièces leur donne une valeur de combat qui a été définie approximativement.

Valeur théorique : le pion a été pris comme unité de mesure.

On obtient ainsi les conclusions suivantes qui guideront les joueurs dans le choix des pièces à perdre ou à prendre, une supériorité de matériel entraîne, en effet, presque toujours le gain de la partie.

1. Fou = cavalier = 3 pions
2. Dame = 2 tours = 3 pièces mineures
3. La tour vaut plus qu'une pièce mineure ; il existe entre elles une différence dite de *qualité*.

Valeur relative : en fait, la valeur réelle de chaque pièce varie au cours de la partie et selon la position de chacune d'elles. L'expérience a prouvé, par exemple, qu'en fin de partie, les deux fous sont plus efficaces que les deux cavaliers.

La notation

Pour indiquer le déplacement des pièces, on utilise une notation conventionnelle. La plus courante est la notion *algébrique* employée à peu près partout sauf dans les pays de langue anglaise et espagnole.

On attribue à chaque rangée un chiffre de *1* à *8* et à chaque colonne une lettre de *a* à *h* (fig. 13, p. 210). Chaque case est donc désignée par ses coordonnées : une lettre et un chiffre.

Chaque pièce est désignée par sa lettre initiale écrite en capitale ; R = roi ; D = dame, etc.

Les zones de l'échiquier

Pour mieux localiser les déplacements et définir les pièces, on distingue trois zones verticales (fig. 12, p. 210) dans l'échiquier : de gauche à droite, l'*aile dame* (trois cases), le *centre* (deux cases) et l'*aile roi* (trois cases).

Les figures qui, au départ, se trouvent dans l'aile de la dame, se dénomment : *tour dame, cavalier dame, fou dame* et celles du côté du roi : *tour roi, cavalier roi, fou roi*.

Les trois pions du côté dame s'appellent : *pion tour dame* (le mot *tour* désignant la colonne initiale), *pion cavalier dame* et *pion fou dame* ; les deux pions centraux : *pion dame, pion roi* et les trois pions du côté roi : *pion tour roi, pion cavalier roi* et *pion fou roi*.

Fig. 12. Les zones de l'échiquier

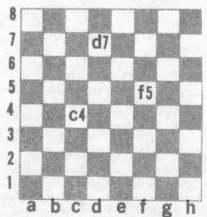

Fig. 13. La notation algébrique

Notation d'un coup

Un coup se note par la case de départ et la case d'arrivée de la pièce séparées par un trait d'union en cas de simple déplacement ou par un signe de multiplication en cas de prise. La lettre initiale de la pièce en question précède cette notation, mais le *P* de pion est presque toujours omis.

Exemples :

- *b2 - b4* = avance du pion cavalier blanc (du pion situé sur la colonne du cavalier).

- *C b1 - c3* = sortie du cavalier dame blanc.

- *T g3 x d3* = déplacement avec prise de la tour placée sur la case *g3*.

Les diverses publications emploient fréquemment une notation abrégée qui ne donne que la case d'arrivée ; les trois précédents s'inscrivent alors respectivement : *b4 ; c3 ; T x d3*.

Pour préciser davantage ou pour apprécier un coup joué, on utilise d'autres signes conventionnels :

+	échec
+ + ...	échec double
⋕	mat
0-0	petit roque
0-0-0	grand roque
e.p.	prise de pion en passant
!	bon coup

!! . .	très bon coup
? . .	coup peu heureux
?? . .	coup malheureux
± . .	avantage aux blancs
∓ . .	avantage aux noirs
= . .	position égale
~ . .	peu importe le coup joué
: . .	promotion d'un pion. : *D* signifie promotion d'un pion en dame.

Le but du jeu

Le jeu consiste à *mater* le roi de l'adversaire. Mais cette opération ne peut être faite par surprise ; elle doit être calculée et annoncée afin que l'adversaire puisse y parer.

Echec et mat

Le roi est *en échec* lorsqu'il subit l'attaque d'une pièce adverse, c'est-à-dire lorsque celle-ci est capable de la prendre au coup suivant.

—

L usage veut que l'on annonce l'échec au roi (mais non l'échec à la dame)

L'échec doit être paré immédiatement avant tout autre coup.

Un joueur ne peut mettre son propre roi en échec ; s'il lui arrivait, par erreur, de le faire, il devrait reprendre son coup comme s'il avait posé l'une de ses pièces sur une case interdite. Le roi ne peut donc capturer que les pièces non protégées (une pièce en protège une autre lorsqu'elle est placée de façon à pouvoir prendre la pièce ennemie qui capturerait la pièce protégée).

On peut parer un échec de trois manières :
- en prenant la pièce qui met en échec ;
- en déplaçant le roi sur une case où il n'est plus en échec ;
- en interposant une pièce entre le roi et la pièce adverse ; c'est ce qu'on appelle *couvrir l'échec*. Cette parade est sans effet lorsque l'échec est imposé par un cavalier puisque cette pièce peut sauter par-dessus une autre.

L'échec à la découverte est la menace émanant non de la pièce qui vient de jouer, mais d'une pièce qu'elle a démasquée ; c'est un gain de temps.

Il y a *échec double* lorsqu'une pièce met le roi en échec et démasque en même temps une autre pièce qui le met aussi en échec. Le seul moyen de parer cette double menace est de déplacer le roi.

Enfin, le roi est *mat* lorsqu'il ne peut plus parer un échec. A ce moment-là, son propriétaire a perdu la partie.

Les cas de nullité

Bien souvent, le combat ne peut avoir d'issue décisive. La nullité est déclarée dans les six cas suivants :

1. *Le pat :* c'est la situation dans laquelle se trouve le roi lorsqu'il ne peut se déplacer sans être soumis à un échec. Si c'est lui qui a le trait et qu'il ne possède plus d'autres combattants ou que ses combattants ne peuvent se mouvoir (clouage ou blocus), la partie est déclarée nulle.

2. *La même position* se répète à trois reprises avec le même joueur au trait. Chacun des joueurs peut exiger la nullité.

3. *L'insuffisance de matériel.* Aucun des joueurs, même le plus fort numériquement, n'a conservé assez de matériel pour imposer le mat ; par exemple, lorsque seuls les deux rois restent en jeu ou bien un fou et un roi contre un roi seul.

4. *L'échec perpétuel :* le roi se trouve dans l'incapacité de

se soustraire à des échecs répétés alors qu'il dispose toujours d'une case de fuite empêchant le mat.

5. La règle des *cinquante coups* : un joueur prouve que les cinquante derniers coups au moins ont été joués de part et d'autre sans qu'une figure n'ait été prise et sans qu'un pion n'ait été avancé.

6. Le *commun accord* : ce cas est plus fréquent dans les compétitions que dans les parties amicales. La FIDE ne l'autorise qu'après le trentième coup.

Le déroulement de la partie

La partie se déroule en trois phases.

1re phase : l'ouverture

On appelle *ouverture* la phase de mobilisation des pièces ; elle se fait normalement en dix ou quinze coups. Par convention, les blancs ont toujours le trait.

Quelques principes de base :

- Gagner du temps en mobilisant les pièces le plus rapidement possible. Le *roque* a l'avantage de mobiliser deux pièces en un coup. Mobiliser l'aile droite en premier lieu permet de roquer plus vite, le petit roque pouvant être réalisé au troisième coup, après la sortie du fou et du cavalier tandis que le grand roque demande un coup supplémentaire : la sortie de la dame.

- Gagner de l'espace, notamment en occupant le centre où les pièces auront une plus grande liberté de manœuvre. (Le centre comprend les seize cases centrales, ou, mieux, les quatre cases centrales).

- Sortir d'abord les pièces mineures. Les pièces majeures, en effet, devraient battre en retraite chaque fois qu'elles subiraient l'attaque d'une pièce de valeur inférieure.

Les *cavaliers* seront dirigés vers le centre pour avoir des cases accessibles, si possible non contrôlées par les pions adverses (au départ, les cases c3 et f3 — c6 et f6).

Les *fous* ont besoin de diagonales ouvertes pour développer leur activité : ils seront mobilisés en fonction de la formation centrale adoptée par l'adversaire.

- Trouver pour la *dame* des cases non menacées par l'ennemi pour lui permettre de donner son maximum en fin de partie. Les trois premières rangées sont, pour elle, les plus sûres.

- La *tour*, qui est presque aussi vulnérable que la dame, se déplacera sans danger sur la première rangée.

- Manier les pions à bon escient car ils ignorent la retraite. Leur mobilisation doit être utile : soit pour contribuer à la mobilisation d'une autre pièce, soit pour occuper ou contrôler le centre.
- Les mouvements de pièces isolées sont le plus souvent stériles ; il est préférable de prévoir des actions combinées qui multiplient la puissance de chaque pièce.
- Enfin, tout en développant sa propre action, ne pas oublier de gêner le jeu de l'adversaire.

2ᵉ phase : le combat

C'est là que doivent intervenir stratégie et tactique, c'est-à-dire l'art de découvrir des combinaisons et de les réaliser. Il faut savoir perdre des pièces pour permettre l'intervention d'autres pièces, mais s'efforcer toujours de conserver l'équilibre matériel lorsqu'on ne peut le rompre à son avantage.

Le clouage, l'échec a la découverte, l'échec double, la fourchette, la double menace, l'échange sont des combinaisons qu'il faut utiliser. On a vu (page 212) en quoi consistait l'échec à la découverte et l'échec double.

- *Clouer* une pièce, c'est paralyser partiellement ou totalement une pièce de manière qu'elle ne puisse plus bouger sans mettre le roi en échec ou exposer à une prise une pièce plus importante qu'elle.

Vis-à-vis du roi, et non d'une pièce ennemie, une pièce clouée conserve encore le contrôle des cases qui se trouvent dans son champ d'action. Le roi ne peut donc prendre une pièce dont le défenseur se trouve cloué. Celui-ci, en effet, bien que cloué, contrôle encore la case où se trouverait le roi et le mettrait en échec ; or on sait que le roi n'a pas le droit de se mettre volontairement en échec.

- La *fourchette* consiste à attaquer deux pièces à la fois avec un seul pion. C'est un gain de matériel important.
- La *double menace* est une attaque en deux ou plusieurs points menée simultanément par une seule *figure* (et non par un pion comme dans la fourchette).
- L'*échange* est la prise d'une pièce ennemie effectuée en cédant à l'adversaire une valeur égale de son propre matériel : une pièce mineure contre trois pions ; la dame contre deux tours, etc.

3ᵉ phase : le mat

Les possibilités de faire mat sont innombrables. Citons cependant deux mats-types qui se reproduisent fréquemment

et qu'un joueur d'échecs doit connaître.
- Le *mat du couloir*. Abrité derrière ses pions, le roi se trouve
maté à la huitième rangée (fig. 14).

Fig. 14. Le mat du couloir

Fig. 15. Le mat étouffé

- Le *mat étouffé* est le mat donné par un cavalier à un roi
dont les cases de fuite sont occupées par ses propres pièces.
(fig. 15).

Le vocabulaire de l'échéphile

Les échéphiles utilisent un vocabulaire particulier avec lequel il est bon de se familiariser pour se mesurer avec des joueurs confirmés ou pour se livrer à l'étude des problèmes qui paraissent dans différentes publications.

Adouber. Toucher une pièce avant d'être certain de la jouer. Toute pièce touchée doit être jouée si l'on n'a pas dit auparavant : « J'adoube ».

Bande. Colonnes ou rangées qui bordent l'échiquier.

Batterie. Se dit d'une pièce qui agit à longue portée : dame, tour ou fou.

Blitz ou *partie blitz.* Partie rapide où la durée de réflexion pour chaque coup est limitée à quelques minutes ou même quelques secondes.

Colonne. Alignement de cases verticales.

Colonne fermée. Colonne obstruée par au moins un pion de son propre camp.

Colonne ouverte. Colonne dépourvue de pièces.

Colonne semi-ouverte. Colonne obstruée par un pion adverse.

Combinaison. Manœuvre de force exigeant le sacrifice d'une pièce.

Contrôlée (case). Case située dans le rayon d'action théorique d'une pièce. Une case contrôlée par une pièce ne lui est pas accessible si cette pièce est *clouée*.

Coup. Tout mouvement des noirs ou des blancs. Dans la notation algébrique abrégée, mouvement des blancs suivi de la réponse des noirs.

Coup forcé. Absence d'alternative, tout autre coup étant impossible ou inférieur à ce coup forcé.

Couvrir. Protéger une pièce menacée.

Damer. Amener un pion à la huitième traverse et le promouvoir au rang d'une figure, même si ce n'est pas une dame.

Déclouer. Soustraire une pièce à un clouage.

Démasquer. Augmenter le champ d'action d'une pièce en déplaçant une pièce qui la gênait.

Dépouillé. Se dit du roi lorsqu'il est dépourvu de tous ses combattants.

Développement. Mise des pièces en jeu.

Diagonales. Toutes les obliques ; elles sont donc de longueur variable.

Doublés (pions). Pions de même couleur placés sur une même colonne.

Echec croisé. Couverture d'un échec qui engendre un autre

Echéphile. Amateur d'échecs.

Economique. Mat donné par toutes les pièces blanches sauf le roi et les pions.

En prise. Se dit d'une pièce attaquée par l'adversaire.

Fianchetto. Mobilisation du fou sur la deuxième case du cavalier.

Gambit. vient de l'italien *gambetto*, croc-en-jambe. Sacrifice de matériel (généralement un pion) contre d'autres avantages. Si l'adversaire refuse cette offre, c'est un *gambit refusé* ; s'il l'accepte en sacrifiant un de ses pions, c'est un *contre-gambit*.

Interception. Limitation de l'action d'une pièce par une autre pièce interposée.

Liés (pions). Pions de même couleur juxtaposés sur deux traverses contiguës ou sur la même traverse en occupant deux colonnes contiguës.

Ligne. Rangée, colonne ou diagonale.

Lourde. La dame et la tour sont des pièces *lourdes* ou *majeures*.

Masquer. Empêcher l'action d'une pièce par une autre pièce.

Mérédith. Problème comprenant huit à douze pièces.

Mineure. Le fou et le cavalier sont des pièces *mineures* ou *légères*.

Miniature. Problème comptant au maximum sept pièces, pions compris.

Miroir. Mat où les huit cases qui entourent le roi sont vides.

Passé (pion). Pion qui n'a plus devant lui de pion ennemi, ni dans sa colonne, ni dans les deux colonnes contiguës à la sienne.

Pointe. Coup qui nécessite un plan ou une combinaison.

Qualité. Différence de valeur entre la tour et le fou ou le cavalier.

Temps. Unité de durée autorisée en compétition pour jouer un coup.

Traverse. Rangée ou horizontale.

Trou. Case qui ne peut plus être défendue par un pion.

Variante. Possibilité de jouer plusieurs coups de valeur équivalente, par opposition au *coup forcé* qui ne laisse pas d'alternative.

Zugzwang. Position dans laquelle l'obligation de jouer provoque la défaite.

les jeux
d'esprit

LE CORBILLON

5 à 10 joueurs

Molière, faisant à ce jeu très populaire les honneurs de la littérature, met en relief la simplicité de ce divertissement.

« Je ne prétends pas que (ma femme), en clartés peu sublime,

Même ne sache pas ce que c'est qu'une rime ;

Et, s'il faut qu'avec elle on joue au corbillon

Et qu'on vienne à lui dire à son tour : « Qu'y met-on ? »

Je veux qu'elle réponde : « Une tarte à la crème » ;

En un mot qu'elle soit d'une ignorance extrême. »

Arnolphe, dans l'Ecole des Femmes, décrit ainsi son « idéal féminin » dans une célèbre tirade qui, en outre, lança l'expression si courante aujourd'hui de « tarte à la crème ».

La marche du jeu.

Les joueurs sont assis en cercle. L'un d'eux demande à son voisin de droite : « Dans mon petit corbillon, qu'y met-on ? » Celui-ci doit répondre par un nom qui se termine en *on* (bonbon, chiffon, récitation, marron, etc.). Puis il pose à son tour la même question à son voisin de droite qui répondra de même et ainsi de suite.

Tout joueur qui hésite, se trompe ou répète un nom déjà cité est éliminé. Le jeu n'est pas difficile car la rime en *on* est l'une des plus abondantes de la langue française ; on parvient cependant toujours à l'épuiser.

Ce jeu est d'autant plus amusant que les questions se succèdent à un rythme accéléré. Le gagnant est le dernier qui reste en jeu.

LE MARCHE DE PADI-PADO

5 à 10 joueurs

Le principe du jeu est le même que celui du corbillon, mais la question posée est la suivante : « Monsieur le Curé se rend au marché de Padi-Pado. Qu'en rapporte-t-il ? »

Il faut ici donner des noms ne contenant ni la lettre *i*, ni la lettre *o* (pas d'i, pas d'o).

Les joueurs qui connaissent le jeu sont éliminés, comme au corbillon, lorsqu'ils se trompent, répètent un mot déjà dit ou restent courts.

Mais lorsqu'une partie des joueurs ne connaît pas le jeu, on ne leur en révèle pas la clé. A la question posée, ils répondent donc par une denrée quelconque que l'on peut acquérir sur un marché et les joueurs initiés approuvent ou désapprouvent selon que le mot cité est dépourvu ou non des voyelles *i* et *o*. La surprise de leurs interlocuteurs et leurs recherches pour trouver la clé du jeu sont généralement très amusantes.

SENTEZ, SENTEZ !

5 à 10 joueurs

Autre variante du même jeu, un peu plus difficile, parce que le choix des réponses est moins étendu.

Chaque joueur dit, à tour de rôle, à son voisin de droite : « Voici mon bouquet. Sentez, sentez... Quelle fleur y mettez-vous ? »

On l'a deviné : il faut répondre par le nom d'une fleur dans lequel n'entre pas la lettre *t* (sans *t*, sans *t*).

NI OUI, NI NON

5 à 10 joueurs

Le meneur de jeu pose à ses compagnons les questions les plus diverses et sans suivre un ordre donné pour essayer de les surprendre dans un moment d'inattention. Il peut donc aussi poser plusieurs questions consécutives à un même joueur pour le désarçonner.

La réponse ne doit comporter ni *oui*, ni *non*, ni *Monsieur*, ni *Madame*. Il faut mener le jeu à un rythme très rapide pour que les joueurs lâchent pied plus facilement.

Selon le nombre des participants, toute erreur ou hésitation est pénalisée d'un gage ou entraîne l'élimination du fautif.

LES KYRIELLES

5 à 10 joueurs   ❗ 😣 ☰

Voici un bon exercice de mémoire dont on trouve un exemple dans la « chanson de Biquette » où chaque couplet s'ajoute au précédent pour former, finalement, une très longue ritournelle.

La maison du petit bonhomme

C'est la forme du jeu la plus ancienne. Les joueurs sont assis en cercle et le premier dit : « Je vends un petit bonhomme ».

Le second continue : « Je vends la maison du petit bonhomme ». Le troisième : « Je vends la porte de la maison du petit bonhomme ». Le quatrième : « Je vends le marteau de la porte de la maison du petit bonhomme », etc.

Le joueur qui oublie un élément de la phrase ou qui reste court est éliminé. Le gagnant est celui qui reste le dernier en jeu.

Je pars en voyage

Ici, le premier joueur dit : « Je pars en voyage et je mets dans ma valise un pyjama... ». Les joueurs suivants ajouteront chacun un objet dans la valise en reprenant la phrase depuis le début : « Je pars en voyage et je mets dans ma valise un pyjama et une robe », etc.

Cette variante est plus ardue que la précédente car une liste de mots juxtaposés se retient plus difficilement que des mots qui s'enchaînent logiquement.

Tous les joueurs, sauf le dernier qui sera gagnant, sont éliminés un à un comme précédemment.

LE PIQUET A CHEVAL

2 joueurs

Voici encore un jeu très ancien ; on l'appelle aussi parfois *bataille des nombres*.

Les deux joueurs décident de compter ensemble jusqu'à un nombre donné, 100 par exemple.

Chacun d'eux lance, à son tour, un nombre choisi dans un écart fixé à l'avance, disons de 1 à 9, et il additionne, au fur et à mesure, ce nombre au total énoncé précédemment. Le dialogue pourra se poursuivre de la façon suivante :

> Joueur A : 7.
> Joueur B : ... et 7, 14.
> Joueur A : ... et 4, 18, etc.

Le premier qui dira 100 aura gagné.

Ce jeu demande calcul et réflexion. En effet, le joueur dont l'adversaire énonce un total de 9 à 99 est sûr de gagner. Il faut donc arriver à dire 90, l'adversaire étant contraint d'entrer alors dans la zone dangereuse. 89, au contraire, met en péril celui qui le prononce, de même que 81 à 88. 80, par contre, est une position intéressante puisqu'au tour suivant, elle permet de dire 90 alors que l'adversaire n'a pu atteindre ce nombre et ainsi de suite.

Lorsque les deux joueurs connaissent le jeu, celui qui parle en premier perd toujours et le piquet à cheval n'est amusant que lorsqu'au moins un des joueurs en ignore le secret. Mais, dans ce cas, l'initié devra se garder d'énoncer toujours les nombres donnant une position forte, car son adversaire découvrirait vite la clé.

LES ALLUMETTES

2 joueurs

Matériel : 17 allumettes

Une boîte pleine d'allumettes : voilà de quoi passer de bons moments !

Les joueurs étalent entre eux dix-sept allumettes. Ils en

retireront, à tour de rôle, une, deux ou trois au choix. Le gagnant est celui qui enlève la dernière allumette.

Comment s'y prendre pour gagner ?

Rien n'est plus simple : il suffit de laisser sur la table quatre allumettes ; que l'adversaire en prenne une, deux ou trois, la dernière restera toujours à prendre soit seule, soit dans un paquet de deux ou de trois.

Pour être sûr de pouvoir laisser quatre allumettes, il faut, auparavant, en laisser seize, douze, puis huit. Lorsque les deux joueurs connaissent le jeu, le gagnant est toujours celui qui engage la partie : il prend une allumette et, par la suite, selon que son adversaire en enlève une, deux ou trois, il en prendra trois, deux ou une. Mais, bien sûr, le jeu n'est amusant que lorsqu'au moins un des joueurs n'en connaît pas la solution.

LE JEU DE MARIENBAD

2 joueurs
Matériel : 16 allumettes

Un autre jeu d'allumettes a été remis en vogue il y a quelques années par le film d'Alain Resnais et Alain Robbe-Grillet, *L'année dernière à Marienbad*.

Seize allumettes sont alignées sur quatre rangées de sept, cinq, trois et une.

Chaque joueur prend, à son tour, autant d'allumettes qu'il le désire dans une seule rangée. Le but du jeu est, ici, de laisser prendre à l'adversaire la dernière allumette.

Parmi les solutions possibles, il faut, pour être sûr de gagner, laisser à l'adversaire la séquence 1, 2, 3 (en trois rangées) ou les égalités 3-3 ou 2-2 (sur deux rangées).

FAN-TAN

2 joueurs 🔢 😑 ☰

Matériel : pions, allumettes, cailloux, petits objets

Ce jeu chinois très ancien est connu aussi sous le nom de *nim*, terme anglais qui signifie à peu près *rafle*.

On constitue plusieurs tas de petits objets semblables : bâtonnets, allumettes, pions, cailloux selon ce dont on dispose. Peu importe leur nombre.

Chaque joueur prend, à tour de rôle, dans un seul tas, un nombre quelconque d'objets. Le gagnant est celui qui prend le dernier objet.

Ce type de jeu a beaucoup intéressé les mathématiciens. L'un d'entre eux, C. L. Bouton, professeur à l'Université de Harvard, a donné une règle très simple pour remporter la victoire, à condition de pouvoir compter rapidement... avec les yeux.

On divise par la pensée chacun des tas en petits paquets de 32, 16, 8, 4, 2, 1. Un joueur est en position de force lorsqu'il laisse à son adversaire trois tas tels que chaque petit paquet composant un tas trouve son équivalent dans l'un des deux autres tas. Par exemple, si un joueur se trouve en présence de trois tas de 17, 28 et 33, il fera le calcul suivant :

$$17 = 16 + 1$$
$$28 = 16 + 8 + 4$$
$$33 = 32 + 1$$

Et il retirera 20 objets du troisième tas afin d'obtenir :

$$17 = 16 \qquad\quad + 1$$
$$28 = 16 + 8 + 4$$
$$13 = \qquad 8 + 4 + 1$$

S'il joue bien, il gagne infailliblement.

BULO

2 joueurs 🔢 😑 ☰

Matériel : 1 damier, pions, cailloux, pièces de monnaie

Le *fan-tan* a donné naissance à de multiples variantes. L'une d'elles, un peu plus compliquée, a été inventée par Piet Hein de Copenhague.

On dispose côte à côte et d'une façon régulière (sur un damier, par exemple) des pions, des cailloux ou des pièces de monnaie.

Chaque joueur, à son tour, prend un ou plusieurs pions. S'il en prend plusieurs, ceux-ci doivent être voisins ou placés dans la même rangée. Le joueur qui retire le dernier pion est le perdant.

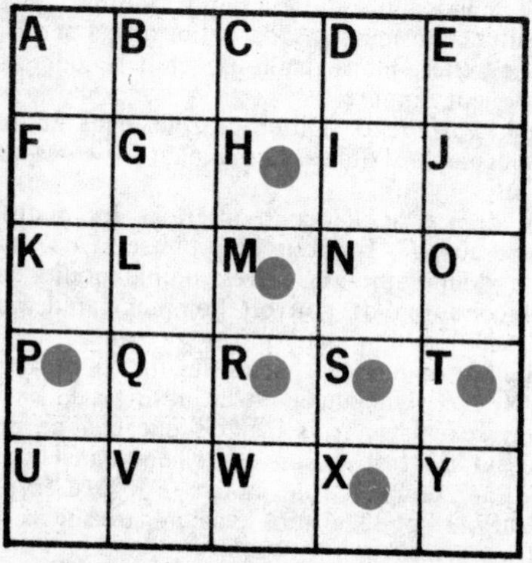

A	B	C	D	E
F	G	H	I	J
K	L	M	N	O
P	Q	R	S	T
U	V	W	X	Y

En prenant T ou P, on est sûr de gagner

La figure ci-dessus donne un exemple simple, mais l'on s'apercevra rapidement, au cours du jeu, que si l'on veut ne pas procéder au hasard, il faudra prévoir très longtemps à l'avance les combinaisons possibles.

TIOUK-TIOUK

2 joueurs

Matériel : carton, crayon, pions

De la même famille : le jeu africain du tiouk-tiouk.

Il se joue sur un diagramme qui comporte un nombre pair de colonnes, divisées en cases dont le nombre importe peu. Les joueurs reçoivent chacun autant de pions qu'il y a de colonnes. Au début de la partie, ils le placent devant eux, aux extrémités de celles-ci.

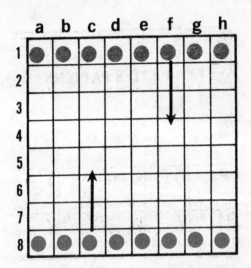

Chaque joueur, à son tour, déplace l'un de ses pions d'un nombre de cases quelconque, en avant ou en arrière, mais dans une seule colonne. Il doit, bien sûr, se poser sur une case libre et ne peut pas sauter par-dessus un autre pion.

Le but du jeu est de bloquer les pions de l'adversaire de façon que celui-ci ne puisse plus jouer. La partie est alors terminée.

Le secret du jeu

Ici encore, lorsque les deux joueurs connaissent le secret du jeu, c'est le second à jouer qui gagnera. Si votre adversaire l'ignore, offrez-lui donc le trait : vous n'y perdrez rien, au contraire ; cette amabilité vous vaudra le gain de la partie !

Pour être dans une position favorable, il faut en effet que l'équilibre des distances soit maintenu. Comme celui-ci existe au départ, le premier joueur le rompt inévitablement et se met ainsi en position défavorable. Pour gagner, le second joueur doit toujours rétablir l'équilibre des distances en égalisant le plus petit intervalle proposé par son adversaire sur une colonne différente. Par exemple, si le joueur A joue c5, B jouera f4.

LES PETITS PAPIERS

5 à 10 joueurs
**Matériel : 1 papier et 1 crayon
par joueur**

Vous voulez rire et faire rire ? Alors, jouez aux petits papiers !

Les joueurs, assis autour d'une table, sont munis chacun d'une feuille de papier blanc et d'un crayon.

Au signal donné, ils écrivent en haut de leur feuille l'article défini *le* et un adjectif pouvant s'appliquer à un homme ; ils plient le papier de manière à cacher seulement ce qu'ils ont écrit et le passent à leur voisin de droite. Tous notent alors le nom d'un homme sur le papier qu'ils viennent de recevoir, plient celui-ci et le passent à leur voisin de droite. Ils écrivent ainsi, en se transmettant les papiers repliés après chaque membre de phrase, un scénario sur le schéma suivant :
- *le...* adjectif qualifiant un homme ;
- *nom d'homme* connu des joueurs (célèbre ou familier) ;
- *et la...* adjectif qualifiant une femme ;
- *nom d'une femme* connue des joueurs ;
- *se sont rencontrés à...* : indiquer le lieu de la recontre ;
- *ils ont* ou *ils se sont...* : inscrire une attitude ou une action commune aux deux acteurs ;
- *il lui a dit* : une phrase quelconque ;
- *elle lui a répondu* : une phrase quelconque ;
- *moralité* : proverbe ou phrase de portée générale.

Les papiers sont alors mélangés ; chacun en prend un au hasard et, à son tour, le lit à haute voix. Le récit, toujours cocasse, soulève infailliblement les rires.

LE CONTE

5 à 10 joueurs

**Matériel : 1 papier et 1 crayon
par joueur**

De nombreux jeux ont été imaginés à partir du précédent.

Chaque joueur inscrit sur son papier une phrase de quelques lignes et plie la feuille de manière à laisser apparaître les derniers mots, puis la passe à son voisin de droite. Celui-ci continue l'histoire en écrivant une phrase qui doit avoir un lien avec les mots qu'il peut lire, plie la feuille de la même façon et la passe à son voisin de droite, etc.

La dixième phrase, par exemple, sera une moralité ou une conclusion et, pour la plus grande joie de tous, on procédera à la lecture des contes.

LE CADAVRE EXQUIS

5 joueurs

**Matériel : 1 papier et 1 crayon
par joueur**

Jeu d'enfants et jeu d'adultes, le cadavre exquis *fut inventé par les surréalistes dans le but de s'amuser, certes, mais aussi de faire naître par cette « écriture automatique » des images introuvables d'une autre manière.*

Selon le même principe que celui des deux jeux précédents, chaque participant écrit un substantif sur son papier qu'il plie et passe à son voisin de droite. Il notera ensuite un adjectif sur le papier qu'il vient de recevoir, puis un verbe transitif sur le troisième papier, un complément direct et un adjectif sur les deux papiers suivants.

On déroule ensuite les papiers et on lit les phrases à haute voix en rétablissant éventuellement les accords grammaticaux.

La première phrase que lirent les poètes qui s'étaient livré à ce petit jeu : « Le cadavre exquis boira le vin nouveau » donna le nom du jeu.

LES CONDITIONNELS

2 joueurs
Matériel : 1 papier et 1 crayon
par joueur

Toujours suivant la même inspiration que les précédents, cet autre jeu surréaliste est aussi très amusant par ses cocasseries.

Les joueurs écrivent sur un papier une proposition conditionnelle commençant par *si* (conséquence au conditionnel) ou par *quand* (conséquence au futur).

Après échange des papiers repliés, ils notent une conséquence imaginaire de la condition qu'ils ne connaissent pas.

Voici le résultat d'une de ces élucubrations :

« André Breton : Si la canaille pouvait dire son mot...
Pierre Unik : ... les mendiants seraient enterrés dans la basilique de Saint-Denis ». (Numéro spécial de la revue *Variétés*, « Le Surréalisme en 1929 »).

QUESTIONS ET REPONSES

2 joueurs
Matériel : 1 papier et 1 crayon
par joueur

Les joueurs inscrivent d'abord une question quelconque. Après échange des papiers, ils répondent à une question imaginaire. Cela peut donner des rapprochements singuliers, tels que :

« Antonin Artaud : La mort a-t-elle une importance dans la composition de votre vie ?
André Breton : C'est l'heure d'aller se coucher ».
(La *Révolution surréaliste*, « Le dialogue en 1928 »).
ou encore :
« Si l'ombre de ton ombre visitait une galerie de glaces...
... la suite serait indéfiniment remise au prochain numéro ».
(Exemple tiré de l'*Histoire du Surréalisme*, par Maurice Nadeau).

LES MONSTRES

5 joueurs
Matériel : 1 papier et 1 crayon par joueur

On peut encore jouer selon le même principe non plus en racontant une histoire, mais en faisant un dessin.

Chaque joueur reproduit, à l'insu de son voisin, un objet quelconque qui peut servir de tête à un personnage. La feuille, repliée de façon à masquer l'objet tout en permettant le raccord, est transmise au voisin de droite qui dessine un buste. Le suivant ajoutera les bras ; le quatrième, les jambes ; le cinquième, les pieds.

Puis l'on déroule les papiers et l'effet, vous l'imaginez, est surprenant.

LES METIERS

5 à 10 joueurs

Un joueur choisit un nom de métier dont il indique la première et la dernière lettre à ses compagnons. Ceux-ci lancent à la cantonnade les noms qu'ils connaissent possédant ces deux lettres. Lorsqu'un des participants a cité le nom choisi, c'est à lui de proposer un autre nom de métier.

Si personne ne trouve, le joueur devra mimer le travailleur exerçant son métier. Il serait bien étonnant alors qu'aucun de ses compagnons ne devine. Si, cependant, il en est ainsi, l'assemblée « donne sa langue au chat ». Le joueur révèle le métier auquel il pensait et il propose un autre nom à deviner en indiquant sa première et sa dernière lettre.

LE PENDU

2 joueurs
Matériel : papier, crayon

Nos ancêtres les Gaulois pratiquaient ce jeu sous une forme un peu barbare, il est vrai. Jugez-en : ils passaient la corde au cou à une personne désignée par le sort et la suspendaient à un arbre en lui remettant une épée entre les mains. La malheureuse devait se hâter de couper la corde avec l'épée avant d'être étranglée pour de bon. Quelle joie de la voir se débattre dans l'espace, telle un pantin, puis, lorsqu'elle réussissait à couper la corde, tomber sur le sol « les quatre fers en l'air » et se relever péniblement tout étourdie d'avoir passé un si mauvais quart d'heure !

Le pendu moderne

Il ne s'agit plus aujourd'hui que d'une pendaison fictive, tout-à-fait inoffensive.

L'un des joueurs pense un mot, assez long de préférence, dont il inscrit sur un papier la première et la dernière lettre en remplaçant les autres par des tirets.

Son adversaire propose des lettres une à une. Lorsque l'une

d'elles fait partie du mot, le joueur l'inscrit à la place du tiret correspondant. Si elle se trouve répétée dans le mot, elle ne sera inscrite qu'une fois (une même lettre peut donc être énoncée plusieurs fois).

Mais si elle n'en fait pas partie, il commence à construire la potence où sera pendu le malheureux perdant s'il ne parvient pas à deviner le mot avant que son instrument de supplice soit terminé. A l'énoncé de chaque lettre inutilisable, le « bourreau » trace un trait dans l'ordre indiqué sur la figure. Pour hâter le supplice, on peut supprimer les montants 3 et 4.

Si le joueur est pendu avant d'avoir trouvé le mot, il doit encore chercher le mot suivant. Mais s'il l'a deviné, c'est lui qui propose un mot à son adversaire.

LE PETIT CHAMPOLLION

4 à 10 joueurs   ❗ 😊 😈 ≡
Matériel : papier, crayon

Les hiéroglyphes, ici, ne sont pas très compliqués ; il s'agit bien d'un jeu et non d'une séance de labeur acharné comme celles auxquelles se livra l'illustre savant !

Le principe du jeu est le même que celui du pendu, mais c'est un proverbe ou une maxime qu'il faut deviner à plusieurs joueurs, et non plus seulement un mot.

Le meneur de jeu écrit au tableau un proverbe en remplaçant les lettres par des croix. Ainsi, *qui a bu boira* devient : XXX X XX XXXXX.

Si un joueur pense avoir deviné le proverbe, il le dit à haute voix. Sinon, chaque joueur, à son tour, dit une lettre de l'alphabet. Lorsque la lettre figure dans le proverbe, le meneur l'inscrit à la place de la croix correspondante. Si la lettre est répétée, il ne l'inscrit qu'une fois. Les joueurs pourront donc énoncer plusieurs fois la même lettre.

Le premier qui aura déchiffré le proverbe prendra la place du meneur de jeu.

LA CLEF DE L'ACADEMIE

10 à 20 joueurs
Matériel : 1 petit objet

Les joueurs divisés en deux équipes sont assis face à face. Chacun d'eux choisit, à l'insu de l'équipe adverse, le nom d'un personnage célèbre et le communique à son chef d'équipe.

Le chef de l'équipe A tient en main une clef ou un objet quelconque et demande au chef de l'équipe B : « A qui dois-je remettre la clef de l'académie ? » Celui-ci donne le nom d'un personnage choisi par un membre de son équipe.

Le chef de l'équipe A remet alors la clef au joueur qui, pense-t-il, a pu choisir ce nom. S'il a deviné juste, le joueur désigné souffle sur la clef : il est mort. Sinon, il prend la clef en disant : « Merci » et demande à son tour au chef de l'équipe adverse : « A qui dois-je donner la clef de l'académie ? » et ainsi de suite.

Le chef d'équipe doit veiller à donner les noms qui risquent le moins d'être devinés et il peut citer à nouveau le nom d'un joueur mort qui « ressuscitera » si l'interrogateur ne répond pas immédiatement : « Il est mort » et s'il tend la clef à un autre joueur. Dans ce cas, les compagnons du « ressuscité » se garderont bien de manifester leur joie pour ne pas révéler à nouveau aux étourdis l'identité de leur partenaire.

L'équipe dont tous les membres sont morts a perdu la partie.

TIPOTER

4 à 12 joueurs

Les joueurs choisissent, en l'absence de l'un d'eux, un verbe quelconque. Le joueur absent revient et doit deviner ce verbe en posant à chacun de ses camarades une question dans laquelle il remplace le verbe à découvrir par *tipoter*. Il demandera par exemple :
- Tipote-t-on en mangeant ?

- Tipote-t-on au cinéma ?
- Est-ce qu'un animal tipote ? etc.

Les personnes interrogées répondent seulement par oui ou non ; mais elles pourront ajouter un bref commentaire si le verbe à trouver est particulièrement difficile ou si le questionneur est très jeune.

LE PORTRAIT

4 à 10 joueurs

On ne sait depuis quand existe ce jeu du portrait, sans doute très ancien, auquel se passionna le Tout-Paris durant le Grand Siècle. Jeu simple s'il en est, il fait toujours la joie des adultes comme des enfants.

Le portrait par oui ou par non

C'est la forme la plus simple du jeu. Un des participants se retire tandis que les autres conviennent du nom d'une personne ou d'un personnage.

De retour, le joueur sorti interroge un à un les membres de l'assemblée qui devront lui répondre uniquement par *oui* ou par *non*.

Deviner un personnage

Pour orienter sa recherche, le questionneur demandera d'abord les précisions suivantes : est-ce un personnage réel ? imaginaire ? est-ce un homme ? une femme ? un enfant ? S'il est réel : est-il mort ou vivant ?

Lorsque le joueur croit avoir deviné, il avance un nom. Il a perdu lorsqu'il a donné trois noms erronés et il est condamné à sortir de nouveau pour une nouvelle partie.

S'il a deviné juste, c'est à un autre joueur de sortir.

Deviner un nom commun, concret ou abstrait

Voilà qui est déjà un peu plus compliqué. Le questionneur devra demander tout de suite s'il s'agit d'un nom concret ou abstrait et, dans le premier cas, s'il est de l'ordre animal, végétal ou minéral.

Les noms abstraits sont de loin les plus ardus à deviner. On tente d'abord de déterminer à quelle catégorie le nom appartient : qualité, défaut, sentiment, vertu, etc.

Ensuite, on peut essayer d'arriver peu à peu à une définition, mais c'est souvent très difficile. Il est préférable de citer des exemples de qualité ou de défaut attribués à des objets ou des personnages précis, des exemples de sentiments éprouvés par des personnes réelles ou imaginaires dans une circonstance déterminée, etc. Par exemple, s'il suppose que le mot à deviner est *peur*, le chercheur pourra poser la question : « S'agit-il du sentiment éprouvé par un enfant craintif dans l'obscurité ? »

Le portrait chinois

Son origine est européenne, mais il doit son nom à son caractère un peu plus compliqué.

Au lieu de poser des questions appelant une réponse par oui ou par non, l'interrogateur cherche à définir le nom choisi par analogie en posant des questions commençant par : « Si c'était... », telles que :

> Si c'était une époque...
> Si c'était une fleur...
> Si c'était un arbre...
> Si c'était un meuble...
> Si c'était un métier...
> Si c'était un vêtement...
> Si c'était un livre...
> Si c'était un animal... etc.

Les réponses devront éviter d'être trop claires. Il faut chercher à caractériser la personnalité du « héros » et non le décrire. Par exemple, à propos de Louis XIV, à la question « Si c'était un arbre... », on répondra : « Un chêne » ; « Si c'était une habitation... », on dira : « Un palais » ; « Si c'était un siège... » : « Un trône » ; « Si c'était un astre... » : « Le soleil » etc.

Ce jeu est particulièrement amusant si on fait le portrait d'une personne de l'assemblée ou d'une personne connue de tous les participants.

Le portrait animé

Cette variante est très amusante si les joueurs s'expriment avec facilité.

Deux joueurs conviennent d'une personne ou d'un personnage, réel ou imaginaire, connu de l'assemblée. Ils se placent face au public, si possible sur une estrade et s'entretiennent à haute voix de ce personnage sans jamais le nommer.

L'assistance, qui écoute en silence, doit deviner de qui ils parlent. Lorsque l'un des auditeurs pense l'avoir découvert, il rejoint les deux acteurs sur la scène et participe à la conversation. Ceux-ci orientent alors leurs discours de façon à vérifier si le nouveau venu a deviné juste. S'il s'est trompé, il doit retourner parmi l'auditoire.

Lorsque tous les joueurs se trouvent en scène, les deux premiers demandent à chacun des autres le nom du personnage qu'il croit avoir deviné.

Le portrait des initiales

Tandis qu'un joueur est sorti, les autres conviennent d'un nom de personnage composé d'autant de lettres qu'il y a de joueurs. Chacun d'eux, ayant choisi une des lettres de ce nom, incarnera un autre personnage dont le nom commence par la lettre qui lui a été attribuée.

Supposons que les joueurs, au nombre de six, aient choisi Mermoz ; l'un incarnera le dieu Mars, le second Eve, le troisième René (héros de Chateaubriand), le quatrième Mauriac, le cinquième Ophélie, le sixième Zorro.

Le joueur appelé à deviner ne pose pas de questions. On lui précise seulement s'il s'agit d'un personnage réel ou imaginaire.

Chacun des participants, s'exprimant à la première personne, lui dit une première phrase s'appliquant au personnage qu'il incarne. Ils parleront en suivant l'ordre dans lequel se trouvent les lettres qui omposent le nom.

D'un tour à l'autre, les déclarations des personnages se font de plus en plus précises. Elles se poursuivront tant que le chercheur n'aura pas trouvé la solution.

Lorsque celui-ci croit avoir deviné le nom de l'un des personnages incarnés par les joueurs, il en inscrit l'initiale à la place correspondante dans le mot (comme au pendu), les autres lettres étant remplacées par des tirets. Le plus souvent, il n'a pas à deviner l'identité de tous les personnages incarnés ; le nom apparaît de lui-même alors que le chercheur ne connaît encore que quelques lettres.

Toute la difficulté du jeu réside dans l'énoncé des déclarations ; il faut savoir en dire assez sans en dire trop ; c'est donc là un jeu d'adolescents et d'adultes plutôt qu'un jeu pour enfants.

Le dieu Mars pourra répondre, par exemple : « J'aime la guerre — J'accorde la victoire aux militaires — Je suis fils de Junon ».

Le portrait au conditionnel

C'est la plus subtile des variantes du portrait. On cherche à deviner l'identité d'un personnage d'après les réactions qu'il pourrait avoir dans des circonstances précises énoncées par le questionneur, telles que :
- S'il voyageait, quel pays visiterait-il ?
- S'il en rapportait un souvenir, quel objet aurait-il choisi ?
- S'il achetait un vêtement, dans quel magasin se rendrait-il ?
- Si un inconnu lui donnait une paire de claques, comment réagirait-il ?

Les réponses doivent toujours suggérer la psychologie du personnage.

On précise, au départ, s'il s'agit d'un homme ou d'une femme, réel (mort ou vivant) ou imaginaire.

MONSIEUR, MADAME

4 à 10 joueurs

Dans cette variante, il faut deviner deux objets souvent accouplés dont l'un est du masculin et l'autre du féminin, par exemple : le stylo et la plume, le fil et la bobine, le couteau et la fourchette, le gant et la main, etc.

Un joueur sort pendant que ses compagnons choisissent le couple d'objets à deviner.

De retour, le chercheur demande à l'un des joueurs : « Comment sont Monsieur et Madame ? » Le joueur interrogé doit donner une qualité bien précise pour chaque objet. S'il s'agit de cendrier et de la cendre, il pourra dire : « Monsieur est solide et Madame est fragile ».

On peut poser trois questions et on a le droit de proposer trois couples d'objets.

Chaque joueur sort à tour de rôle.

Le faux portrait

Lorsque certains joueurs ne connaissent pas cette variante, on peut prier l'un d'entre eux de se retirer comme pour le jeu ordinaire.

Inutile alors de choisir un nom quelconque : on décide simplement de répondre par *oui* aux questions se terminant par une syllabe muette, et par *non* à toutes les autres.

Le questionneur ne tardera pas à entendre des incompatibilités telles que (à propos d'un personnage réel) :
- Est-il vivant ? *Non.*
- Alors, il est mort ? *Non.*

Il est très amusant de l'entendre protester et d'assister à ses recherches ; mais il ne faudra pas les prolonger trop pour ne pas gâter sa belle humeur.

Il est évident qu'on ne peut jouer qu'une seule fois de cette façon avec un même groupe.

LE CALEMBOUR

Nombre de joueurs illimité

Voilà le jeu de mots par excellence. Il est de tous les temps et il existe dans toutes les langues Homère, Aristophane, Plaute, Cicéron, plus près de nous, Shakespeare, Rabelais et Victor Hugo s'amusaient à en semer quelques-uns dans leurs œuvres. Les classiques, au contraire, Boileau, Molière, Voltaire le dédaignèrent.

Faire un calembour consiste à substituer à un mot un autre mot de même sonorité, mais de sens différent, en somme de le remplacer par son homonyme.

Seul, le son importe ; on peut donc décomposer les mots à son gré pourvu que la phrase ait un sens lorsqu'elle est prononcée.

Pour jouer au calembour, il faut d'abord rechercher des couples d'homonymes (mots de même sonorité, mais d'une orthographe différente) ou d'homographes (mots de sonorité et d'orthographe semblables). Il est ainsi plus facile de « placer » d'un air très naturel un calembour lorsqu'on entend dans une conversation le premier terme d'un couple connu.

Il existe plusieurs formes de calembours.

Le calembour à rallonges

Quel écolier n'a jamais abordé un camarade en lui demandant : « Comment vas-*tu, yau de poêle* ? » pour s'entendre répondre : « Pas *mal, Akoff* » et, s'adressant à un troisième : « Et *toi, la matelas* ? »

Et qui n'a jamais décliné : « *J'en ai marre à bout de ficelle de cheval de course à pied à terre de feu follet de vache de ferme ta g... de loup des bois de campêche à la ligne de fond de culotte de zouave d'Afrique assez cétacée...* » ?

Ce sont là des calembours à rallonges.

Les noms-calembours

Même lorsqu'ils n'ont pas été inventés, ils prêtent toujours à rire, ou à sourire. On les trouve fréquemment chez les ecclésiastiques : l'*abbé Casse*, l'*abbé Cot*, l'*abbé Froix*, etc.

Alphonse Allais ne manquait pas un calembour pour donner un nom aux personnages de ses contes : *Mac Larinett, Tony Truand, Sir A. Kashtey,* la maison *Jean Passe et Desmeilleurs*, etc.

Le calembour-devinette

Voilà un passe-temps très amusant. Il n'est pas trop difficile d'inventer des calembours du type :

- Pourquoi La Fontaine était-il si apprécié de ses amis ? Parce qu'il était un homme *à fables...*

Quelques « trouvailles » de Jacques Arago, le frère de l'astronome, sont passées dans le répertoire des écoliers :

- Voulez-vous savoir comment on peut se chauffer en hiver avec une simple statuette ?

- Prenez un premier Consul en plâtre ; cassez-lui un bras et vous aurez un *Bonaparte manchot* !

La fable d'Alphonse Allais a fait fortune :

« Chaque fois que les gens découvrent un mensonge,

Le châtiment lui vient, par la colère accru !
« Je suis *cuit*, je suis *cuit* ! », gémit-il comme en songe.
Le menteur n'est jamais *cru*.

LA CONTREPETERIE

Si le XIXe *siècle connut la vogue du calembour, le* XVIe
*siècle fut l'âge d'or de la contrepèterie ! Rabelais y excellait ;
on connaît son antistrophe célèbre :* femme folle à la messe et
molle à la fesse: *Moins grivois, et même très sérieux par
contre, furent, dans leur apparence plaisante, les « messages
personnels » que Londres adressait sous cette forme pendant
la guerre aux résistants sur le continent.*

La contrepèterie est, en effet, l'interversion de lettres ou de
syllabes dans un mot ou un groupe de mots de manière à
produire un effet burlesque, à amener parfois — avouons-le —
une grivoiserie. Le nom du jeu vient de l'ancien français :
contrepéter signifiait rendre un son pour un autre.

Les chansonniers ont souvent recours aux contrepèteries les
plus classiques telles que : J'ai reçu un *mou de veau* (un mot
de vous) et la déclaration : « Mademoiselle, vous avez la *cou-
che en beurre* (bouche en cœur). Vous êtes bien *véreuse* ?
(rêveuse) ».

A vous de comprendre : Le malheureux, il a *glissé dans la
piscine !* et : Qu'allez-vous faire dans la *pièce du fond* ?

La contrepèterie divertit autant lorsqu'on cherche à la
comprendre qu'à l'inventer.

Avec un peu d'habitude, on parvient facilement au premier
exercice. Rien de plus amusant, alors, que de feuilleter avec
des amis un recueil de contrepèteries.

LE COMBLE

Nombre de joueurs illimité

Le comble est une forme de devinette qui s'énonce ainsi :
- *Quel est le comble...* pour un barbier ?
- *C'est de...* raser les murs.

Le comble fait donc appel au jeu de mots, au calembour, à la contrepèterie, etc.

Généralement, celui qui pose la question donne également la réponse et le jeu consiste surtout à trouver de nouvelles formules plutôt qu'à deviner celles qu'a découvertes un autre joueur.

La charriade

La charriade a été lancée par *Europe N° 1* ; c'est une forme moderne du comble.

Le jeu consiste à compléter une phrase du type : « Il était tellement... que... » Par exemple : « Il était tellement comique qu'il aurait fait rire une statue ».

Celui qui trouve la formule la plus heureuse est proclamé le *Grand Chat* de tous les « charrieurs » (chats rieurs).

LA CHARADE

2 ou 10 joueurs

Le mot *charade* viendrait du terme méridional *charado*, causerie, lui-même dérivé du verbe *charra*, causer.

Le jeu semble remonter au XVIIe siècle

Il consiste à faire deviner un mot en donnant la définition de chacune de ses syllabes ou de leur homonyme.

Les charades se présentent généralement sous la forme suivante :

>   Mon premier est...
>   Mon second est... etc.
>   Et mon tout...

Elles sont aussi amusantes à inventer qu'à deviner.

Citons, comme exemple, une charade de Voltaire :

> *Mon premier est une voiture.*
> *Mon second voiture.*
> *Mon tout est une voiture.*

Réponse : Carrosse (car, rosse).

Les charades alphabétiques, où chaque lettre est prise comme un mot, sont plus difficiles. Par exemple :

> Mon premier est affectueux.
> Mon second exprime l'étonnement.
> Mon troisième fait partie d'une balance.
> Mon tout est une demeure provençale.

Réponse : Mas (aime, ah, esse).

La charade à tiroirs est une série de calembours. Qui ne connaît pas l'exemple célèbre inventé par Victor Hugo :

> *Mon premier a été volé.*
> *Mon second est gourmand.*
> *Mon troisième vaut cent francs.*
> *Et mon tout est une voiture légère.*

Réponse : Tilbury. *Til* parce qu'alcali vola Til (volatile). *Bu* parce que Bu c'est Phal (Bucéphale) et Phal s'bourre (Phalsbourg). *Ry* parce que Ry vaut li (Rivoli), que li c'est cinq louis (lycée Saint-Louis) et que cinq louis c'est cent francs.

La charade mimée

Elle faisait fureur sous le Second Empire.

Les joueurs se divisent en deux camps ; les acteurs et les spectateurs.

Chaque syllabe (ou double syllabe) fait l'objet d'un tableau au cours duquel les acteurs définiront la syllabe par une mimique aussi expressive que possible ou la prononceront avec un peu d'insistance.

Au cours du dernier tableau, les acteurs mimeront le mot tout entier.

Prenons un exemple facile : le mot *mendicité*.

- 1ᵉʳ tableau : *men-*. Deux enfants se disputent en présence de leur mère, chacun racontant les méfaits de l'autre. Ils s'accusent mutuellement : « Tu *mens* ! tu *mens* ! »

- 2ᵉ tableau : *-di-*. Un camelot vend dix stylos pour dix francs. « Pour *dix* francs, mesdames et messieurs, vous n'aurez pas un stylo, ni deux, ni trois, mais *dix*. *Dix* stylos pour *dix* francs ! »

- 3ᵉ tableau : *-cité*. Un couple de provinciaux monte à Paris. Il va visiter l'île de la *Cité*, fait un tour de *city*rama, parle des avantages et des inconvénients de la vie à la *cité*, etc.
- 4ᵉ tableau : une pauvre femme demande la charité.

Les spectateurs n'ont pas le droit de proposer plus de trois mots. Si le troisième mot n'est pas exact, ils « donnent leur langue au chat ». On leur révèle le mot mimé et on recommence avec un autre mot.

Si les spectateurs ont deviné juste, ils deviennent acteurs à leur tour.

LE PROVERBE MIME

Nombre de joueurs illimité

Au lieu d'un mot à faire deviner, on propose un proverbe ou une moralité de fable. L'action se résume en un tableau un peu plus long que chacun des tableaux de la charade dans lequel on présentera l'idée générale du proverbe.

Il est évident que les plus difficiles à mimer seront aussi les plus ardus à deviner.

Ce genre de représentation ne demande, en général, qu'un, deux ou trois acteurs au maximum.

Par exemple, il ne sera pas difficile de mimer un forgeron et son apprenti pour faire deviner le proverbe : *C'est en forgeant qu'on devient forgeron.*

L'ADVERBE CACHE

5 à 10 joueurs

Un joueur s'éloigne, tandis que les autres choisissent un adverbe, dit de « manière ».

De retour, il pose une question à chacun de ses camarades qui traduiront l'adverbe dans leur façon de parler. Si *lentement* est l'adverbe choisi, les joueurs répondront en espaçant les syllabes ; si c'est *bêtement,* ils prendront une expression peu intelligente, etc.

Celui qui pose la question doit deviner l'adverbe en question. Il ne peut pas se tromper plus de deux fois.

LES AMBASSADEURS

9 à 21 joueurs

Matériel : papier, crayon

C'est une variante un peu plus compliquée de la charade mimée, mais encore plus amusante parce qu'elle comporte une compétition entre deux équipes.

Les joueurs se divisent en deux camps qui se tiendront suffisamment éloignés l'un de l'autre pour être à l'abri des oreilles indiscrètes.

Le meneur de jeu établit une liste d'une dizaine de mots à deviner. Chaque camp lui envoie, au signal donné, un *ambassadeur* qui vient prendre connaissance du premier mot de la liste.

De retour dans son camp, l'ambassadeur doit mimer ce mot. Il lui est absolument interdit de parler et il doit se faire comprendre uniquement par gestes. Ses compagnons, par contre, peuvent proposer autant de mots qu'ils veulent, mais ils doivent parler bas, afin de ne pas aider l'autre équipe. Le premier qui a deviné juste devient à son tour ambassadeur ; il se rend alors auprès du meneur pour s'informer du second mot qu'il devra mimer devant son équipe, et ainsi de suite.

La première équipe qui a deviné tous les mots de la liste est la gagnante.

Ce jeu est aussi une course, il devient plus amusant si les deux équipes peuvent s'observer afin de deviner, d'après les gestes, si l'adversaire a de l'avance ou du retard.

LES PROVERBES

6 à 15 joueurs   ❗ 😊 😑 ≡

On ne cherche plus à deviner un mot comme dans la charade, mais une phrase entière sous la forme d'un proverbe.

En l'absence de l'un d'eux, les joueurs choisissent un proverbe. Ils s asseyent les uns à côté des autres et prennent chacun, dans l'ordre des places, l'un des mots qui constituent le proverbe. C'est dans cet ordre qu'ils seront interrogés par le joueur qui était sorti et que l'on a prié de revenir.

Dans sa réponse à la question qui lui est posée, chaque joueur devra placer de façon naturelle le mot qui lui est échu. En général, pour rendre le jeu un peu plus difficile, on tient compte seulement de la phonétique et non de l'orthographe. Il suffit donc que la sonorité du mot à placer apparaisse dans la réponse du joueur ; par exemple, *honni* figure dans toni*truant.

L'interrogateur n'est pas autorisé, en principe, à poser plus de questions que le proverbe ne contient de mots ; mais il peut noter sur un papier les réponses qui ne seront jamais très longues.

Voici un exemple de dialogue pour le proverbe : *Mieux vaut tenir que courir.*
— Irez-vous à la pêche dimanche ?
— Non, j'aime *mieux* me promener.
— Aimez-vous le cinéma ?
— Bien sûr, mais je trouve que le cinéma ne *vaut* pas le théâtre.
— Pouvez-vous me raccompagner ce soir ?
— Avec plaisir, si je peux ob*tenir* de ma voiture qu'elle démarre.
— Vous habituez-vous à votre nouvel appartement ?
— Tant bien *que* mal.
— Voudriez-vous habiter la province ?
— Oh ! oui, à Paris, il faut toujours *courir* !

ÇA ME RAPPELLE

4 à 12 joueurs

Les joueurs sont assis en cercle. L'un d'eux lance un mot, par exemple : lampe. Son voisin de droite dit : « Lampe, ça me rappelle : lumière ». Le suivant : « Lumière, ça me rappelle : jour », et ainsi de suite : jour... nuit... étoile... ciel... cosmonaute... fusée, etc.

Un lien doit toujours exister entre les deux noms ainsi rapprochés. Lorsque les joueurs ne le perçoivent pas, ils interrogent leur camarade. Si celui-ci peut le leur indiquer, il gagne un point ; s'il ne le peut pas, il en perd un.

Il ne faut pas hésiter plus de cinq secondes avant de citer un mot, ni répéter un mot déjà donné sous peine de perdre un point.

Lorsque tous les joueurs ont eu la parole, le premier cite le dernier mot donné et le mot auquel celui-ci avait été associé et l'on revient ainsi au premier mot : lampe.

Si les joueurs sont peu nombreux, on fera d'abord deux ou trois tours avant de prendre le jeu à rebours.

A QUOI JE PENSE

4 à 10 joueurs

Le premier joueur demande à son voisin : « A quoi je pense ? » Celui-ci répond un nom quelconque et le premier reprend : « Non, je ne pensais pas à ceci, mais à cela ». Et il lance un autre nom à sa fantaisie.

Les autres participants doivent découvrir un lien entre les deux mots. Lorsqu'une association ingénieuse a été découverte, deux autres joueurs relancent le jeu avec deux autres mots. Par exemple : un poste de radio et un gilet, tous les deux portent des boutons.

On peut aussi chercher un lien entre deux noms pris au hasard par le meneur de jeu dans un dictionnaire.

AIR, TERRE, MER

5 à 12 joueurs
Matériel : 1 balle ou 1 foulard

Le meneur de jeu se place en face des autres joueurs assis en demi-cercle autour de lui.

Il lance à l'un d'eux une balle ou un foulard roulé en anguille en prononçant l'un des trois mots : air, terre, mer. Le joueur qui reçoit la balle doit donner immédiatement le nom d'un animal vivant dans l'élément indiqué.

Celui qui tarde à trouver le nom d'un animal, répète un nom déjà donné ou cite un animal ne vivant pas dans l'élément désigné compte 1 point de pénalité. S'il totalise 3 points, il se retire du jeu ou se voit infliger un gage.

LES MOTS EN CHAINE

5 à 12 joueurs

Les joueurs sont assis en cercle. L'un d'eux lance un mot. Son voisin de gauche enchaîne avec un autre mot commençant par la dernière syllabe du mot précédent. Le suivant enchaîne à son tour et ainsi de suite.

Si la dernière syllabe est muette, on reprend l'avant-dernière syllabe en faisant l'*e* muet.

Exemple : Voiture — turbot — beauté — ténu — nuage — âgé — gérant — rentier — tiédir — direct — recto — toqué, etc.

Le joueur qui ne peut donner un mot dans les trente secondes ou qui répète un mot déjà prononcé est pénalisé ou éliminé. Dans ce cas, le vainqueur est le dernier en jeu.

LE METAGRAMME

4 à 12 joueurs

Un joueur lance un mot de trois lettres. Son voisin de droite doit former un mot nouveau en ne changeant qu'une seule lettre et ainsi de suite.

Exemple : mur — pur — pus — pas — pis — ris — ras — mas — tas — sas — sac — sic — soc — toc — tac — tic, etc.

Tout joueur qui ne trouve pas un mot dans les trente secondes ou qui répète un mot déjà prononcé est éliminé ou reçoit un gage.

LE MOT PROPRE

4 à 8 joueurs
Matériel : 1 dictionnaire

Le meneur de jeu prend un dictionnaire qu'il ouvre au hasard et à l'insu des participants. Ceux-ci ne doivent pas pouvoir déterminer, même approximativement, à quelle lettre il est ouvert.

Le meneur lit à haute voix la première définition d'un mot quelconque que ses compagnons doivent deviner. Le premier joueur qui a trouvé le mot marque 1 point et le meneur propose une autre définition.

Le jeu n'est pas si facile qu'il le paraît, même pour les mots les plus simples. Le gagnant est le premier qui a marqué 10 points ou celui qui totalise le plus grand nombre de points en un temps donné.

LES LETTRES EN CHAINE

2 à 4 joueurs

En constituant une chaîne de lettres, les joueurs doivent

chercher à former le mot le plus long possible. Celui qui termine un mot est éliminé.

Le premier annonce une lettre : *P* par exemple, en pensant à *pot* ; le second dit : *O* pour *poltron* ; le troisième, s'il songe à *potiron*, ne devra pas dire *T*, car cette lettre ajoutée aux deux précédentes terminerait le mot *pot* et il serait éliminé. De même, il ne pourra pas dire : *U* qui donnerait *pou,* mais il aura la possibilité de dire : *C* pour *poche,* *D* pour *podium,* etc.

Si un joueur ne parvient pas à trouver dans les trente secondes une lettre qui ne termine pas un mot, il sort du jeu ; mais auparavant, il peut demander au joueur précédent à quel mot il avait pensé. Si celui-ci ne peut répondre parce qu'il s'était contenté de lancer une lettre au hasard, c'est lui qui est éliminé.

Le gagnant est le dernier qui reste en jeu.

LE BACCALAUREAT

5 à 12 joueurs
Matériel : 1 papier, 1 crayon
par joueur, 1 journal

Celui-ci n'est qu'un jeu... sans conséquences.

Les joueurs sont munis d'un crayon et d'une feuille de papier qu'ils divisent en cinq colonnes. La première recevra des noms de *personnages célèbres,* la seconde des noms de *villes,* la troisième des noms de *pays,* la quatrième des noms d'*animaux* et la cinquième des noms de *fleurs.*

L'un des joueurs choisit une lettre, les yeux fermés, en piquant une épingle dans une page de journal. Chaque joueur doit inscrire, dans ses colonnes, le plus grand nombre de noms possible de la catégorie indiquée et commençant par la lettre choisie.

Pour la lettre *P,* on inscrira, par exemple :

Pascal, Pau, Portugal, Paon, Pervenche.

Au bout de cinq minutes, chacun pose son crayon et lit, à son tour, sa liste de mots. On commence généralement par celui qui en a trouvé le plus grand nombre. Les autres rayent les mots énoncés qui figurent sur leur liste ; ils ne liront que ceux qui n'auront pas été cités.

Tout mot trouvé par plusieurs joueurs est annulé pour tous, mais chaque mot « original » rapporte 1 point à celui qui l'a écrit.

On additionne les points à la fin de plusieurs parties pour connaître le gagnant.

L'ANAGRAMME

Nombre de joueurs illimité
Matériel : 1 papier et 1 crayon par joueur

L'anagramme n'est pas un jeu nouveau : on le retrouve dans certains rites des mystères antiques. Des poètes grecs, Lycophron notamment, au IIIe siècle avant J.-C., en firent un usage profane.

Ce furent les poètes de la Pléiade qui le remirent en honneur et certains auteurs l'utilisèrent pour se forger un pseudonyme. On sait que François Rabelais publia deux livres sous le nom d'Alcofribas Nasier qui rappelait son nez proéminent et que, prudemment, Calvin déguisa son nom latin Calvinus sous l'anagramme Alcuinus.

Des expressions ou des phrases ont donné lieu à d'ingénieuses anagrammes ; l'une des plus célèbres : Révolution française devenue : un veto corse la finira.

Ces exemples ont fait comprendre la règle du jeu : elle consiste à déplacer les lettres d'un mot pour en former un autre. On ne tient pas compte des accents.

Cherchons, par exemple, les anagrammes du mot : *épars*. Nous trouvons : *râpes, parés, âpres*.

Lorsqu'on joue en société, le meneur de jeu donne une liste de mots et chacun note par écrit les anagrammes qu'il a trouvées.

LE MOT GIGOGNE

3 à 5 joueurs

**Matériel : 1 papier et 1 crayon
par joueur**

La *Dame Gigogne* était un personnage du théâtre de marionnettes créé au XVIIᵉ siècle. Elle représentait une femme géante qui cachait sous ses jupes une foule d'enfants.

A sa manière, tous les mots d'une longueur suffisante en cachent d'autres plus courts.

Cette variante, un peu plus facile, de l'anagramme consiste à former le plus grand nombre de mots possible, en un temps donné, avec les lettres d'un mot, mais sans les utiliser toutes obligatoirement.

Pronoms, articles et conjonctions ne sont pas pris en considération et l'on ne doit noter qu'une seule forme pour un même verbe.

Comme dans le jeu du baccalauréat, chaque joueur lit sa liste de mots en commençant par la plus longue. Les mots trouvés par plusieurs joueurs sont considérés comme nuls. Les joueurs marquent autant de points qu'ils ont trouvé de mots « originaux ».

L'ALPHABET

3 à 6 joueurs

Matériel : 1 journal

On choisit une lettre de l'alphabet en piquant une épingle dans un journal.

Chaque joueur, à tour de rôle, doit dire à haute voix une phrase complète dont les mots (quatre au minimum) commencent par la lettre indiquée.

Celui qui se trompe ou reste muet est éliminé.

Par exemple :

*A*natole *a*chète des *a*nanas à *A*capulco.

Le *b*arbier *b*ouchonne *b*ruyamment son *b*ourrichon.

Le *c*ordonnier *c*aresse le *c*ou de son *c*hien.

Les joueurs marquent 1 point par mot utilisé à bon escient.

LA LETTRE PROHIBEE

4 à 12 joueurs

**Matériel : 1 journal, 1 papier et
1 crayon par joueur**

On choisit au hasard une lettre en piquant dans un journal
avec une épingle.

Le meneur de jeu résume en une ligne une brève histoire.

Les joueurs doivent, à leur tour, raconter l'événement en
une ligne sans utiliser la lettre interdite. Ils s'y exerceront
naturellement par écrit et disposeront de cinq minutes.

Par exemple, le meneur dit : « Maman prépare un délicieux
gâteau ». Si la lettre *a* est prohibée, l'un des joueurs pourra
écrire : « Mère cuisine un entremets délicieux ».

On peut compliquer le jeu en excluant une lettre d'emploi
courant ou deux lettres à la fois ou encore en demandant aux
joueurs de raconter une histoire de cinq à six lignes dont le
meneur indiquera seulement le sujet.

LES LETTRES SEMBLABLES

4 à 12 joueurs

**Matériel : 1 papier et 1 crayon
par joueur**

Chaque joueur s'est muni d'une feuille de papier et d'un
crayon.

Le meneur de jeu pense à un nom dont il indique seulement le nombre de lettres. Par exemple, s'il pense à *papillon*,
il annonce huit lettres et les joueurs inscrivent huit tirets sur
leur feuille.

Puis ils proposent, à tour de rôle, un mot de même
longueur. A chacun d'eux, le meneur indique le nombre de
lettres qui figurent à la même place que dans le mot choisi.
Tous les joueurs notent les mots proposés et les réponses du
meneur afin de découvrir par déduction le mot inconnu.

Mots proposés	Réponses du meneur	Déductions du joueur
V I O L E T T E	0	
A L P H A B E T	1	
A L M A N A C H	0	Eliminer A L d'alphabet
Q U O L I B E T	0	Eliminer B E T d'alphabet
P A R A V E N T	2	Supprimer T de paravent
P A S T I C H E	2	Supprimer E et I (violette et quolibet)
P O S T I C H E	1	Le A de pastiche est exact
P A R E M E N T	2	
V I R E M E N T	0	Le mot commence par P A (parement)
P A R I S I E N	4	Supprimer R (virement) et E (quolibet)
A U B E P I N E	0	Supprimer le 2° I de parisien
D U R I L L O N	5	Supprimer D U R (virement et parement)

Grâce au mot DURILLON, nous obtenons les lettres suivantes : P A -I L L O N. La lettre manquante est donnée par
ALPHABET (ligne 2).

Pour gagner du temps, on a intérêt à bien choisir ses mots
afin de déterminer les lettres par déduction. On cherchera
ainsi, notamment, l'initiale et la finale.

Le premier qui a deviné le mot a gagné. C'est lui qui
choisit le mot de la nouvelle partie.

L'ECRIVAIN

3 à 15 joueurs
**Matériel : 1 journal, 1 papier et
1 crayon par joueur**

Le meneur de jeu propose cinq noms pris au hasard dans le dictionnaire ou un journal.

Les joueurs, munis d'un papier et d'un crayon ont cinq minutes pour inclure ces cinq noms dans une seule phrase.

Variante : Le meneur de jeu propose dix noms au lieu de cinq et les joueurs doivent imaginer une brève histoire qui ait un sens en utilisant ces dix mots. Le gagnant est celui dont l'histoire sera la plus courte et la plus vraisemblable.

LE TELEGRAMME

3 à 15 joueurs
**Matériel : 1 papier et 1 crayon
par joueur**

Application amusante de l'acrostiche, le jeu du télégramme consiste à rédiger un message dont les termes commencent par les lettres d'un mot quelconque maintenues dans l'ordre.

Avec le mot PARI, on pourra écrire, par exemple : Prière Attendre Retour Irène.

LES BOUTS RIMES

3 à 15 joueurs
**Matériel : 1 papier et 1 crayon
par joueur**

Cet exercice littéraire fut très en vogue au milieu du XVIIe siècle où les habitués de l'Hôtel de Rambouillet s'y adonnèrent avec ardeur. Il aurait été inventé à cette époque par l'abbé Dulot. Au siècle dernier, Alexandre Dumas organisa des tournois de bouts-rimés.

Aujourd'hui, les chansonniers de Montmartre s'y livrent encore avec bonheur : ils demandent aux spectateurs de leur proposer des mots fournissant deux à deux des rimes fémini- nes et masculines à partir desquels ils composent un poème satirique souvent très spirituel.

Le meneur de jeu propose dix à quatorze mots rimant entre eux deux à deux. En dix ou quinze minutes, les joueurs doivent composer un poème qui utilisera les rimes dans l'ordre donné.

Le gagnant est le joueur dont le poème est le plus drôle et le mieux agencé.

Un conseil : fredonner un air connu, comme le font les chansonniers, facilite beaucoup l'inspiration poétique !

LE REBUS

Nombre de joueurs illimité ❶ ❷ 😐 😑 ≡
Matériel : papier, crayon

La fortune du rébus naquit en Picardie. Au XVe siècle, rapporte Ménage, à l'occasion du carnaval, des clercs de Picardie écrivaient sur les événements de l'époque des satires en langage dessiné qu'ils appelaient De rebus quae geruntur *(Des choses qui se passent). De l'avis unanime, le mot* rébus *vient donc de l'ablatif latin du nom* res *qui signifie : choses.*

Plusieurs musées et collectionneurs ont conservé des rébus intitulés « Sur les misères de la France » qui ont été composés jusqu'à la veille de la Révolution.

Le rébus a été souvent utilisé dans les enseignes. Par exemple, une épicerie s'annonçait par un épi en travers d'une scie (A l'épi scié) ; une auberge, Au lion d'Or, par un lit (Au lit, on dort), etc.

Le jeu, on le voit, consiste à reproduire par le dessin des objets ou des personnages dont la lecture phonétique révèle les noms ou les phrases que l'on veut exprimer. Les hiéro- glyphes égyptiens sont, en quelque sorte, des rébus.

Le rébus constitue une épreuve de rallye ou le moyen de rédiger un message. Une fois déchiffré, il indique le lieu où doivent se rendre les concurrents ou une mission à remplir.

On peut aussi organiser une partie de rébus en demandant à chacun des joueurs d'en composer un en l'espace de dix ou quinze minutes, puis de déchiffrer celui de son voisin de droite.

Aide-toi, le ciel t'aidera.
(Haie - deux toits - le - scie - aile - taie - deux rats)

Jacques Arago, qui excellait aux jeux d'esprit, imagina celui-ci :

URE

ARE   ERIL

Arago chérit la droiture par-dessus tout. (ARE à gauche, ERIL à droite, URE par-dessus tout.)

L'ASSASSIN

10 à 20 joueurs

Matériel : 1 jeu de cartes

Au cours d'une réception, un crime a été commis dans une maison particulière. Parmi les invités se trouve un détective qui sera chargé de découvrir l'assassin.

On prend dans un jeu de cartes le roi de carreau, le valet de pique et n'importe quelles autres cartes de façon à en avoir autant que de participants. Les cartes sont mêlées et coupées, et chacun en tire une sans la montrer.

Le joueur qui tire le valet de pique sera l'assassin, le roi de carreau désignant le détective.

Le crime

Le lieu du crime est limité à une ou deux pièces.

Le meneur de jeu éteint les lumières et chacun change de place à son gré. L'assassin a tout son temps pour perpétrer son crime ; il choisit sa victime... ou s'attaque à celle qui se trouve à sa portée et la saisit par les épaules. Elle se laisse tomber à terre en poussant un cri d'épouvante. L'assassin s'empresse de se déplacer discrètement ou de prendre l'attitude appropriée. Le meneur de jeu compte lentement jusqu'à quinze et rallume.

L'enquête

C'est alors que le détective montre sa carte et commence son enquête. Il pose des questions à chacun des joueurs sur les circonstances du crime (Ont-ils été bousculés ? Se sont-ils déplacés dans l'obscurité ? Ont-ils entendu des pas ? etc.) Ils doivent toujours répondre la vérité, rien que la vérité ! Seul l'assassin a le droit de mentir. La victime, elle, garde un silence... de mort.

Lorsque le détective croit avoir identifié le criminel, il le désigne. Les joueurs accusés à tort montreront leur carte pour se disculper.

On conviendra à l'avance si le détective est autorisé à donner trois, deux ou un seul nom avant d'avoir perdu la partie.

LA COURSE AU TRESOR

10 à 30 joueurs
Matériel : 1 objet, papier, crayon

Les joueurs sont invités à découvrir le lieu de cachette d'un trésor auquel ils parviendront après avoir déchiffré différents messages indiquant l'itinéraire à suivre.

On peut jouer à l'intérieur, mais il est beaucoup plus intéressant et plus agréable de parcourir un jardin, un parc ou même la voie publique.

Le meneur de jeu cache dans un endroit bien défini le trésor à découvrir (une plaque de chocolat par exemple).

Après avoir noté pour lui-même quelques indications de parcours, il rédige en langage obscur un message dont il remettra un exemplaire à chacun des concurrents.

Pour un jeu de longue durée, il faut adopter une autre formule : le meneur part à pied et cache un à un les messages indiquant chacun le but de l'étape suivante. Qu'il prenne bien garde de placer ses papiers dans des endroits sûrs où ils ne pourront pas être découverts par d'autres personnes, ni être balayés, emportés par le vent, etc. En cours de route, il n'oubliera pas d'amorcer de fausses pistes qui aboutissent à des impasses.

Les messages, pour rendre le jeu un peu plus mystérieux, sont rédigés soit en rébus, soit au moyen de l'alphabet grec ou russe, ou du cryptogramme qui consiste à remplacer chaque lettre du message par la lettre précédente, la lettre suivante ou bien la lettre placée cinq lettres plus loin (*e* pour *a*, *f* pour *b*, etc.) ou toute autre combinaison de ce genre.

Le premier arrivé (la première équipe) s'emparera du trésor.

LE RALLYE-PAPER

10 à 100 joueurs
Matériel : enveloppes, papier, crayon

Ce jeu, d'origine anglaise, demande beaucoup d'espace. Il consiste à déchiffrer plusieurs messages pour découvrir un itinéraire fractionné en plusieurs étapes.

Le moyen de déplacement sera décidé à l'avance par les organisateurs : la marche à pied, la bicyclette, l'automobile ou même les moyens de transport en commun.

Si les joueurs sont assez nombreux, il est plus amusant de les grouper en équipes.

Le départ

Au départ, chaque équipe — ou chaque concurrent — reçoit d'un « commissaire » une enveloppe contenant le message qui, déchiffré, donnera le but de la première étape ainsi qu'éventuellement, une liste d'épreuves diverses : mots croisés, charades, bouts-rimés, etc. On lui remet également une enveloppe de secours, cachetée, contenant en langage clair le but de la première étape. L'équipe qui n'aura pas pu déchiffrer le message avant l'heure indiquée décachètera l'enveloppe afin de concourir pour l'étape suivante. Toute enveloppe décachetée entraîne, naturellement, des points de pénalité.

Les étapes

A la première étape, un autre commissaire recueille le travail fourni pour les premières épreuves et les enveloppes de secours cachetées ou décachetées ; il fait subir éventuellement aux concurrents des épreuves d'adresse (p. 263), de kim (p. 79), etc. et remet à chacun les deux enveloppes nécessaires pour l'étape suivante.

Ainsi, d'étape en étape, les équipes arriveront au but du rallye qui sera généralement un lieu propice à des festivités gastronomiques !

Si le rallye ne comporte pas d'épreuves en dehors du message à déchiffrer, le gagnant est le premier arrivé. Dans ce cas, il n'est pas distribué d'enveloppe de secours.

Sinon, peu importe l'ordre d'arrivée, mais tous ceux qui parviennent au but après une heure déterminée sont pénalisés. Chaque épreuve passée avec succès rapporte un nombre de points donné et le gagnant est celui qui en totalise le plus grand nombre.

Un tel rallye doit être très bien préparé afin que les messages et les épreuves ne soient ni trop simples, ni trop difficiles. Le temps prévu pour chaque étape sera suffisant car, beaucoup plus que la vitesse, ce sont la réflexion, l'attention, l'astuce qui doivent faire gagner le rallye.

On n'oubliera pas de prévoir une récompense pour les gagnants.

les jeux
d'adresse

OMBROMANIE

2 joueurs ou plus
Matériel : source lumineuse

L'ombromanie est la forme la plus simple des ombres chinoises, ancêtres du cinéma.

L'opérateur, placé devant une source lumineuse, projette l'ombre de ses mains sur un écran (ou sur un mur) en lui donnant, par la position de ses doigts, une image familière.

Aujourd'hui, l'électricité, en répandant si généreusement sa lumière, a fait disparaître ce divertissement traditionnel des veillées d'autrefois qui naissait spontanément lorsque plusieurs personnes se rassemblaient autour d'une bougie ou d'une lampe à pétrole.

Chacun, pourtant, s'est amusé, dans son enfance à faire voler un oiseau sur un mur (fig. 1) ou à simuler une oie.

Il importe, pour y réussir, de se placer correctement par rapport à la lumière afin d'obtenir une image aussi nette et aussi ressemblante que possible. Chaque fois qu'on le peut, on ménage un espace entre les doigts pour reproduire l'œil, sur le mur, par une tache lumineuse.

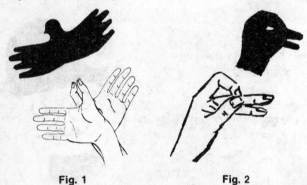

Fig. 1   **Fig. 2**

Une belle histoire

Et pourquoi ne pas en profiter pour raconter une histoire ?

Tout est paisible dans la ferme où le canard (fig. 2) cancane et le cygne, au col gracieux, plonge son bec dans son plumage.

Biquette, toute à sa joie de vivre, apparaît soudain (fig. 3). Timidement, elle s'aventure hors de la ferme. Pauvre Biquette ! Le loup l'aperçoit, il accourt en hurlant (fig. 4) ; mais le méchant animal sera bientôt chassé par les aboiements du chien qui, une fois le danger passé, ira courir le lapin. On entend tout à coup une grosse voix. Qui est-ce ? Attiré par le bruit, voici le père Thomas.

On pourra ainsi inventer de multiples figures de personnages ou d'animaux, réels ou imaginaires, par un simple déplacement des doigts ou de l'ensemble par rapport à la lumière.

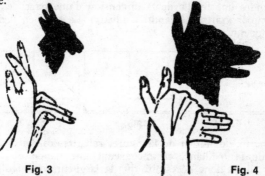

Fig. 3   **Fig. 4**

Des accessoires sommaires, tels que la moustache du chat, la pipe du fermier, rendront les portraits plus ressemblants. Et surtout, on saura leur donner de la vie : la mouette battra des ailes, le cygne fouillera dans ses plumes, l'oie et le canard ouvriront et fermeront leur bec, la chèvre opinera de la tête et le lapin dressera les oreilles et remuera les pattes, etc. On entendra en même temps tous les cris d'animaux et l'apostrophe du père Thomas à ses bêtes.

PLIAGES

1 joueur
Matériel : papier

Quelques feuilles de papier et voilà de quoi occuper un enfant solitaire pendant des heures entières.

La paire de ciseaux — à bouts ronds — n'est pas indispensable, mais l'usage des crayons de couleur ou la boîte de peinture agrémenteront le jeu : couleurs et dessins donneront plus d'attrait aux objets fabriqués.

Le papier utilisé doit être assez mince, mais résistant afin de se plier facilement sans pour autant se déchirer.

Un principe très important : toujours bien marquer les plis.

Le chapeau de gendarme

Prendre une feuille de la dimension d'une page de journal (du papier kraft se « tiendra » mieux). La plier en deux dans sa longueur.

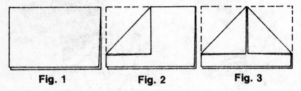

Fig. 1   Fig. 2   Fig. 3

A partir du milieu de la pliure, rabattre les deux coins le long de la médiane, en ménageant une bande en bas du papier (il est donc nécessaire que la largueur de la feuille soit supérieure à la moitié de sa longueur).

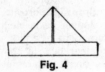

Fig. 4

Dédoubler la bande et la rabattre à l'extérieur, de chaque côté du chapeau.

Le chapeau de clown

Pour confectionner un chapeau plus solide, ouvrir le chapeau de gendarme et l'aplatir en rejoignant ses deux pointes de manière à obtenir un carré.

Rabattre à l'extérieur, le long de la diagonale du carré, les deux épaisseurs du coin qui peut se dédoubler. Le triangle de quatre épaisseurs ainsi obtenu sera un couvre-chef plus petit, mais aussi plus pratique !

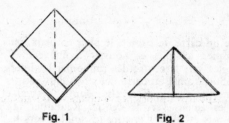

Fig. 1   Fig. 2

Le bateau

Confectionner le chapeau précédent. Ouvrir ce triangle et l'aplatir en rejoignant ses deux pointes de manière à obtenir un carré. Pincer délicatement en plaçant les pouces et index de chaque côté du sommet opposé aux deux pointes et écarter les mains. Le bateau apparaît.

Il ne reste plus qu'à bien l'aplatir, puis à gonfler sa voile en y introduisant le doigt par le fond du bateau avant de le lancer sur l'eau.

La flèche volante

Prendre une feuille de papier de 21 cm sur 27 (format machine à écrire) et suivre les pliages indiqués sur les figures. Voilà un magnifique engin qui fendra l'espace si, comme tous les gamins du monde, on n'oublie pas d'envoyer son souffle sur la pointe (pour chasser les mauvais esprits ou pour chauffer un moteur imaginaire !).

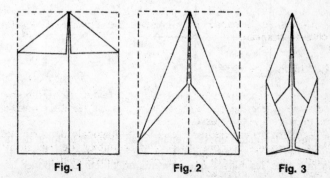

Fig. 1   Fig. 2   Fig. 3

La cocotte

Prendre un carré de papier, le plier en deux, puis en quatre pour marquer les plis et l'ouvrir à nouveau. Rabattre les quatre angles vers le centre déterminé par les intersections des plis. On obtient ainsi un carré deux fois plus petit.

Retourner la feuille (face lisse sur le dessus) et replier à nouveau les angles vers le centre. Retourner la feuille une troisième fois et replier encore les angles vers le centre (*).

Sur la face garnie de quatre carrés égaux (l'autre face comporte quatre triangles), choisir le carré le plus régulier pour en faire la tête de la cocotte. Déplier les autres de manière que, seuls, les quatre coins du grand carré initial se trouvent au centre.

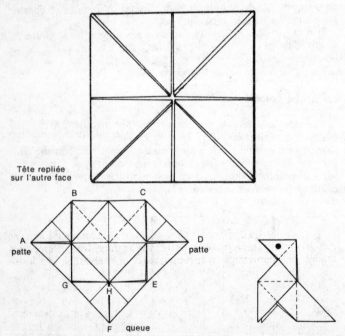

Tête repliée sur l'autre face

A patte

B

C

D patte

G

H

E

F queue

Pincer la queue en la prenant, par-dessous, le long de la ligne FH de manière que GF et FE se rejoignent. Faire de même avec les pattes que l'on maintient entre le pouce et l'index tandis que l'on rapproche les deux mains ; la cocotte se forme d'elle-même.

Il ne reste plus qu'à lui dessiner un œil malicieux pour lui donner vie, puis à faire naître ses poussins de la même façon, avec des feuilles plus petites.

La cocotte à pochettes

Faire la cocotte jusqu'à (*).

Recommencer une quatrième fois l'opération (retourner la feuille et replier les angles vers le centre). Puis terminer comme précédemment.

La cocotte aura alors une poche sur chaque patte où elle pourra mettre son mouchoir (un papier de couleur) ou une petite herbe.

La salière

Faire la cocotte jusqu'à (*).

Redresser les angles libres (ceux qui se trouvent au centre) des quatre carrés pour placer ceux-ci verticalement ; les angles opposés aux angles libres forment les pieds de la salière. Aider le centre de la salière à s'élever dans le même mouvement en le poussant par en-dessous avec le majeur de la main gauche.

La boîte

Faire la cocotte jusqu'à *.

Déplier les quatre coins pour obtenir le deuxième carré et retourner le papier pour le poser sur sa face lisse. Pincer les angles de manière à voir apparaître une ébauche de boîte (fig. 1) dont le fond sera définitif.

Prendre, au fond de la boîte, l'une des pointes qui se trouvent au centre ; la tirer et la replier à l'extérieur en recouvrant les deux triangles latéraux que l'on aura rabattus. La pointe ainsi mise en place se trouve à nouveau au centre du fond de la boîte, mais à l'extérieur.

Effectuer la même opération avec la pointe opposée.

Une boîte légèrement plus grande donnera un couvercle parfait.

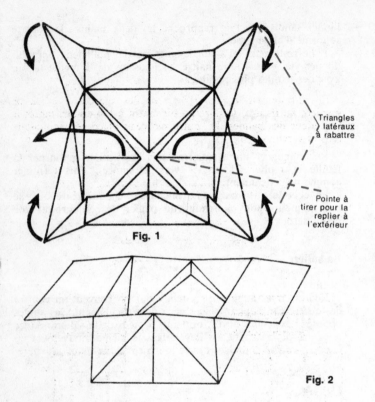

Triangles latéraux à rabattre

Pointe à tirer pour la replier à l'extérieur

Fig. 1

Fig. 2

Le double bateau

Faire la boîte jusqu'à la figure 1.

Replier deux côtés opposés de manière à amener leur milieu au centre de la figure (ils y rejoignent les quatre angles de la feuille de papier).

Aplatir la figure et la replier afin que le centre de la feuille se trouve maintenant au milieu des deux bords supérieurs contigus des deux bateaux. Ouvrir les deux embarcations.

Le cœur danois

Les Scandinaves excellent dans l'art du découpage et du pliage. Voici un modèle de petit panier qu'ils utilisent pour suspendre des friandises à l'arbre de Noël.

Prendre deux feuilles de papier rectangulaires — si possible de couleur différente — de 8 cm sur 30. Plier chacune d'elles en deux dans la longueur et aménager, dans leur milieu et sur une longueur de 16 cm, trois fentes parallèles espacées de 2 cm (fig. 1).

Prendre la bande droite de l'un des morceaux et, à la manière du tissage, la faire passer tantôt à l'intérieur, tantôt à l'extérieur des bandes de l'autre morceau placé perpendiculairement à celui-ci (fig. 2).

Lorsqu'une bande est introduite, la faire glisser vers le haut du panier pour laisser place à la suivante (fig. 3).

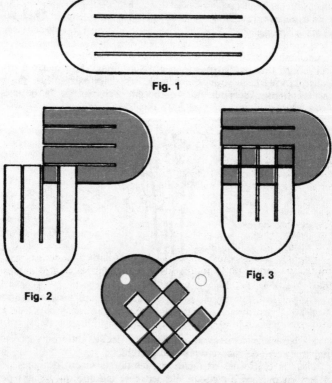

Fig. 1

Fig. 2

Fig. 3

Fig. 4

Lorsque toutes les bandes sont entrelacées, on obtient un charmant petit panier (fig. 4). On arrondit les extrémités de chaque morceau de papier pour donner à l'ensemble une forme de cœur. Quatre trous permettront d'y passer une faveur pour le fermer et éventuellement le suspendre.

LES JEUX DE FICELLE

1 ou 2 joueurs

Matériel : ficelle

Ce sont là encore jeux de solitaires.

Prendre une ficelle, pas trop grosse, longue d'un mètre à un mètre cinquante et nouez ensemble ses deux extrémités. Toutes les figures décrites ici s'élaborent à partir de la boucle ainsi formée.

Le jeu consiste à évoquer, avec la ficelle, différents objets par une série de manœuvres et d'entrelacs.

Pour la clarté des explications, les doigts seront désignés de 1 à 5 en partant du pouce. La lettre D indique qu'il s'agit de la main droite et la lettre G de la main gauche.

Le tambour

Passer la boucle derrière G 1 et G 5.
Croiser les brins.
Introduire D 1 et D 5 comme G 1 et G 5. Tendre.
Passer D 2 sous la ficelle placée en travers de la paume gauche.
Passer G 2 sous la ficelle qui se trouve en travers de la paume droite devant D 2.
Tourner légèrement les mains tenues l'une au-dessus de l'autre : le tambour se présente verticalement.

Le berceau

Introduire les mains dans la boucle à l'exception des pouces. La ficelle passe donc entre D 1 et D 2, G 1 et G 2, les paumes étant face à face.
Les quatre doigts de la main droite pris dans la boucle passent, par devant soi, sous le brin G 1 - D 1 (comme si l'on se frottait les paumes de bas en haut). Tirer.
Effectuer la même opération de l'autre main.
D 3 s'introduit sous la ficelle qui passe en travers de la paume gauche et tire.
G 3 fait de même.
Présenter le berceau en dirigeant les mains vers le sol.

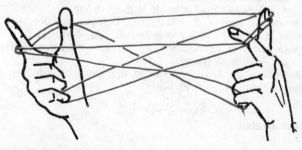

La tour Eiffel

Faire le berceau.
Prendre avec les dents, par son milieu, la ficelle qui passe entre D 1 - D 2 et G 1 - G 2.
Rabattre les mains vers l'intérieur et dégager tous les doigts

sauf D 3 et G 3 qui constituent les deux pieds de la Tour Eiffel (on la voit de face), le sommet étant maintenu par les dents.

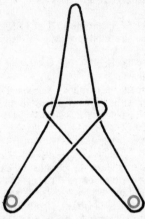

La patte d'oiseau

Passer la ficelle derrière G 1 et D 1, devant G 2, G 3, G 4 et D 2, D 3, D 4, derrière G 5 et D 5.

Introduire D 2, puis G 2 sous le segment barrant la paume opposée et tirer.

Joindre bout à bout G 1 et G 4 et faire passer la boucle de G 1 en G 4. Même opération de la main droite.

Prendre la ligne G 5 - D 2 et la basculer par-dessus G 5. Prendre la ligne D 5 - G 2 et la basculer par-dessus D 5.

Faire passer la ligne G 5 - D 5 par-dessus les deux auriculaires qui sont ainsi dégagés.

Dégager à leur tour les index et tirer pour obtenir la patte d'oiseau.

Le cul de chat

La ficelle fait deux fois le tour de l'index droit et, après croisement, prend le pouce droit.

Tirer sur le brin qui entoure l'index pour y introduire le pouce.

Prendre successivement les deux brins formant la boucle restante pour les amener par-dessus le pouce ; le brin de gauche va à droite, celui de droite va à gauche et le croisement se fait entre D 1 et D 2.

Le losange obtenu au centre s'ouvre et se ferme de manière très suggestive selon qu'on écarte les doigts ou qu'on tire sur la ficelle.

Le parachute

Passer la boucle derrière G 1, devant G 2, derrière G 3, devant G 4, derrière G 5.

Enfiler la main droite dans la boucle tombante.

D 2 et D 3 attrapent par le dessus la ficelle qui passe devant G 2 et G 4.

Tirer en laissant échapper la ficelle retenue par le poignet droit de manière qu'elle vienne se plaquer contre la paume gauche.

Abaisser G 2, G 3 et G 4 par-dessus celle-ci dans les trois rails correspondants.

Faire passer la main droite par-dessus la gauche pour la placer derrière elle. La main droite lâche alors la ficelle.

D 2 prend le brin qui passe devant G 1, et D 3 celui qui passe devant G 5 (côté paume et par le dessus).

En tirant avec D 2 et D 3, le parachute apparaît.

Le pantalon

Faire le parachute.

Dégager G 1 et G 5.

D 2 et D 3 lâchent également et se placent dans les intervalles correspondants à G 2 et G 4.

G 1 prend par-dessous le rail formé par G 2 ; G 2 s'abaisse et se libère.

G 5 prend de la même façon le rail G 4, tandis que G 4 s'abaisse et s'en échappe.

Tirer sur la ficelle pour obtenir les justes proportions d'un pantalon.

L'évasion des doigts

Voici un jeu qui surprend toujours le spectateur.

Passer la boucle derrière G 1. Croiser la ficelle vers soi

(main perpendiculaire au corps, paume tournée vers la droite).

Introduire G 2 sous la boucle restante, après le croisement.

Croiser à nouveau la ficelle vers soi et introduire G 3 sous la boucle restante, après le croisement.

Faire de même pour G 4 et G 5.

Faire pivoter la main d'un quart de tour, la boucle se place alors du côté du dos de la main.

Croiser la boucle vers l'extérieur (de droite à gauche) et faire passer G 4 dessous après le croisement.

Ramener la boucle côté paume ; croiser la boucle vers l'extérieur et y introduire G 3 par-dessous après le croisement.

Ramener la boucle côté dos ; croiser vers l'extérieur et introduire G 2 par-dessous.

Ramener la boucle côté paume ; croiser vers l'extérieur et introduire G 1 par-dessous.

Dégager G 5. Tirer sur les deux brins qui entourent G 1 : les doigts sont aussitôt libérés.

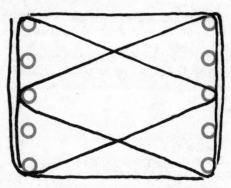

La barrière

Accrocher la boucle derrière G 1, D 1, G 5 et D 5 ; la ficelle passe ainsi devant G 2, G 3, G 4 et D 2, D 3 et D 4.

D 2 s'introduit sous le segment qui passe en travers de la paume gauche et tire.

G 2 de la même façon s'introduit sous la ficelle qui traverse la paume droite et tire.

G 1 et D 1 se dégagent. Passant sous tout le jeu, ils se

placent derrière et ramènent en avant le brin tendu entre G 5 et D 5 (*).

Les pouces s'enroulent avec le brin qui se trouve devant eux, en passant par-dessous. Ils vont alors chercher respectivement les deux diagonales qui partent de G 5 et de D 5, toujours en restant sous le jeu, et les ramènent à eux.

G 5 et D 5 se dégagent et la barrière est formée.

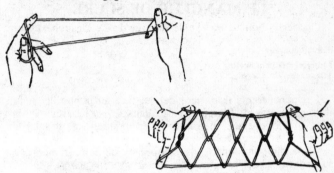

La double barrière

Faire la barrière jusqu'à (*). Voir ci-dessus.

G 1 saute le brin D 2 - G 2 et attrape par-dessous la ficelle qui passe entre G 2 et G 3.

D 1 fait de même.

D 5 et G 5 se dégagent et, enjambant le brin le plus proche d'eux, ils vont prendre par-dessous le suivant et le ramènent avec eux.

Les pouces se dégagent à leur tour ; ils passent par-dessus les brins les plus proches d'eux et attrapent par-dessous le troisième qu'ils ramènent avec eux.

Saisir, avec D 1 et D 2, la boucle passant derrière G 2 et la passer derrière G 1, tout en la maintenant derrière G 2.

Même opération de la main gauche.

Les pouces, appuyés sur la plus haute des ficelles qui les entourent, s'abaissent vers l'intérieur et font passer par-dessus eux la ficelle la plus basse ; ils se redressent.

D 2 et G 2 s'introduisent dans les triangles formés à la base des pouces.

La main se renverse, paume vers le sol, tandis que D 5 et G 5 se dégagent.

G 1 et G 2, D 1 et D 2 s'écartent doucement et la double barrière apparaît. On la présente verticale, les paumes tournées vers l'extérieur.

LE MANGEUR DE SUCRE

3 à 10 joueurs
**Matériel : fil ou ficelle,
1 morceau de sucre**

Les concurrents se placent debout face au public, les mains derrière le dos. Ils tiennent entre leurs lèvres l'extrémité libre d'un fil long d'un mètre au bout duquel est attaché un morceau de sucre.

Au signal du départ, ils s'efforcent de faire remonter le sucre jusqu'à leur bouche, *sans s'aider de leurs mains*.

Leurs grimaces et leurs contorsions sont des plus comiques.

Le premier qui a mangé son morceau de sucre est le gagnant.

LA BONNE COUPE

3 à 10 joueurs
**Matériel : 1 papier, 1 paire de
ciseaux par joueur**

Les joueurs, munis d'une feuille de papier et d'une paire de ciseaux, découpent, *les mains derrière le dos*, un rond, un carré, un visage vu de profil, un animal, etc.

Le gagnant est celui qui, de l'avis de tous, a réussi le plus beau découpage.

LE JEU DE MASSACRE

Nombre de joueurs illimité
**Matériel : étagères, boîtes de conserve,
balles de chiffon**

Ce jeu classique des kermesses peut devenir — pourquoi pas — un agréable passe-temps d'appartement. On y jouera en organisant des concours. Si l'on gratifie les gagnants de petites récompenses, l'intérêt porté au jeu n'en sera que plus vif.

La pyramide

On dispose en quinconce six boîtes de conserve sur trois étages, à hauteur des yeux.
Le joueur, debout, à trois mètres de distance a droit à trois balles de chiffon pour faire tomber les six boîtes.

Les têtes basculantes

Il est facile de fixer par deux charnières à un socle stable une planche, de contreplaqué par exemple, découpée et décorée en forme de tête.
Le jeu consiste à abattre toutes les têtes, le joueur ne disposant que d'une balle par tête.

Le passe-boules

On fixe solidement à un support (les pieds d'une table par exemple) un carton fort ou une planche de contreplaqué percée de trois ou quatre trous d'un diamètre deux ou trois fois supérieur aux balles qui devront y être introduites.
On pourra peindre la planche ou le carton de manière à intégrer le trou dans un ensemble amusant afin qu'il devienne, par exemple, la bouche grande ouverte d'un personnage, ou la gueule d'un animal, le cœur d'une fleur, le ballon d'un enfant, etc.

Les bouteilles

Six bouteilles sont disposées en quinconce. Le tireur reçoit sept gros anneaux de rideaux en bois avec lesquels il doit encercler le goulot de chaque bouteille.

Pour gagner, il ne peut donc manquer son coup qu'une seule fois.

LE FOOTBALL DE TABLE

2 à 6 joueurs

Matériel : 1 table, 2 bouchons, pièces de monnaie

Pourquoi ne pas improviser un football de table ? C'est très simple.

On limite le but de chaque camp par deux bouchons placés à chaque extrémité d'une longue table. Les joueurs sont représentés sur le terrain par des pièces de monnaie (un franc français, par exemple) portant une marque distinctive (de peinture) et le ballon par une pièce plus petite et plus légère (un centime français).

Les participants conviennent de leur tour de jeu : deux membres de la même équipe ne devant jamais jouer successivement.

Ils feront glisser par une chiquenaude leur propre pièce sur la table de manière qu'elle pouce le ballon dans le but de l'équipe adverse.

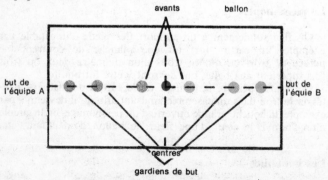

Place des joueurs en début de partie

L'engagement

En début de jeu, les participants se placent sur la ligne médiane qui relie les deux buts. Dans une équipe de trois joueurs, le *gardien de but* se tient devant son but, le *centre* au milieu de son camp et l'*avant* à trois centimètres du ballon qui se trouve au centre du terrain (cf. figure).

Un tirage au sort désigne l'équipe qui engagera la partie. Pour mettre le ballon en jeu, l'avant tire dans le ballon bousculant ainsi son adversaire.

Coup franc

Le joueur qui fait tomber le « ballon » ou un « joueur » de la table se voit imposer un *coup franc*. L'adversaire le plus proche du ballon se place à deux centimètres en arrière et tente de marquer un but d'une seule chiquenaude. En cas de chute, les pièces sont remises sur la table à l'endroit où elles l'ont quittée.

La fin de la partie

La première équipe qui a marqué 15 buts a gagné. Si l'on veut prolonger la partie, on jouera la revanche et, s'il y a lieu, la belle.

LE FLOCON

6 à 12 joueurs

Matériel : 1 flocon d'ouate

Les joueurs, assis, forment un cercle aussi petit que possible. L'un d'eux lance en l'air un morceau de coton, gros comme un flocon et souffle aussitôt pour le maintenir en l'air. La personne la plus proche souffle à son tour pour l'envoyer à un autre joueur et l'empêcher de tomber.

Celui qui le laisse choir à terre se voit imposer un gage. Gare à celui qui rira au moment de souffler ou qui respirera trop fort : il risque bien de recueillir le coton... dans la bouche !

BLOW-BALL

6 à 8 joueurs

Matériel : 1 table, 1 flocon d'ouate

Les joueurs, répartis en deux équipes, s'asseyent face à face, de chaque côté d'une table large d'environ 1 m 20. Ils posent un flocon de coton au milieu de la table et, au signal donné, soufflent dessus de manière à lui faire quitter la table du côté de leurs adversaires.

L'équipe qui a réussi marque 1 point et le coton est replacé au milieu de la table. La première équipe qui totalise 5 points a gagné.

Variante

On trace sur le sol deux lignes parallèles espacées d'environ 1 m 50 (moins pour les enfants).

Les deux équipes se placent face à face, à quatre pattes, derrière chacune de ces lignes.

Au signal donné, chaque équipe s'efforce, en soufflant au plus fort, d'envoyer une balle de ping-pong placée au centre du jeu au-delà de la ligne de l'adversaire.

LES JONCHETS

2 joueurs

Matériel : allumettes

Remontant au XIVe siècle, le jeu des jonchets serait une forme de la pousse aux épingles que pratiquaient les Romains.

Rabelais et Montaigne en font mention. Le mikado, auquel on joue aujourd'hui, n'est autre qu'une version moderne de ce jeu.

Les pièces du jeu

Les jonchets étaient, à l'origine, des petits bâtons en jonc, d'où leur nom. Plus tard, on les appela également *honchets* par suite d'un rapprochement populaire avec le verbe *hocher* qui signifie remuer.

Lorsqu'ils devinrent un divertissement de la haute société, on les tailla dans de l'ivoire, de l'os ou du bois. Ils avaient une longueur de huit à dix centimètres.

Un jeu comporte une cinquantaine de bâtonnets parmi lesquels figurent quatre pièces maîtresses qui se distinguent des autres par une petite tête : ce sont le Roi, la Reine et les deux Cavaliers. Certains jeux comptent, en outre, un Drapeau, quatre Valets et six Cavaliers supplémentaires.

La marche du jeu

Le premier joueur prend tous les jonchets dans sa main qu'il ouvre brusquement à quelques centimètres au-dessus de la table. Il essaie ensuite de les retirer du jeu, un à un, à l'aide d'un petit crochet, sans faire bouger les autres. Dès que l'un d'eux a remué, ne fût-ce qu'imperceptiblement, le tour de jeu passe à l'adversaire jusqu'à ce que celui-ci commette la même faute.

Lorsque tous les jonchets sont ramassés, les joueurs comptent leurs points : le Roi en vaut 50 ; la Reine 40 ; le Drapeau 30 ; un valet 20, un Cavalier 10 et un Soldat (tous les autres jonchets) 5.

S'il n'y a que quatre pièces principales, le Roi vaut 20 points, la Reine 10, le Cavalier 5 et le Soldat 1.

A défaut de jonchets

Si l'on ne dispose pas d'un jeu de jonchets ou de mikado, on prendra une cinquantaine d'allumettes. Les pièces maîtresses se distingueront, comme au mikado, par des raies de couleur ; par exemple :
- une raie rouge pour un Cavalier :
- une rouge et une bleue pour un Valet,
- deux rouges et deux bleues pour le Drapeau.

Le Roi sera peint entièrement en rouge et la Reine en bleu.

LES BAGUETTES

2 à 6 joueurs
Matériel : 1 balle, allumettes

Voici un jeu d'adresse annamite.

Les participants jouent à tour de rôle avec une balle et des allumettes étalées sur une table.

Le premier lance la balle en l'air et, tandis qu'elle rebondit, ramasse une allumette avant de la rattraper. Il recommence en ramassant deux allumettes, puis trois, puis quatre et ainsi de suite jusqu'à ce qu'il manque la balle ou ne ramasse pas le nombre d'allumettes voulu. Il passe alors la balle à son voisin qui joue à son tour.

Lorsque chacun des concurrents a joué une fois, le gagnant est celui qui a ramassé le plus d'allumettes.

LES OSSELETS

2 à 4 joueurs
Matériel : 1 jeu d'osselets

Les Grecs et les Romains apprirent probablement ce jeu des Egyptiens qui, à l'origine, utilisaient les osselets pour connaître l'avenir.

Perdant leur caractère sacré, les osselets furent les instruments d'un jeu de hasard avant de devenir un jeu d'adresse. A chacune de leurs faces était attribuée, comme à celle des dés, une valeur particulière, mais certaines combinaisons rapportaient plus que le total des points amenés (comme le brelan au 421).

Les Grecs en étaient des adeptes passionnés. Homère, dans l'Iliade, rapporte, par l'intermédiaire de l'ombre de Patrocle, qu'Achille tua le fils d'Amphidamas après s'être querellé avec lui au cours d'une partie d'osselets. Et Plutarque raconte que le général athénien Alcibiade, encore enfant et jouant au beau milieu de la rue, pria un conducteur de char de s'arrêter afin qu'il puisse ramasser ses osselets sur le point d'être écrasés. Devant son refus, l'enfant n'hésita pas à se coucher en travers du chemin, ordonnant au conducteur de passer sur son corps. L'homme, effrayé, arrêta les chevaux.

A Rhodes, un certain Hégésiloque et ses amis désignaient comme enjeu de leurs parties d'osselets la femme d'un de leurs concitoyens. Le perdant s'engageait ainsi, quels qu'en soient les risques, à enlever l'épouse désignée et à la remettre entre les mains du gagnant.

Les osselets sont de petits os provenant du gigot ou du pied de mouton. On les a parfois reproduits dans de l'ivoire et, maintenant, ils sont souvent fabriqués en plâtre ou en matière plastique. On en utilise cinq.

Il existe aujourd'hui encore deux façons de jouer aux osselets. Dans les deux cas, les concurrents jouent à tour de rôle, aussi longtemps qu'ils n'ont pas commis de faute.

Le jeu traditionnel

Le joueur lance les cinq osselets en l'air et tente d'en retenir le plus grand nombre possible sur le dos de sa main droite. Il les fait glisser dans sa main gauche à l'exception d'un seul, qu'il lance en l'air et essaie de recevoir sur le dos de la main droite, sous peine de perdre son tour. Puis, il ramasse de la main gauche ceux qu'il a laissés tomber au premier coup, après avoir lancé une nouvelle fois l'osselet et tout en le recevant sur le dos de sa main droite.

Quatre osselets étant déposés sur la table, le joueur les ramasse après avoir lancé le cinquième en l'air et avant de l'avoir rattrapé. Puis il exécute les manœuvres suivantes, toujours en accomplissant ce dernier geste de la main droite.

Il dépose les quatre osselets sur la table et les retourne un à un sur le *creux* ; il les ramasse et les pose à nouveau sur la table, les retourne sur le *dos* et les ramasse. Il fait de même pour les deux autres faces qu'on appelle les *plats*.

Ces exercices terminés, le joueur doit réussir trois coups plus difficiles.

La rafle

Tandis qu'il lance en l'air le cinquième osselet, comme précédemment, le joueur retourne, avec la main gauche, un, deux, trois, puis quatre osselets en même temps du côté du plat. Puis il les ramasse.

La passe

Le joueur forme un cercle en plaçant bout à bout son pouce et son index gauches et fait passer les quatre osselets dans ce cercle qu'il reçoit de la main droite, en même temps que le cinquième qu'il a lancé en l'air.

Le puits

Le joueur jette les quatre osselets sur la table en lançant le cinquième en l'air, comme précédemment.

Formant un puits, de la main gauche en rejoignant pouce et index et en repliant les doigts, il doit, après avoir lancé en l'air le cinquième osselet, ramasser l'un de ceux qui sont posés sur la table, le passer dans le puits formé par la main gauche et le rattraper de la main droite en même temps que l'autre osselet.

Il recommence la même manœuvre avec les trois osselets restants.

Le premier qui a terminé ces différentes épreuves a gagné.

Les osselets à la balle

Le jeu, avec une balle, est plus facile et se pratique plus couramment. On jouait de cette façon au XVIIe et au XVIIIe siècle comme le prouvent un texte de Richelet et une scène de Chardin, le célèbre peintre des jeux.

On y joue d'une seule main et l'on choisit une balle de ping-pong ou une petite balle de caoutchouc. Chacun des participants joue, à tour de rôle, aussi longtemps qu'il n'a pas commis de faute.

Le déroulement du jeu

Tenant les cinq osselets dans son poing refermé sur lequel il a posé la balle, le joueur lance celle-ci en l'air, dépose les osselets sur la table et rattrape la balle après l'avoir laissée rebondir. Il la relance à nouveau, place l'un des osselets sur le dos (le creux en l'air) tandis que la balle rebondit et qu'il la rattrape. Il place de même les autres osselets. Lorsqu'ils montrent tous leur creux, il les ramasse un à un en lançant la balle à chaque fois. (Lorsqu'il ne peut la rattraper parce qu'il a des osselets en main, il la renvoie en l'air avec son poing refermé). C'est le premier coup.

Après avoir mis tous les osselets sur le dos, en faisant toujours le même exercice avec la balle, il les ramasse deux par deux (2 + 2 + 1, mais peu importe l'ordre des prises) ; c'est ce qu'on appelle *deux creux*. Puis, il en ramasse trois à la fois (= *trois creux*) ; puis quatre (= *quatre creux*) ; enfin les cinq à la fois (= *cinq creux*).

Il joue ensuite de la même façon, mais en plaçant les osselets sur le creux ; c'est ce qu'on appelle *un dos, deux dos*, etc. Puis, il joue la série des S (I sur la table) et enfin celle des I (S sur la table).

Si, lorsqu'ils sont jetés, les osselets tombent tous les cinq sur la face correspondant à la série en cours, le joueur est dispensé de la terminer : il commence la série suivante : des creux, il passe aux dos ; des dos aux S et des S aux I.

Ensuite, il recommence les quatre séries, mais il ne peut toucher ou faire bouger que les osselets qu'il met en place ou qu'il ramasse, sous peine de perdre son tour et il n'a droit qu'à un essai par osselet pour le mettre dans la position recherchée.

Le gagnant est le premier qui termine de cette façon la série des cinq I.

L'ENERVANT

1 joueur

Matériel : 1 assiette, 1 bille, 1 carton

Le nom de ce simple jeu d'adresse indique bien que son exécution n'est pas facile ; il faut pourtant la tenter !

Prenez une bille et une assiette. Vous découpez, dans un morceau de carton, un anneau de trois centimètres de diamètre et large d'un demi-centimètre que vous collerez au centre de l'assiette. Enfin, faites rouler la bille dans l'assiette de façon qu'elle demeure au centre de l'anneau.

Le secret du jeu

Vous y réussirez à coup sûr si vous connaissez le secret du jeu : laissez rouler doucement la bille vers le centre de l'anneau, puis abaissez brusquement l'assiette pour la relever aussitôt en plaçant le centre de l'anneau... sous la bille. Vous constaterez que celle-ci, ayant perdu sa vitesse latérale, s'y maintient facilement. Lorsque vous aurez attrapé ce coup de main, vous vous amuserez à y faire jouer vos amis.

LA PUCE

2 à 4 joueurs

Matériel : 1 jeu de puces

On se procurera aisément une sébile ou un cornet à dés et des jetons de couleurs différentes.

Chaque participant reçoit quatre jetons de même couleur. L'un, plus grand, sert à projeter les trois petits, de taille identique, qui sont les *puces*.

La sébile est placée au centre de la table et les joueurs disposent leurs puces tout autour, à une trentaine de centimètres.

Ils s'efforcent, à tour de rôle, de faire sauter leurs puces dans la sébile en faisant, avec le grand jeton, une habile pression sur le bord des petits jetons.

Celui qui a fait sauter une puce dans la sébile a droit à un coup supplémentaire. Le joueur qui, le premier, y envoie ses trois puces est le gagnant.

LA GALINE

2 à 6 joueurs

Matériel : 1 bouchon, 3 pièces de monnaie par joueur

Voici un jeu très amusant, pratiqué avec passion dans les villages du Berry et dans le Jura.

Son nom, qui est le mot latin de la poule (gallina *ou* galina), *semblerait révéler une origine gauloise.*

La galine ressemble à un bouchon de bouteille ordinaire qui pourra la remplacer sans inconvénient.

Les joueurs posent chacun une pièce de monnaie — qui constitue leur mise — sur la galine placée debout sur le sol.

Ils ont chacun deux palets ronds, ou deux grosses pièces de monnaie, et jouent à tour de rôle derrière une ligne tracée à deux mètres du bouchon.

Le premier lance un palet, le plus près possible de la galine ; puis, avec le second palet, tente de la renverser.

Il gagne la mise de tous les joueurs si celui-ci est plus proche du premier palet que de la galine renversée.

Sinon, c'est à un autre joueur de tirer. Celui-ci, après avoir éventuellement relevé le bouchon, a la faculté de proposer une nouvelle mise qui, pour être effectuée, doit être acceptée par la majorité. Dans ce cas, les joueurs qui la refusent se retirent du jeu en abandonnant leur mise initiale.

LA TOUPIE

1 à 4 joueurs

Matériel : 1 toupie

On y joue depuis des millénaires.

Dans l'Antiquité, le jouet était un cône en bois surmonté d'un cylindre plat dont le diamètre était supérieur à la base du cône. Par la suite, il fut appelé sabot, *peut-être parce qu'il était taillé dans les talons des sabots usagés.*

La toupie est taillée en forme de poire dans du bois plein ; elle porte une pointe métallique à son extrémité et une queue à son sommet.

Le joueur enroule une ficelle autour de la toupie qu'il lâche de la main gauche tandis qu'il tire brusquement la ficelle de la main droite. La toupie tourne donc d'un seul mouvement, tandis que le sabot peut être frappé plusieurs fois à coups de fouet pour entretenir son mouvement alors qu'il tourne à terre.

Le jeu consiste à faire des compétitions de durée ou des rencontres entre deux toupies. Dans ce cas, la victoire n'est remportée que si la toupie du joueur continue à tourner après la culbute de celle de l'adversaire.

LA BALLE SIMPLE

1 à 3 joueurs
Matériel : 1 balle, 1 mur

Voici un jeu de petite fille... fort dédaigné par les garçons ! Il s'agit de lancer une balle contre un mur en observant quelques règles.

La méthode

La joueuse, donc, lance la balle contre un mur et la rattrape douze fois de suite en exécutant les obligations qui lui sont imposées et qu'elle récite à haute voix.

1 - *Partie simple* (aucune obligation).

2 - *Sans bouger* (interdiction de bouger les pieds).

3 - *Sans parler* (mettre l'index sur la bouche avant de rattraper la balle).

4 - *Sans rire* (garder son sérieux, tandis que les autres joueuses font grimaces et pitreries).

5 - *D'un pied* (lever un pied).

6 - *De l'autre* (lever l'autre pied).

7 - *D'une main* (lancer et rattraper la balle de la main droite).

8 - *De l'autre* (lancer et rattraper la balle de la main gauche).

9 - *Petite tapette* (frapper des mains devant soi avant de rattraper la balle).

10 - *Grande tapette* (frapper des mains devant et derrière soi avant de rattraper la balle).

11 - *Petit rouleau* (tourner devant soi une fois ses mains l'une autour de l'autre avant de rattraper la balle).

12 - *Grand rouleau* (pivoter une fois sur soi-même avant de rattraper la balle).

Le déroulement du jeu

La balle simple se joue en douze parties. La première ne comporte pas d'autres obligations que celles indiquées ci-dessus. Dans la seconde, les douze lancers précédents doivent être exécutés *sans bouger* ; dans la troisième, *sans parler*, etc. Lorsqu'on en arrive à la partie *d'un pied*, on n'est évidemment pas tenu de lever l'autre !

Les concurrentes jouent à tour de rôle, toujours dans le même ordre. Elles cèdent la balle à la suivante, chaque fois qu'elles commettent une faute et, quand revient leur tour, reprennent le jeu au début de la partie qu'elles ont dû interrompre.

Une joueuse commet une faute lorsqu'elle laisse tomber la balle à terre ou lorsqu'elle n'exécute pas l'une des règles prescrites.

La première qui a terminé les douze lancers en *grand rouleau* a gagné la partie.

On peut ajouter d'autres obligations. Par exemple : *petite prière* (recevoir la balle un genou en terre), *grande prière* (recevoir la balle à deux genoux), *panier à salade* (recevoir la balle dans sa robe), *gueule de loup* (lancer la balle sous une jambe, puis sous l'autre).

LA MARELLE

2 à 4 joueurs

Matériel : 1 marelle (ou objet plat et lourd), 1 craie

Voici encore un jeu auquel se livrent tous les enfants du monde.

Son nom est le féminin du vieux mot français méreau *qui désignait le palet (ou pierre plate) avec lequel on joue :* méreau *a donné* mérelle, *puis* marelle.

Les petits Chinois, eux, jouent au dragon *en observant les mêmes règles que les nôtres.*

Au Moyen âge, comme au XVIIIe et au XIXe siècle, la marelle était autant un jeu d'adultes qu'un jeu d'enfants. Aujourd'hui, seules les petites — et les grandes filles — s'y exercent encore avec ardeur.

Les dessins de marelles, tracés sur le sol, varient beaucoup selon les pays et les époques. Mais les formes du jeu, au nombre de trois, sont toujours les mêmes.

Selon la seconde, les joueurs, en sautant à cloche-pied dans une case de la marelle qu'ils parcourent ensuite à cloche-pied, en sautant par-dessus la case contenant le palet. Au retour, ils ramassent le palet avant de sauter cette case.

Selon la seconde, les joueurs, en sautant à cloche-pied poussent le palet devant eux dans chacune des cases de la marelle.

Enfin la troisième consiste à sauter d'une case à l'autre, sans palet.

Voici deux sortes de marelles très amusantes ; la première est la plus connue.

La marelle avion

Prendre l'avion pour aller dans le *Ciel*, quoi de plus naturel ? Les petites filles d'aujourd'hui le savent bien.

Les deux pieds sur *Terre*, la joueuse lance son palet dans la case 1 ou le fait glisser sur le sol.

Posant directement le pied sur la case 2, elle saute sur le même pied dans la case 3, pose les deux pieds ensemble : le gauche dans la case 4, le droit dans la case 5, repart d'un pied dans la case 6, pose les deux pieds en 7 et 8 comme elle l'a fait en 4 et 5, fait demi-tour en sautant de manière à mettre le pied gauche en 8 et le droit en 7. Elle recommence alors le parcours en sens inverse, mais ramasse son palet avant de sauter la case dans laquelle il se trouve.

Puis elle lance son palet dans la case 2 et recommence le même jeu en sautant à cloche-pied de la case 1 à la case 3 et ainsi de suite.

Lorsque son palet se trouve dans l'une des cases 4, 5, 7 ou 8, elle continue sur un pied dans la case opposée (5, 4, 8 ou 7).

Après avoir effectué huit fois le parcours *Terre-Ciel* et retour, la joueuse monte au *Ciel* et accomplit huit fois le trajet Ciel-Terre et retour en commençant par la case 8.

Ce voyage terminé, la joueuse retourne sur la *Terre*, mais le dos tourné à la marelle ; elle lance son palet soit par-dessus sa tête, soit entre les jambes. S'il tombe dans une case, elle la marque d'une grande croix et y inscrit l'initiale de son nom : c'est sa *chambre* ; elle a le droit d'y poser les deux pieds, tandis que les autres joueuses ne devront pas y pénétrer, ni y lancer leur palet.

Une joueuse a droit à trois essais pour que le palet tombe dans une case avant de céder son tour. Si elle échoue, elle essaiera à nouveau trois fois lorsque reviendra son tour de jeu.

Chacune des concurrentes joue aussi longtemps qu'elle n'a pas commis de faute. Le fait de :

- lancer le palet en dehors de la marelle, en dehors de la case convenable ou sur un trait,
- marcher sur un trait, ou dans la case où se trouve le palet,
- ou de poser le deuxième pied à terre lorsqu'on doit être à cloche-pied est considéré comme une faute.

La partie est terminée lorsque toutes les cases sont transformées en chambres et la gagnante est celle qui en possède le plus grand nombre (fig. 1, p. 294).

La marelle en équipes

La joueuse lance son palet dans la première case. Elle enjambe celle-ci et saute à cloche-pied, sur le pied gauche par exemple, dans la seconde et la troisième. Elle pose le pied droit dans la cinquième, le gauche dans la sixième, le gauche encore dans la huitième case et elle retombe sur ses deux pieds en faisant demi-tour. Elle attend alors sans bouger les pieds, dans la position où elle se trouve.

Les membres de son équipe jouent de la même façon. Elles se retrouvent donc toutes à cheval sur les cases 9 et 10 d'où elles ne doivent pas décoller les pieds. (La première se placera donc le plus près possible du Ciel.)

Les joueuses quittent alors les cases 9 et 10 dans l'ordre inverse d'arrivée et c'est la dernière qui ramasse le palet. Au retour, elles mettent le pied gauche dans le 8, le pied droit dans le 7, le gauche dans le 4, le 3, le 2 et la Terre.

Si une faute a été commise par l'un des membres de l'équipe (pieds ou une partie du corps quelconque sur un trait, pieds décollés des cases 9 et 10 avant que ne soit venu

Fig. 1. La marelle avion. Fig. 2. La marelle en équipes. Fig. 3. La marelle pousse-pousse. Fig. 4. Les croisés. Fig. 5. Les passe-carreaux (1ᵉʳ tour). Fig. 6. Les passe-carreaux (2ᵉ tour). Fig. 7. La marelle des écoliers. Fig. 8. Le carré échelle. Fig. 9. La marelle des jours. Fig. 10. Le colimaçon. Fig. 11. L'horloge.

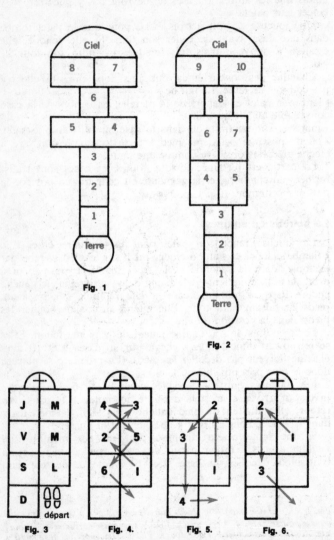

Fig. 1

Fig. 2

Fig. 3

Fig. 4.

Fig. 5.

Fig. 6.

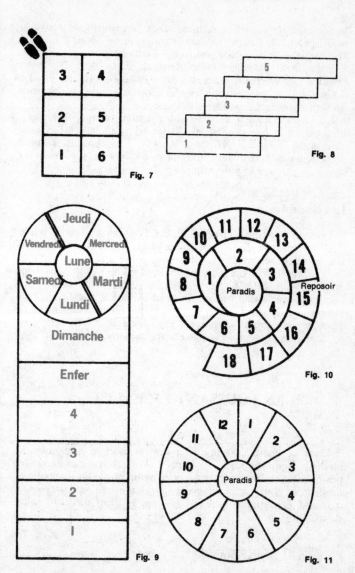

Fig. 7

Fig. 8

Fig. 9

Fig. 10

Fig. 11

le moment du départ, pied posé dans la case où se trouve le palet, palet lancé dans la case non appropriée ou en dehors de la marelle), l'équipe cède son tour à l'adversaire.

Lorsque le palet est lancé dans les cases 9 et 10, toute l'équipe se retrouve dans la case opposée (10 et 9). La bousculade et les positions peu confortables que les joueuses doivent conserver font fuser les rires.

Lorsqu'une équipe a réussi son premier voyage, la joueuse n° 2 prend la tête de l'équipe, lance le palet dans la seconde case, saute à cloche-pied du 1 dans le 3 et continue comme précédemment en évitant toujours de poser le pied dans la case où se trouve le palet (fig. 2, p. 294).

Les chambres

Lorsque l'équipe a effectué les dix aller-retour Terre-Ciel, le chef, tournant le dos à la marelle, lance le palet par-dessus sa tête ou entre ses jambes comme pour jouer à la marelle avion. La *chambre* ainsi obtenue est marquée d'une croix. Ses coéquipiers sont autorisés à y poser les deux pieds tandis que l'équipe adverse doit obligatoirement la sauter. Il est donc très intéressant de se réserver la case 8 qui oblige l'adversaire à un saut plus grand alors qu'il doit dans le même temps se retourner en laissant de la place à ses camarades.

EN POUSSANT LE PALET...

Dans ce genre de marelle, il faut pousser le palet avec le pied sur lequel on saute. Si le palet ne se trouve pas dans une position favorable, la joueuse peut avoir plusieurs manœuvres à effectuer pour sortir son palet de la case où il se trouve. On convient généralement qu'elle n'a pas le droit de sauter plus de trois fois de suite dans une même case.

La marelle pousse-pousse

Placées à droite de la case du *dimanche*, les joueuses

lancent leur palet le plus près possible de la croix afin de
déterminer l'ordre de jeu.

La partie se joue en quatre phases : le _pousse-pousse_, les
croisés, le _passe-carreaux_ et le _tour du monde_. Après chacune
d'elles, le trajet doit être effectué en sens inverse ; c'est la
redouble (fig. 3, p. 294).

Le pousse-pousse

La joueuse lance son palet dans la case du _lundi_ ; elle saute
dans cette case sur un pied et pousse son palet dans la case
du _mardi_, puis du _mercredi_, du _jeudi_ où elle pose les deux
pieds en se retournant pour repartir sur un pied en poussant
son palet dans la case du _vendredi_, du _samedi_, puis du
dimanche où elle pose à nouveau les deux pieds. Repartant
sur un pied, elle pousse son palet hors de la marelle où elle
retombe… sur ses deux pieds.

Après avoir effectué ce tour, elle lance son palet dans la
case du mardi. Elle saute sur un pied dans la première case,
puis dans la seconde et pousse alors son palet dans la case du
mercredi, puis du jeudi et ainsi de suite.

Au troisième tour, elle lance son palet dans la case du
mercredi, au quatrième dans la case du jeudi, etc.

Lorsqu'elle a terminé le septième tour (celui du dimanche),
la joueuse fait la _redouble_, c'est-à-dire joue de la même façon,
mais en partant du dimanche qui devient le lundi. Elle peut
poser les deux pieds dans la case du jeudi qui garde son nom
et dans la case du lundi qui devient le dimanche.

Les croisés

La méthode de jeu reste la même, mais l'ordre des cases est
différent comme l'indique la figure 4 (p. 294).

Les passe-carreaux

Ils se jouent en deux tours. Le trajet à suivre est indiqué
sur les figures 5 et 6 (p. 294). On n'a pas le droit de poser les
deux pieds dans la marelle comme on le faisait pour le pousse-
pousse et les croisés.

Le tour du monde

La joueuse lance son palet dans la case du lundi et parcourt
la marelle à cloche-pied sans son palet. Arrivée au dimanche,
elle saute directement au lundi, pousse son palet dans la case
du mardi, refait un tour de marelle et ainsi de suite jusqu'au
dimanche. Après avoir effectué le dernier tour à cloche-pied,

la joueuse pousse son palet à l'extérieur de la marelle où elle saute à son tour.

La marelle des écoliers

On lance le palet dans le premier carré et l'on saute à cloche-pied dans ce carré pour en faire sortir le palet en le poussant avec le pied sur lequel on se tient.

Puis on lance le palet dans le second carré ; on se rend à cloche-pied dans cette case pour ramener le palet de la même façon et ainsi de suite, jusqu'à la case 6.

Une variante autorise à sauter sur ses deux pieds hors de la marelle, à l'angle extérieur de la case 3, tout en se retournant (fig. 7, p. 295).

Le carré échelle

Même jeu que précédemment, mais sur un dessin différent (fig. 8, p. 295).

La marelle des jours

Le jeu commence comme celui de la marelle des écoliers, mais on ne doit ni poser le pied, ni lancer le palet dans l'*Enfer*. Lorsqu'elle a ramené son palet de la case du dimanche, la joueuse le lance dans le lundi et ainsi jusqu'au samedi. Puis elle l'envoie dans la *Lune*, le pousse du pied du samedi au lundi et, d'un seul coup, lui fait traverser la marelle dans toute sa longueur en évitant les flammes (fig. 9, p. 295).

Le colimaçon

C'est l'une des formes les plus anciennes de la marelle. Le palet lancé dans la première case est poussé en sautant jusqu'au *Paradis* où l'on se repose. La case 15 est généralement un *Reposoir* où la joueuse est autorisée à poser les deux pieds.

Après le trajet en sens inverse, un second aller-retour est effectué sans arrêt au Paradis.

Pour les tours suivants, on interdira toutes les cases paires, puis les cases, impaires, enfin deux cases sur trois (fig. 10, p. 295).

L'horloge

Le jeu est le même que celui du colimaçon ; seul le dessin diffère... et le nombre des cases. On entre de la case 12 dans le Paradis ; il n'y a pas de Reposoir (fig. 11, p. 295).

SANS PALET

Une marelle sans méreau : voilà qui semble paradoxal ! C'est la forme la plus moderne de ce jeu dont on commence à oublier l'étymologie.

La marelle des nombres

On trace sur le sol un grand carré divisé en seize cases d'environ 40 cm de côté qui sont numérotées dans le désordre.

Le jeu consiste à sauter à pieds joints d'une case à l'autre dans l'ordre des numéros.

Il y a faute chaque fois que la joueuse pose le pied sur un trait ou qu'elle décolle les pieds du sol avant de sauter dans la

5	15	2	16
11	4	7	14
6	1	10	3
9	12	8	13

Fig. 12. La marelle des nombres

case suivante. Elle doit alors céder son tour à la suivante. A chaque tentative, on repart de la case 1. Rares sont les joyeuses qui réussissent la première fois. Pour y parvenir, il faut retomber sur ses pieds de façon à être bien orienté pour le saut suivant.

Arrivée à la case 16, la joueuse reste dans la marelle et saute dans l'ordre inverse jusqu'à la case 1, puis sort de la marelle. Si elle commet une faute pendant ce trajet, elle repartira au prochain tour de la case 16.

On effectue ensuite le même parcours, aller et retour, sur un pied.

La marelle des noms

La joueuse parcourt la marelle à cloche-pied. Au premier tour, elle doit citer dans chaque case un nom de fruit, au second tour, un nom de légumes, au troisième un nom de fleur, au quatrième un nom d'arbre, au cinquième un nom de couleur, au sixième un nom de voiture, etc.

Elle doit céder son tour à la suivante lorsqu'elle reste trop longtemps dans une case faute de pouvoir citer un nom assez rapidement.

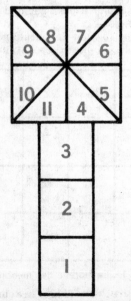

Fig. 13. La marelle des noms

LES BILLES

Depuis les origines, semble-t-il, les billes ont toujours été un jeu de garçons.

Les Grecs lui avaient donné le nom de tropa : *ils lançaient des osselets, des glands ou des olives dans un petit trou.*

Les Romains, eux, se servaient de noix ou de noisettes. Ovide, dans son poème Le Noyer, *décrit diverses formes de ce jeu qui s'appelait* l'orca *du nom du vase destiné à recevoir les noix.*

Le jeu des noix était d'ailleurs devenu un symbole puisque dans le langage courant, quitter l'enfance se disait relinquere nuces, *quitter les noix, comme nous disons aujourd'hui : « il n'est plus au berceau ».*

Mais, pourtant, à en croire les auteurs, bien des adultes s'y adonnaient encore avec plaisir !

Les billes, appelées autrefois *gobilles*, ne devinrent parfaitement rondes qu'au XVIIIe siècle.

Il en existe de trois espèces :
- les billes en terre, avec lesquelles on joue habituellement. Elles sont projetées par une chiquenaude ; le tir dépend alors de la position de la main plus que du coup d'œil ;
- les billes en verre ou en marbre (billes, en anglais, se dit *marbles*), plus précieuses, qui servent généralement d'enjeu, car au jeu de billes, on gagne... des billes ;
- les *calots* qui sont des billes de verre irisé ou de marbre de plus grande dimension, utilisées le plus souvent comme cible. Contrairement aux billes ordinaires, on les lance à la main.

Les formes du jeu de billes sont très nombreuses et se différencient selon les époques et les régions. Voici les plus classiques.

LA POURSUITE

2 joueurs
Matériel : billes

Chacun, à tour de rôle, lance une bille en s'efforçant d'atteindre celle de l'adversaire. (Les deux premières sont envoyées d'un point déterminé ; les autres tirs s'effectuent de l'endroit où se trouve la bille à lancer.)

S'il y parvient, il marque 10 points et continue à jouer. S'il la manque, son adversaire marque les 10 points et prend la main.

La partie se joue en 110 points.

Variante

Le principe du jeu est le même, mais les joueurs s'approprient les billes adverses qu'ils ont touchées.

L'adversaire doit en fournir une autre qui sera posée à la place de celle qui est retirée du jeu, tandis que le premier garde la main.

LA BLOQUETTE

Au pied d'un mur ou d'un arbre, les joueurs, généralement au nombre de deux, creusent un trou gros comme le poing : c'est la *bloquette*.

Le joueur désigné par le sort demande à son adversaire de lui donner le nombre de billes qu'il désire mettre en jeu. Il en prend dans sa réserve un nombre égal et, placé à deux ou trois mètres du but, envoie la totalité en direction de la bloquette.

Si les billes y tombent en nombre pair, toutes lui appartiennent. Si elles y tombent en nombre impair, il les abandonne à son adversaire.

Au tour suivant, les rôles sont inversés.

LA RANGETTE

Tous les joueurs disposent un même nombre de billes à égale distance les unes des autres, dans une figure géométrique, cercle ou triangle, d'environ 30 cm sur 30 ; tracée sur le sol.

A quatre ou cinq mètres de la figure, on trace une raie derrière laquelle se placent les joueurs pour tirer.

Ils lancent une bille, à tour de rôle, et dans un ordre tiré au sort ou établi d'un commun accord, en s'efforçant de chasser hors de la figure les billes qui s'y trouvent.

Celui qui réussit prend pour lui les billes sorties du cercle ou du triangle et rejoue à partir de l'endroit où sa propre bille s'est arrêtée.

Les billes lancées qui s'immobilisent dans la figure deviennent des cibles et celles qui s'arrêtent sur le terrain peuvent être touchées, ce qui donne droit à un nouveau tir.

La partie est terminée lorsque toutes les billes sont sorties de la figure. Le gagnant est celui qui en a ramassé le plus grand nombre.

Variante 1

Si la bille lancée par un joueur reste dans le cercle ou le triangle, son propriétaire doit rendre toutes les billes qu'il a déjà gagnées. Lorsque viendra son tour suivant, il se placera derrière la ligne de départ pour tirer puisqu'il doit remettre une nouvelle bille en jeu.

Variante 2

On trace un autre cercle autour du premier. Toutes les billes, lancées par les joueurs, qui s'immobilisent hors du grand cercle sont retirées à leur propriétaire et placées comme enjeu dans le petit cercle.

LE POT

Le *pot* est un petit trou rond d'environ 15 cm de diamètre et peu profond.

A une distance de deux ou trois mètres, les joueurs essaient à tour de rôle d'envoyer une bille dans le pot ou d'en frapper une restée au-dehors pour tenter d'introduire les deux à la fois.

Il peut y avoir aussi intérêt à viser une bille adverse proche du pot pour l'en écarter.

Chaque bille tombée dans le pot rapporte 10 points à son propriétaire.

On marque également 10 points lorsqu'on parvient à éloigner du pot une bille adverse.

La partie se joue en 110 points.

On peut jouer au pot par équipes, comme au jeu de boules.

LE SERPENT

Cette variante du pot se pratique surtout dans le Midi de la France.

On trace sur le sol un serpent dont la tête est figurée par un trou, le *pot*.

A partir d'une ligne de départ, tracée à deux ou trois mètres du serpent, les joueurs lancent leur bille, à tour de rôle, en direction de l'animal de façon à lui toucher la queue, lui traverser le corps et tomber dans le pot.

Au second tour, chacun lance sa bille de l'endroit où elle se trouve. On peut viser une bille adverse pour l'écarter du pot.

LA PYRAMIDE

L'un des joueurs, désigné par le sort, construit une pyramide avec quatre de ses billes (trois billes formant la base et la quatrième le sommet).

A une distance de deux ou trois mètres, chaque joueur, à tour de rôle, lance sa bille en visant la pyramide.

Autour de la pyramide, on a tracé préalablement un cercle

de 70 cm de diamètre. Toute bille de la pyramide qui sort de ce cercle appartient à celui qui l'en a chassée et qui reprend également la bille-projectile.

De même, toute bille qui a manqué son but appartient au constructeur de la pyramide.

Après le premier tour, les participants lancent, dans le même ordre, une nouvelle bille.

Lorsque les quatre billes de la pyramide ont quitté le cercle, c'est à un autre joueur de construire la pyramide.

LE BALLON EN ROND

6 à 20 joueurs
Matériel : 2 ballons

Les joueurs se placent en cercle à deux ou trois pas les uns des autres. Ils se lancent un ou deux ballons, sans ordre et très rapidement.

Le joueur qui manque le ballon compte 1 point. Lorsqu'il a marqué 3 points, il est éliminé ou reçoit un gage.

LE PASSE-BALLON

12 à 50 joueurs
Matériel : 1 ballon par équipe

Les joueurs sont répartis en deux, trois ou quatre équipes et forment une file par équipe. Chacune d'elles dispose d'un ballon.

Le chef de file fait passer le ballon au-dessus de sa tête au joueur placé derrière lui qui, lui-même, le transmet au suivant et ainsi de suite.

Lorsque le ballon a parcouru toute la colonne, le dernier qui le reçoit court se placer devant le chef de file et le ballon recommence, de mains en mains, le même parcours.

La course se termine dès que l'un des premiers chefs de file revient en tête de la colonne. Son équipe a remporté la victoire.

LE TOUCHE-BALLON

10 à 20 joueurs
Matériel : 1 ballon

Les joueurs se placent en cercle autour d'un de leurs compagnons, à trois pas les uns des autres. Ils se lancent rapidement le ballon sans ordre donné.

Le joueur placé au centre du cercle s'efforce de toucher le ballon lorsqu'il est en l'air ou entre les mains d'un joueur.

Le joueur fautif (celui qui aura lancé ou qui détenait le ballon touché) prend la place de son compagnon, au centre du cercle.

LA BALLE RIPOSTE

5 à 15 joueurs
Matériel : 1 ballon

Les joueurs forment un cercle en se tenant par la main et reculent de deux pas.

Ils se lancent la balle en s'interpellant par leur nom et en s'adressant, naturellement, au plus distrait.

Il est interdit de relancer la balle à celui qui l'a envoyée. Celui qui commet cette faute ou qui laisse tomber la balle perd 1 point. Au troisième point perdu, il se retire du jeu.

Pour ne pas diminuer trop le cercle, ni laisser les perdants inactifs trop longtemps, les joueurs éliminés réintégreront le jeu au fur et à mesure que d'autres en sortiront de manière qu'il n'y ait pas plus de quatre participants hors-jeu.

LA BALLE TUEUSE

5 à 10 joueurs
Matériel : 1 ballon

Les joueurs forment un cercle en se donnant la main et reculent de quatre pas.

Ils se lancent la balle en suivant le sens des aiguilles d'une montre. Celui qui la manque une première fois se met à genoux ; à la seconde fois, il s'assied ; à la troisième, il place sa main gauche derrière lui ; à la quatrième, il est éliminé.

On arrête la partie lorsque les joueurs éliminés sont plus nombreux que ceux qui restent en jeu.

LE BALLON VOLANT

4 à 12 joueurs
Matériel : 1 ballon

Les joueurs sont assis en cercle. Ils se renvoient, de l'un à l'autre, un ballon léger dans n'importe quel ordre, en le frappant avec la main.

Il faut, à tout prix, éviter que le ballon tombe à terre. Le responsable de la chute — c'est-à-dire celui qui manque le ballon, le renvoie trop haut ou trop bas — compte une faute. A la troisième faute, il est éliminé et le cercle se resserre.

LE BALLON SURPRISE

6 à 12 joueurs
Matériel : 1 ballon

L'un des joueurs prend le ballon et se tient à quelques pas des autres participants qui forment un cercle (on peut tracer un cercle sur le sol pour ne pas déplacer le jeu).

Le joueur lance le ballon en l'air, assez haut, en donnant le nom d'un de ses camarades et court dans le cercle.

Le joueur nommé sort du cercle pour rattraper le ballon avant qu'il ne touche le sol. S'il n'y réussit pas, il marque 1 point. Puis, à son tour, il lance le ballon en l'air en nommant l'un de ses camarades et court dans le cercle et ainsi de suite.

Le joueur qui a marqué le moins de points a gagné, mais il faut prendre garde de nommer tous les joueurs aussi souvent les uns que les autres.

LE FOOTBALL EN CERCLE

10 à 20 joueurs
Matériel : 1 ballon

Les joueurs forment un cercle autour de l'un de leurs camarades en se tenant la main.

Le joueur placé au centre a posé à terre, devant lui, un ballon assez léger, que d'un coup de pied, il doit faire sortir du cercle. Il frappera jusqu'à ce qu'il réussisse.

Ses camarades empêchent le ballon de passer, sans lâcher les mains de leurs voisins. Pour éviter les bousculades et les coups de pieds, chacun défend son côté droit.

Si le ballon réussit à passer entre les mains et les jambes, le joueur fautif prend la place de l'envoyeur. S'il passe par-dessus la tête des joueurs, l'envoyeur se place à l'extérieur du cercle et les autres joueurs se retournent pour lui faire face. Il devra alors, de la même façon, faire pénétrer à coups de pied le ballon dans le cercle.

Rompre la chaîne ou défendre son côté gauche constitue des fautes qui condamnent le coupable à prendre la place de l'envoyeur.

LA BALLE STOP

6 à 16 joueurs
Matériel : 1 ballon

Tous les joueurs se tiennent à l'intérieur d'un cercle tracé sur le sol. L'un d'eux lance une balle en l'air. Tous les autres se sauvent aussitôt. Dès qu'il la rattrape, il crie « stop ! » et ses compagnons doivent s'immobiliser sur le champ.

Sans quitter le cercle, le joueur vise alors l'un d'eux avec la balle. S'il parvient à l'atteindre, le joueur touché devient lanceur. S'il le manque, il a droit à deux autres essais sur le même joueur. Si le joueur visé est indemne, le jeu continue avec le même lanceur.

. Tout joueur qui ne s'immobilise pas immédiatement au signal « stop » est pénalisé : il avance de trois pas vers le cercle.

LA BALLE MASSACRE

Le principe du jeu est le même, mais les joueurs sont divisés en deux équipes (les membres de l'une des équipes porteront un signe distinctif (chandail foncé, mouchoirs au poignet, etc.).

Si le joueur qui détient la balle estime avoir peu de chance de toucher un adversaire, il peut l'envoyer à l'un de ses équipiers qui visera lui-même, à moins qu'il ne juge préférable de la transmettre à un troisième.

Tant que la balle est en l'air, les joueurs de l'équipe adverse ne doivent pas bouger ; mais si elle tombe à terre, ils peuvent se déplacer jusqu'à ce qu'elle soit ramassée par un adversaire. Ils sont autorisés à intercepter une balle qui passe à leur portée, à condition de ne pas bouger les pieds. Enfin, ils peuvent se déplacer dès que la balle a été lancée sur un adversaire.

Lorsqu'un joueur est touché, l'équipe adverse marque 1 point ; de même lorsqu'un joueur sort du terrain ou se déplace après le signal « stop ».

La partie se joue en 20 points.

LA PASSE A DIX

12 à 20 joueurs
Matériel : 1 ballon

Les joueurs se divisent en deux équipes de force égale. Le meneur de jeu lance une balle en l'air. Le joueur qui l'attrape dit : « un » et l'envoie à l'un de ses coéquipiers qui la reçoit en disant : « deux » et la lance à son tour à un membre de son équipe qui la recevra en comptant : « trois » et ainsi de suite. Pendant ces échanges, qui doivent se faire entre des joueurs distants l'un de l'autre *d'au moins deux mètres*, les adversaires tentent d'intercepter la balle. Celui qui y parvient compte : « un » et lance la balle à l'un de ses coéquipiers, etc.

L'équipe qui réussit à compter ainsi jusqu'à 10 a gagné la partie.

Lorsque la balle tombe à terre, elle est remise à l'équipe adverse qui ne commencera à compter que lorsque l'un de ses membres aura rattrapé la balle au vol et non pas ramassée.

Pour que le jeu soit amusant, chacun doit « marquer » le même adversaire pendant toute la partie, c'est-à-dire rester près de lui pour l'empêcher de recevoir la balle.

LA BALLE AU MUR

2, 4 ou 6 joueurs
Matériel : 1 balle, 1 mur, 1 craie

On trace sur un mur (aussi lisse que possible) une raie horizontale à un mètre du sol. Si la longueur du mur dépasse cinq à six mètres, on trace également deux raies verticales pour limiter la zone de jeu. Enfin, la balle ne devra pas rebondir à moins de trois ou quatre mètres du mur : les joueurs se tiennent au-delà de cette limite indiquée par une raie tracée sur le sol.

L'un des joueurs lance la balle contre le mur au-dessus de la ligne horizontale ; un des membres de l'équipe adverse la renvoie contre le mur en la frappant avec la paume, soit à la volée, soit après un rebond. Le jeu se poursuit ainsi tant qu'une faute n'a pas été commise.

Il y a faute :
- lorsque la balle touche le mur en dehors des limites ;
- lorsqu'elle rebondit trop près de lui ;
- lorsque la balle est manquée ou frappée après plusieurs rebonds ;
- lorsque la balle est frappée deux fois de suite par le même joueur ou par deux membres de la même équipe.

Chaque faute donne 1 point à l'adversaire et la partie se joue en 10 points.

Il est interdit de gêner l'adversaire : un joueur se retire toujours après avoir frappé la balle.

Au lieu de frapper la balle avec la paume, on peut aussi bien user d'un accessoire : tambourin, raquette, etc. Dans ce cas, il sera peut-être nécessaire d'augmenter les dimensions du terrain. Avec un accessoire, la balle est plus facile à rattraper, il faut donc s'efforcer de la frapper de manière qu'elle soit difficile à renvoyer.

LE DEVIN

8 à 15 joueurs
Matériel : 1 ballon

Les joueurs forment un cercle autour d'un de leurs compagnons, le *devin*, qui peut tourner sur place à son gré. Gardant leurs mains derrière le dos, ils se passent une balle dans un sens ou dans un autre, en changeant très souvent de direction.

Dès qu'un joueur juge le moment favorable, il lance la balle pour tenter d'atteindre le devin sans être vu de lui. S'il le manque, il prend sa place. Mais si le devin est touché, celui-ci se retourne brusquement pour tenter de découvrir le lanceur. Les autres joueurs, par leur attitude, peuvent l'induire en erreur. S'il devine juste, le lanceur prend sa place. Dans le cas contraire, il reste devin et le jeu recommence.

LA BALLE AU CHASSEUR

6 à 12 joueurs

Matériel : 1 ballon, des mouchoirs

Le chasseur, désigné d'un commun accord, poursuit ses compagnons dans les limites du terrain (20 m × 30 environ) et tente de les atteindre avec la balle. Les joueurs touchés deviennent *aides-chasseurs* ; ils porteront un signe extérieur (mouchoir au poignet par exemple) pour les différencier du *gibier*.

L'aide-chasseur tire, lui aussi, sur le gibier, mais seulement avec les balles qu'il aura attrapées au vol. S'il a l'occasion de ramasser la balle, il se contente de l'envoyer au chasseur ou à un autre de ses aides.

Seuls les chasseurs peuvent sortir du terrain pour ramasser la balle, mais ils attendront d'être dans les limites du terrain pour la lancer. C'est le seul cas où ils peuvent se déplacer avec la balle ; à l'intérieur du terrain, les chasseurs, comme leurs aides, doivent rester immobiles tant qu'ils ont la balle entre les mains.

Il est interdit de viser un joueur placé à moins de quatre pas ou d'atteindre un joueur plus éloigné au visage ou à la tête.

Si le chasseur ou l'aide-chasseur qui détient la balle n'est pas en position favorable pour atteindre un joueur, il se contente de la lancer à l'un de ses collègues mieux placé.

Le dernier joueur touché devient chasseur.

LA BALLE CAVALIERE

10 à 20 joueurs

Matériel : 1 ballon

Les joueurs se répartissent en deux équipes de force égale. L'une sera les *cavaliers*, l'autre les *chevaux*. Chacun des cavaliers choisit la monture la plus adaptée à sa taille et grimpe sur son cheval. Tous forment alors un grand cercle.

Le meneur de jeu lance trois fois une balle en l'air, puis

l'envoie à son voisin de droite et la balle fait ainsi le tour du cercle dans le sens inverse des aiguilles d'une montre. Lorsqu'elle est revenue à son point de départ, les cavaliers l'envoient de l'un à l'autre selon leur fantaisie. Mais dès qu'elle touche terre, ils descendent rapidement de leurs montures et se sauvent. L'un des chevaux prend la balle et la lance en direction d'un cavalier. S'il le touche, son équipe marque 2 points et les rôles sont inversés. S'il le manque, les cavaliers gagnent 1 point et reprennent leurs montures.

L'équipe qui compte le plus grand nombre de points a gagné la partie.

LE PARCOURS DIFFICILE

8 à 14 joueurs

Matériel : 1 ballon, 1 craie

Le terrain est un long rectangle d'environ 20 m sur 6. A l'une de ses extrémités, on trace un demi-cercle, c'est le *refuge*.

Les joueurs sont divisés en deux équipes. L'équipe A se disperse sur le terrain ; l'équipe B se place à l'extérieur, derrière le côté opposé au refuge. C'est elle qui détient le ballon.

Un joueur de cette équipe lance le ballon sur le terrain et court aussitôt vers le refuge où il se repose cinq secondes au maximum avant de rejoindre son point de départ.

Pendant ce parcours aller et retour, les joueurs de l'équipe A attrapent ou ramassent le ballon et cherchent à atteindre l'intrus. S'ils y parviennent, leur équipe marque 1 point ; dans le cas contraire, le point revient à l'équipe adverse.

Mais il leur faudra observer les règles suivantes :
- le ballon est lancé de l'endroit où il se trouve sur le terrain, soit en visant le tireur, soit à un joueur de l'équipe ;
- un joueur tenant le ballon n'a pas le droit de se déplacer ;
- la course continue si le ballon sort du terrain ;
- si le coureur est touché alors qu'une faute a été commise, aucune équipe ne marque le point.

Tous les membres de l'équipe B courent à leur tour ; puis les équipes inversent les rôles.

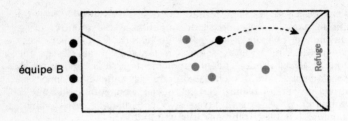

Variante

Le coureur a le droit d'attraper le ballon à la volée, à deux mains ; il le renvoie alors sur le terrain dans la direction de son choix ou le pose sur le sol. Mais s'il le laisse échapper, l'envoie hors des limites du terrain ou le touche avec une autre partie de son corps que ses mains, l'équipe adverse marque 1 point.

LE BALLON ROI

10 à 20 joueurs
Matériel : 1 ballon, 1 craie

On délimite un terrain de 12 à 20 m de long que l'on divise en deux parties égales (peu importe la largeur).

Les joueurs se répartissent en deux équipes.

Derrière chaque ligne de fond va se placer un joueur du camp adverse : c'est le *roi*.

Pour engager la partie, deux joueurs — un de chaque camp — se placent dos à dos de part et d'autre de la ligne médiane. Un troisième joueur, désigné d'un commun accord, lance le ballon en l'air ; les deux joueurs dos à dos tentent de s'en emparer. Celui qui y réussit envoie le ballon à son roi qui vise alors l'un de ses adversaires.

L'un des joueurs du camp où s'immobilise le ballon l'envoie à son roi qui visera à nouveau, etc.

Chaque fois que l'un des rois atteint un adversaire, son équipe marque 1 point. Par contre, le roi qui franchit la ligne du fond ou le joueur qui passe la ligne médiane fait perdre 1 point.

Si un joueur envoie le ballon hors des limites du terrain, le ballon est remis à l'un des membres de l'équipe adverse.

LE BALLON PRISONNIER

10 à 20 joueurs
Matériel : 1 ballon, 1 craie

Les joueurs se répartissent en deux camps.

Le terrain de jeu est un rectangle d'environ 8 m sur 16. Une raie le partage dans sa longueur en deux parties égales.

Un joueur de chaque camp se place de part et d'autre de la ligne centrale, tandis qu'un troisième lance le ballon en l'air. L'engagement de la partie revient à celui qui, en sautant, parvient à renvoyer le ballon dans son camp.

Le jeu consiste à faire prisonniers tous les adversaires. Un joueur est prisonnier lorsque le ballon, lancé par un adversaire, le touche avant de tomber à terre. Si le ballon touche deux joueurs avant de tomber, tous les deux sont prisonniers ; mais si le second parvient à bloquer le ballon, ils sont libres tous les deux.

Le prisonnier se rend à l'arrière du camp adverse. Il peut se libérer lorsqu'après avoir attrapé ou ramassé le ballon dans sa prison, il touche un adversaire qui est fait prisonnier.

Le joueur qui bloque le ballon n'est pas prisonnier ; cela lui permet, au contraire de viser plus vite un adversaire.

Au début de la partie, une équipe a souvent intérêt à avoir un prisonnier « volontaire » pour prendre l'adversaire entre « deux feux ».

Il y a faute lorsqu'une équipe envoie le ballon hors des limites du terrain ou lorsqu'un joueur franchit la ligne centrale. Le ballon est alors remis à l'un des membres du camp adverse.

LA BALLE AU CAMP

12 à 20 joueurs
Matériel : 1 ballon, 1 craie

On délimite un camp en traçant une raie sur le sol. Peu importent sa forme et ses dimensions.

En-dehors du camp, cinq buts plus petits servent de *refuges*.

Les joueurs sont divisés en deux équipes A et B. L'équipe A occupe le camp et l'équipe B se tient à l'extérieur.

Un joueur de l'équipe B a la balle et la lance dans le camp ; l'un des occupants la renvoie aussitôt, le plus loin possible. Il sort alors du camp et va toucher les cinq buts dans l'ordre de leurs numéros, puis il rentre dans le camp. Il lui faut éviter pendant tout ce parcours d'être touché par la balle.

Un joueur de l'équipe B, en effet, la ramasse ou l'attrape au vol et vise le coureur. S'il l'atteint, celui-ci est éliminé ; les équipes inversent les rôles et le jeu recommence. Dans le cas contraire, il continue sa course ; l'équipe B envoie à nouveau la balle dans le camp. Un des occupants la renvoie le plus loin possible et court derrière son camarade pour toucher, dans l'ordre, les cinq buts. Les adversaires essaient alors de toucher l'un des deux coureurs, puis renvoient la balle dans le camp. Tous les joueurs doivent ainsi sortir du camp.

Les coureurs sont invulnérables lorsqu'ils touchent l'un des buts, mais un refuge ne peut être occupé que par un seul joueur. Le premier arrivé devra courir au but suivant pour laisser la place à son coéquipier.

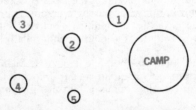

Les rôles des équipes sont également inversés :
- lorsqu'un adversaire parvient à saisir à la volée la balle venant du camp ;
- lorsque le joueur courant entre deux buts ou se trouvant à l'un d'eux touche la balle avec la main, à moins qu'il ne s'en

empare (en l'attrapant ou en la ramassant) et, visant un adversaire, ne réussisse à l'atteindre. En-dehors de ce cas, il n'est autorisé à toucher la balle qu'avec le pied pour l'envoyer le plus loin possible, écartant ainsi le danger.

On peut limiter la partie à une durée déterminée et chronométrer le temps d'occupation du camp. L'équipe gagnante sera alors celle qui sera restée le plus longtemps dans le camp.

Mais la meilleure méthode consiste à attribuer 1 point par but atteint. Un joueur touché entre le troisième et le quatrième but, par exemple, marquera 3 points.

Tout joueur qui ne parviendra pas indemne au camp sera éliminé.

On peut convenir alors que la partie cessera lorsqu'une équipe aura perdu trois ou quatre joueurs et la gagnante sera celle qui compte le plus grand nombre de points.

LE BALLON AUX CAPITAINES

14 joueurs

Matériel : 1 ballon, 1 craie

Le terrain d'environ 15 m sur 30, est divisée en deux carrés égaux. A l'intérieur de chaque carré, on trace trois cercles de 2 m de diamètre dont les centres sont distants de 8 m.

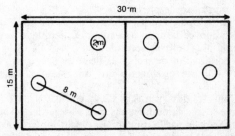

Les joueurs sont répartis en deux camps : trois *bases*, trois *gardes* et un *centre*. Dans chaque camp, l'une des bases, désignée comme *capitaine*, se place dans le cercle tracé au bout du terrain. Les autres bases se rendent dans les deux cercles encore libres. Toutes les bases doivent toujours conserver au moins un pied dans le cercle.

Les gardes se tiennent dans le camp adverse, aux abords des cercles dans lesquels il leur est interdit de pénétrer. Ils s'efforceront d'intercepter le ballon.

Les centres se déplacent librement à l'intérieur de leur camp ; ils n'en sortent que pour courir après le ballon lorsqu'il sort des limites du terrain.

Le déroulement du jeu

L'arbitre ou un joueur quelconque lance le ballon au milieu du terrain entre les centres qui se tiennent face à face, de part et d'autre de la ligne médiane. Chacun d'eux s'efforce de le saisir à deux mains. Celui qui y parvient le lance à une base de son camp qui l'enverra, à son tour, au capitaine. Si le ballon n'est pas saisi à deux mains, il est remis en jeu.

L'équipe dont le capitaine reçoit le ballon d'une de ses bases marque 1 point.

Le ballon est remis en jeu chaque fois qu'il sort du terrain ou qu'1 point a été marqué.

Coup franc

Il y a *coup franc* pour toute faute commise, c'est-à-dire : lorsqu'un joueur :
- court avec le ballon,
- lui donne un coup de pied,
- le saisit ou le tape entre les mains d'un adversaire,
- passe le ballon de la main à la main au lieu de le lancer,
- le conserve plus de trois secondes,
- le fait rebondir plus de trois fois de suite,
- franchit la limite du terrain qui lui est imposée selon son rôle dans le jeu.

Le ballon est alors remis à l'une des bases de l'adversaire qui l'envoie à son capitaine sans que son garde soit autorisé à intervenir. Seul, le garde du capitaine peut l'intercepter.

Pour pouvoir conserver le ballon plus de trois secondes entre leurs mains, les joueurs sont autorisés à le faire rebondir trois fois au maximum, tandis qu'ils se déplacent (dribblent) ou en restant immobiles.

La partie se joue généralement en deux mi-temps de 15 minutes et l'équipe qui a marqué le plus grand nombre de points a gagné.

LA CITADELLE

10 à 20 joueurs
Matériel : 1 ballon, 1 craie

Deux camps de dimensions quelconques sont séparés par une ligne. A 3 ou 4 m de part et d'autre de celle-ci, on trace un cercle d'environ 1,50 m de diamètre : c'est la *citadelle*.

Chaque équipe envoie un joueur, son *roi*, dans sa propre citadelle qui se trouve dans le camp adverse.

L'un des deux rois, désigné par le sort, détient le ballon et l'envoie à ses coéquipiers pour qu'ils le lui renvoient. Leurs adversaires vont tenter de l'intercepter pour le faire parvenir à leur roi.

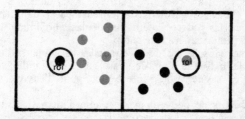

Chaque fois qu'un roi bloque le ballon, il marque 1 point pour son équipe. Mais, pour ce faire, il doit toujours conserver au moins un pied dans la citadelle. Les autres joueurs peuvent se déplacer comme bon leur semble pourvu qu'ils ne franchissent pas la ligne de démarcation des deux camps.

Lorsqu'un roi a pu saisir le ballon à la volée, il le conserve pour aller rejoindre ses équipiers tandis que l'un d'eux le remplace dans la citadelle et il envoie le ballon au nouveau roi.

L'équipe gagnante est la première dont tous les membres sont devenus rois.

Variante

Si les équipes sont nombreuses, on peut adjoindre au roi un *chambellan* qui se tient à proximité de la citadelle ; il tentera d'intercepter le ballon en l'attrapant à la volée pour l'envoyer à son roi. Si celui-ci le reçoit correctement, le chambellan devient roi et un autre chambellan vient prendre sa place.

CORNER BALL

10 à 20 joueurs
Matériel : 1 ballon, 1 craie

Les joueurs se répartissent en deux camps de même force et délimitent un terrain rectangulaire divisé en deux parties égales.

Aux deux angles de chaque ligne de fond, ils tracent des carrés d'environ 1,50 m de côté : ce sont les *buts*. Ils seront défendus chacun par un *gardien* appartenant à l'équipe adverse. Tous les gardiens doivent demeurer dans leurs buts tandis que les autres joueurs se déplacent comme bon leur semble à l'intérieur de leur camp.

Comme dans le jeu de la citadelle, les joueurs d'un camp lancent le ballon à l'un de leurs gardiens, tandis que leurs adversaires essaient de l'intercepter pour l'envoyer à leurs propres gardiens.

Les joueurs ne peuvent avancer que d'un pas lorsqu'ils ont le ballon en mains ; ils feront des passes successives à leurs coéquipiers pour transmettre le ballon à celui qui est le mieux placé pour l'envoyer à l'un des gardiens.

Chaque fois qu'un gardien de but bloque le ballon, il fait marquer 1 point à son équipe. Toute faute commise par l'adversaire rapporte également 1 point.

Il y a faute :
- lorsque le ballon est touché avec le pied ou pris entre les mains du gardien de but ;
- lorsqu'il est envoyé hors des limites du terrain ;
- lorsqu'un joueur se déplace en portant le ballon ;
- lorsqu'un gardien sort de son but. Toutefois si le ballon quitte le terrain par la ligne de fond, c'est le gardien qui va le

chercher. Une fois rentré dans son but, il le renvoie à l'un de ses coéquipiers.

Le premier camp qui totalise 21 points a gagné.

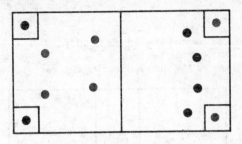

LE CAMP RUINE

6 à 20 joueurs
Matériel : 1 ballon, 1 craie

Le terrain de ce jeu est un rectangle d'environ 15 m sur 6. On trace trois lignes parallèles, dans la largeur, de manière à séparer deux camps égaux par une zone neutre plus petite qu'un camp.

Chaque équipe se place dans son camp. On tire au sort pour savoir quelle équipe engagera la partie.

Le chef de l'équipe désignée envoie le ballon dans le camp adverse, avec force ou dans une direction différente de celle qu'il vise, de manière qu'il soit difficile à recevoir. Le joueur qui parvient à le bloquer le remet à l'un de ses coéquipiers et passe dans le camp adverse où il s'efforcera de s'emparer du ballon pour l'envoyer dans son propre camp.

L'équipe gagnante est celle dont tous les joueurs sont passés dans le camp adverse.

Les règles du jeu

- Le ballon doit toujours être lancé de l'endroit où il a été pris en mains, sauf s'il s'immobilise dans la zone neutre. Dans ce cas, c'est un joueur de l'équipe auquel il était destiné qui va le chercher ; il ne le relance qu'une fois rentré dans son camp.

– Le joueur qui ramasse le ballon ou le saisit après un rebond reste dans son camp et le lance dans le camp adverse.

– En cas de faute de la part d'un joueur, le ballon est remis à un membre de l'équipe adverse se trouvant, de préférence, dans le même camp que le joueur fautif.

Un joueur commet une faute :

– lorsqu'il frappe le ballon qui va être saisi par un adversaire ;

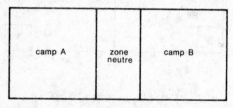

camp A   zone neutre   camp B

– lorsqu'il lance le ballon en dehors des limites du terrain ;
– lorsqu'il dribble ou se déplace avec le ballon ;
– lorsqu'il lance le ballon dans la zone neutre ou y pénètre avant que le ballon n'y soit immobilisé.

Les passes de ballon sont autorisées à condition que les joueurs soient distants d'au moins cinq pas.

LE NET-BALL

12 ou 14 joueurs
Matériel : 1 ballon, 1 filet (ou ficelle), 1 craie

Forme simplifiée du volley-ball, le net-ball s'improvise facilement.

Le terrain est un rectangle de 7,50 m sur 15, divisé en deux carrés par une raie tracée sur le sol. Au-dessus de cette ligne, on tend un filet (ou, à défaut, une ficelle) dont le bord supérieur se trouve à 2,20 m ou 2,40 m du sol selon la taille des joueurs.

Les participants, répartis en deux équipes, se placent de part et d'autre du filet comme l'indique la figure de la page suivante.

Le déroulement du jeu

On tire au sort l'équipe qui commencera à servir. Avoir le *service* signifie mettre le ballon en jeu, ce qui est nécessaire au début de la partie et chaque fois que le ballon tombe à terre ou qu'une faute est commise.

Les équipes servent à tour de rôle aussi longtemps qu'elles n'ont pas commis de faute. Chaque fois qu'une équipe reçoit à nouveau le service, ses membres changent de place : le 1 prend la place du 7, le 2 celle du 1, etc. ; c'est celui-ci qui est chargé du service.

Il se place en arrière de l'angle droit de son camp, crie : « Prêt » et lance le ballon d'une main par-dessus le filet.

Si le ballon passe sous le filet, ne le franchit pas ou tombe à l'extérieur du terrain, l'équipe adverse effectuera le service suivant.

4		5	7		l
	3			2	
		6	6		
	2			3	
l		7	5		4

Position des joueurs

S'il frôle le filet et retombe dans le camp opposé, il est « net » : le joueur recommence son service. S'il est net une seconde fois, le service passe au camp adverse.

Le ballon, après avoir passé le filet correctement, doit être reçu d'une main ou des deux mains par l'adversaire qui le renverra de la même façon dans le camp opposé et ainsi de suite. Peu importe alors que le ballon frôle le filet, pourvu qu'il passe de l'autre côté.

Un joueur peut transmettre le ballon à l'un de ses coéquipiers avant de l'envoyer par-dessus le filet. Il est interdit de le garder en mains plus de trois secondes.

Il y a faute :
- lorsque le serveur ne se trouve pas à la place réglementaire

ou lorsqu'il oublie de crier « Prêt » ;
- lorsqu'une équipe se trompe dans l'ordre de service ;
- chaque fois que le ballon d'un service ne franchit pas le filet ;
- chaque fois que le ballon tombe à terre dans le terrain ou à l'extérieur ;
- lorsqu'un joueur passe ses mains par-dessus le filet ou conserve le ballon plus de trois secondes ;
- lorsqu'un joueur met un ou deux pieds hors du terrain.

Le ballon qui touche une ligne est considéré comme étant tombé à l'intérieur du terrain.

Chaque fois qu'une faute est commise par l'équipe qui sert, le service passe à l'équipe adverse.

Si, au contraire, la faute est commise par l'équipe opposée, l'équipe qui sert marque 1 point et conserve le service. Seule celle-ci peut donc marquer des points.

La fin de la partie

La partie se joue en deux manches de 11 points et une belle si chaque équipe a gagné une manche. Toutefois, pour que la victoire d'une manche soit attribuée à une équipe, il faut un écart minimum de 2 points entre les deux équipes ; si le score est de 11-10, on continuera le jeu jusqu'à ce que l'écart de 2 points soit obtenu.

LE BATONNET

2 joueurs

**Matériel : 2 bâtons, 1 bâtonnet,
1 craie**

Cet ancien jeu, tombé en désuétude, est cependant bien amusant.

On trace sur le sol un cercle d'1 m de diamètre. L'un des joueurs est le *maître*, l'autre le *servant*.

Le maître, debout au milieu du cercle, lance en l'air un petit bâton de 6 à 8 cm de longueur ou bâtonnet légèrement affiné aux extrémités et renflé au milieu. Il tient en main un bâton de 50 à 60 cm de longueur avec lequel il frappe le bâtonnet à l'une des extrémités coniques, dès que celui-ci est retombé à terre, pour le renvoyer aussi loin que possible.

Le servant ramasse le bâtonnet et, comme son maître, le lance en l'air, puis le frappe avec un bâton identique, de l'endroit même où il est tombé, pour l'envoyer dans le cercle.

Le maître brandit son bâton pour frapper le bâtonnet avant qu'il ne touche le sol afin de l'empêcher de se poser dans le cercle.

Si le servant a réussi son coup, il marque 1 point et les rôles sont inversés. Mais si le bâtonnet tombe à l'extérieur du cercle, le maître quitte sa place et va frapper le bâtonnet sur l'une de ses extrémités de manière à le faire pirouetter trois fois. S'il ne réussit pas, il remet le bâtonnet en jeu comme au début de la partie. S'il y parvient, il marque 1 point et retourne dans le cercle tandis que le servant essaie à nouveau d'y faire pénétrer le bâtonnet.

Le gagnant est celui qui compte le plus grand nombre de points en un temps donné.

L'ANNEAU VOLANT

2 ou 4 joueurs

Matériel : 1 deck, 1 filet (ou ficelle), 1 craie

Importé d'Outre-Manche où il porte le nom de *deck-tennis*, c'est-à-dire tennis de pont, ce jeu se pratiquait, en effet, à l'origine, dans l'espace exigu qu'offre un pont de bateau.

Le terrain, appelé *court*, a 12 m sur 4, pour jouer en simple, et sur 5,50 m pour jouer en double. Au milieu du terrain, un filet est tendu dans le sens de la largeur à 1,50 m du sol. Deux raies tracées à 0,90 m de part et d'autre du filet détermine une zone neutre dans laquelle les joueurs ne doivent pas pénétrer.

On joue avec un anneau de caoutchouc de 15 à 18 centimètres de diamètre.

Pour le mettre en jeu, le joueur qui « fait le service » se place à une distance minimale d'1 m du filet. L'adversaire doit rattraper l'anneau sans le laisser choir et le relancer sans changer de main, ni déplacer les pieds.

Un joueur abandonne 2 points à son adversaire s'il envoie l'anneau hors des limites du jeu ou le laisse passer sous la corde et 1 point s'il le laisse tomber ou commet une autre faute.

On change de service lorsque la somme des points obtenus par les deux joueurs est égale à 5 ou à un multiple de 5.

La partie se joue en 15 ou 21 points, mais il faut toujours au minimum 2 points d'écart entre les deux adversaires pour que l'un d'eux soit déclaré vainqueur.

LE BADMINTON

2 ou 4 joueurs

Matériel : 1 raquette, par joueur, 1 volant, 1 filet

Le badminton est né en Inde où il se nommait poona. *Son nom actuel viendrait du premier endroit où il fut joué en Grand-Bretagne, à Badminton House, chez le duc de Beaufort. Très prisé dans ce pays, on le pratique également beaucoup en Scandinavie, en Allemagne et aux Pays-Bas.*

La plus grande compétition annuelle se dispute à Singapour. Les plus grands champions de badminton sont, en effet, des Malais.

On joue au badminton avec deux raquettes légères et un *volant*, sorte de boule de liège pesant environ 5 gr et dans laquelle sont plantées une quinzaine de plumes de 8 à 10 cm. Le volant est envoyé d'un camp à l'autre par-dessus un filet d'un mètre de hauteur et tendu, au milieu du terrain à 1,52 m du sol.

Le court a 13,40 m de longueur sur 5,20 m pour les simples (parties à 2 joueurs) et sur 6, 10 m pour les doubles (cf. figure).

La marche du jeu

Le joueur qui a le service, désigné par le sort, se place derrière le court droit de service. Lâchant le volant de la

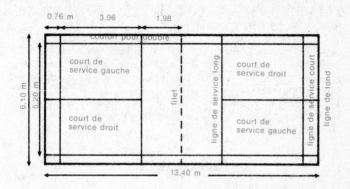

main gauche, il le frappe avec sa raquette au-dessous du niveau de la ceinture de manière qu'il franchisse le filet et parvienne jusqu'au court de service diagonalement opposé. L'adversaire doit le renvoyer à la volée et les échanges se poursuivent jusqu'à ce que l'un des participants manque le volant.

Si la faute est le fait de l'adversaire, dans le cas d'un jeu simple, le même joueur continue à servir, mais en se plaçant derrière le court gauche de service et il continue ainsi l'alternance des courts tant qu'il conserve le service, c'est-à-dire jusqu'à ce qu'il commette une faute.

Dans le jeu double, lorsqu'un joueur perd le service, à la suite d'une faute de l'équipe, ce rôle revient à son partenaire qui sert derrière le court gauche de service. A la seconde faute seulement, l'équipe adverse prend le service.

Seul, le joueur ou l'équipe qui fait le service marque des points. Toute faute de l'adversaire qui entraîne un changement de service d'un camp à un autre ne donne pas de point.

Est considéré comme une faute le fait de :
- frapper, en servant, le volant à une hauteur du sol plus élevée que la ceinture du joueur ;
- servir avant que l'adversaire soit prêt ;
- envoyer le volant lors d'un service, en dehors du court de service diagonalement opposé ;
- manquer le volant ;
- envoyer le volant dans le filet ou à l'extérieur du terrain ;
- toucher le filet avec la raquette ou le corps ;
- frapper le volant dans le camp adverse en passant la main ou la raquette par-dessus le filet ;

- frapper le volant plusieurs fois de suite pour l'empêcher de tomber ou lui faire franchir le filet.

La partie se joue en 11 points pour les dames, 15 points pour les juniors masculins et 21 points pour les seniors masculins. Un écart minimum de 2 points est nécessaire entre les adversaires pour déterminer le vainqueur. Selon une convention particulière au badminton, lorsque le score est de 9-9, 13-13 ou 19-19 selon la catégorie des joueurs, le premier camp qui manque 5 points ou 3 points a gagné.

LES QUILLES

2 à 6 joueurs
Matériel : 1 jeu de quilles

L'idée de dresser des quilles sur le sol pour les renverser avec une boule est née avant même le XIVe siècle.

En 1369, on sait que le roi Charles V interdit ce divertissement qui semble bien innocent, mais dont les enjeux étaient devenus plus élevés que de raison.

On s'étonnera sans doute de ce que ce jeu, réservé aujourd'hui aux tout jeunes enfants, ait passionné le roi de Prusse, Frédéric II, et qu'un siècle auparavant, l'austère Boileau plus connu par son Art *poétique, s'y amusait fort : « Il faut avouer, déclarait-il, avec humour, que j'ai deux grands talents aussi utiles l'un que l'autre à la société et à un Etat : l'un de bien jouer aux boules, et l'autre de bien faire les vers ».*

Sous Louis XIV, les invalides pratiquaient à Paris, sur l'esplanade qui porte encore leur nom, une variante du jeu de quilles appelée le Siam *parce que les règles en avaient été dictées par les ambassadeurs de ce pays auprès du roi Soleil.*

Aujourd'hui le jeu de quilles ordinaire comporte neuf quilles de forme et de taille variables, mais toujours plus larges à la base qu'au sommet.

On les dispose en carré sur trois rangs, chacune étant distante de sa voisine de 40 à 50 cm.

Les joueurs, placés derrière une ligne tracée à 8 ou 10 m des quilles, lancent une ou plusieurs boules à tour de rôle pour *déquiller*, c'est-à-dire abattre le plus grand nombre possible de quilles.

Il existe deux méthodes pour compter les points. La première consiste à compter le nombre de boules lancées par chaque joueur pour faire tomber toutes les quilles. Selon la seconde, les participants lancent une boule à tour de rôle et l'on compte 1 point par quille renversée ; mais, alors, celui qui joue le premier est avantagé.

LES GRANDES QUILLES

Ce jeu est pratiqué surtout dans la vallée de la Garonne. Les quilles ont de 80 à 90 cm de hauteur, la neuvième est plus grande encore. La boule, pesant trois à quatre kilos, est percée de deux trous où l'on introduit les doigts ; elle est projetée à 6 ou 7 mètres de manière à frapper les boules sans rouler.

Les quilles sont disposées comme les quilles ordinaires, mais elles sont un peu plus espacées.

Chaque joueur lance la boule deux fois de suite, la première fois en se plaçant derrière la ligne de départ, la seconde à l'endroit où la boule s'est immobilisée. Lorsque les joueurs sont nombreux, ils se groupent en équipes.

La chute de la quille centrale (la plus grosse) rapporte 9 points, alors que celle des autres quilles ne fait marquer que 1 point.

Mais lorsque celle-ci n'est pas éloignée de plus de deux mètres d'une quille, il peut la lancer du pied d'une quille de son choix. Dans ce cas, il a la faculté soit de laisser tomber la boule, soit de la garder en main pour frapper la quille qui sera ainsi projetée contre les autres. S'il la garde en main, il compte 1 point en plus des points accordés par les quilles renversées.

LES SIX QUILLES

Pour ce jeu, on n'emploie pas de boule, mais des petits rondins de bois.

Les quilles ont 40 cm de haut et sont disposées sur deux rangées à 6 cm les unes des autres, les deux rangées étant espacées de 3 cm.

Se plaçant derrière une raie tracée à 6 m des quilles, le joueur doit abattre toutes les quilles sauf une, en trois tirs. S'il en renverse six ou moins de cinq, il est éliminé. Les participants jouent individuellement, l'un après l'autre.

On accroît la difficulté du tir pour éliminer les joueurs qui ont réussi cette première épreuve : l'un des trois tirs doit être exécuté en lançant le rondin par-dessous la jambe, puis deux sur trois, enfin les trois tirs seront accomplis de cette façon. Ensuite, la raie est reculée d'un mètre, puis de deux, et l'on tire comme au début. Enfin, en conservant cette distance, on exécute un tir, puis deux, puis trois en lançant les rondins par-dessous la jambe.

LES QUILLES GARDEES

10 joueurs ou plus
Matériel : 1 jeu de quilles, 1 ballon

L'un des joueurs, désigné par le sort, place trois à cinq quilles à 50 cm l'une de l'autre, au centre du terrain. Ses compagnons forment un vaste cercle autour de lui. Ils tentent de renverser les quilles, protégées par leur gardien, en lançant un ballon à la main. Afin de surprendre celui-ci, ils peuvent faire entre eux des passes rapides avant de viser les quilles.

Celui qui aura renversé la dernière quille prendra la place du gardien.

LE CROQUET

2 à 8 joueurs
Matériel : 1 jeu de croquet

Le jeu de croquet fut inventé par les Anglais vers le milieu du XIXe siècle qui s'inspirèrent du pallemail, *très en vogue au*

XVIIe *siècle, notamment à la Cour de France ; Louis XIV, même dans sa vieillesse, s'y exerçait volontiers avec ses petits enfants et Madame de Sévigné en parle comme d'un « jeu aimable pour personnes bien faites et adroites ».*

Mais le croquet fut bientôt détrôné par le tennis qu'inventa en 1874 un major anglais de l'armée des Indes.

S'il perdit ainsi la faveur dont il jouissait auprès des adultes, il a conservé encore maintenant une popularité bien méritée auprès des enfants.

Le croquet demande un matériel bien connu : deux piquets ou *focks*, dix arceaux, huit boules et huit maillets peints chacun d'une bande de couleur différente.

Les piquets et les arceaux sont disposés comme l'indique la figure, chaque arceau étant séparé du suivant par la longueur d'un maillet (dans sa grande dimension).

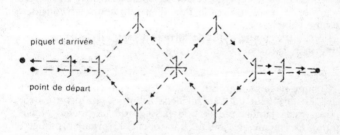

Emplacement des arceaux et tracés du parcours.

Les piquets portent les huit couleurs des maillets et des boules. On observe, pour le tour de jeu, l'ordre des couleurs porté de haut en bas (bleu, rose, marron, jaune, vert, rouge, noir, orange).

La marche du jeu

On peut jouer individuellement ou par équipes. Dans cette seconde hypothèse, deux joueurs de la même équipe ne peuvent jouer successivement ; une équipe prend les couleurs claires, l'autre les couleurs foncées.

Si les joueurs sont au nombre de deux, trois ou quatre, chacun d'eux peut prendre plusieurs boules.

Le jeu consiste à frapper sa boule avec le maillet de manière à lui faire accomplir le parcours indiqué sur la figure.

La façon la plus facile de tenir le maillet est de le prendre à deux mains et de frapper droit devant soi en se baissant pour mieux viser.

Mais on peut convenir de le tenir de façon plus élégante, comme autrefois, par l'extrémité du manche en frappant de côté, comme on le fait encore aujourd'hui au golf.

La boule doit être frappée d'un coup sec ; il est interdit de la pousser, à plus forte raison de *queuter*, c'est-à-dire de l'accompagner du maillet de façon à lui imprimer une trajectoire curviligne. Dans ce cas, le coup est annulé : les boules sont remises en place et le joueur perd son tour.

La boule doit se déplacer d'au moins un maillet (dans sa petite dimension, soit 15 cm) ; sinon, elle est remise en place et le joueur frappe à nouveau.

Un joueur peut demander à ses compagnons de dégager le terrain. S'il ne le fait pas et que sa boule se trouve déviée par la présence involontaire de l'un d'eux, le coup est considéré comme valable.

Lorsqu'une boule quitte le terrain de jeu, elle est replacée à l'intérieur, à 15 cm de son point de sortie.

Le passage des arceaux

Chaque passage d'arceau donne droit à un coup supplémentaire (si un joueur en franchit deux à la fois, il a droit à deux coups, mais jamais plus) et le passage de la cloche à deux coups. De même, le joueur qui touche le premier piquet a encore droit à un coup.

Un arceau n'est considéré comme franchi que lorsque le maillet placé horizontalement contre l'arceau et en arrière de celui-ci, maintenu perpendiculairement au sol ne touche pas la boule.

Pour le départ, on place sa boule sur la ligne médiane du jeu, à mi-chemin entre le fock et le premier arceau. Si le joueur n'est pas satisfait de son premier coup, il est autorisé à recommencer deux fois.

La cloche

Les deux arceaux plantés en croix au centre du jeu s'appellent la *cloche*. Une petite sonnette est parfois accrochée à l'un d'eux. Dans ce cas, lorsque la boule passe sous la cloche, elle doit faire tinter la sonnette, sinon son passage est considéré comme nul et elle doit recommencer. Si une boule se trouve immobilisée sous la cloche, elle y reste prisonnière jusqu'à ce qu'une autre boule vienne l'en délivrer. Tant que cette libération n'a pas eu lieu, son propriétaire passe son tour.

Croquer ou roquer

Pour pouvoir toucher une boule, il faut avoir franchi le premier arceau.

Le joueur qui touche une boule avec la sienne peut, à son choix, *roquer, croquer* ou *prendre deux coups.*

Il *roque* lorsque, plaçant sa boule à côté de celle qu'il a touchée, il frappe un seul coup dans les deux boules à la fois de manière à les envoyer à son gré dans une même direction ou dans deux directions différentes.

Pour *croquer,* le joueur place sa boule contre celle qu'il a touchée et la maintient fermement avec son pied. Il donne un grand coup de maillet de côté (comme au golf) contre sa propre boule de manière à chasser l'autre par répercussion du coup, sans bouger la sienne. Il dispose alors d'un second coup. Si la boule croquée n'a pas bougé d'au moins un maillet (15 cm), il lui faut recommencer à frapper. Si sa boule se déplace, il perd le second coup auquel il a droit.

Les boules déplacées par le mouvement d'une boule croquée restent à leur nouvelle place.

Enfin, le joueur peut choisir de *prendre ses deux coups* ; il pose sa boule à un maillet (15 cm) de la boule touchée et profite de ses deux coups comme il l'entend ; il peut toucher plusieurs boules successivement pendant un même tour de jeu.

Les arceaux que l'on fait franchir à une boule touchée, roquée ou croquée sont considérés comme franchis par le propriétaire de la boule, mais ne lui donnent pas droit au coup supplémentaire.

On ne peut toucher deux fois de suite la même boule ; il faut, auparavant, avoir touché une autre boule ou un piquet ou franchi un arceau.

Si un joueur touche plusieurs boules en un seul coup, il choisit celle qu'il préfère pour roquer, la croquer ou prendre ses deux coups.

Lorsqu'une boule est projetée contre une autre boule, il y a *carambolage* et le joueur perd les avantages de son coup. C'est le tour du joueur suivant.

Le corsaire

Lorsque la partie se joue par équipes, les joueurs les plus

avancés peuvent choisir de ne pas toucher le deuxième piquet : ils deviennent *corsaires* et ils aident leurs partenaires
à terminer leur parcours tout en gênant leurs adversaires
dans leur progression. S'ils touchent le piquet, même par
mégarde, ils se retirent du jeu.

Un corsaire peut donc éliminer un corsaire adverse si, en le
croquant, il parvient à lui faire toucher le piquet d'arrivée.

Le corsaire est tenu de croquer la boule qu'il a touchée : il
l'envoie dans une direction opposée à celle qu'elle doit suivre
— ou sous la cloche — si elle appartient à un adversaire, ou
dans sa propre direction si c'est la boule d'un coéquipier.

Si le corsaire touche plusieurs boules du même coup, il ne
croque que la première.

Enfin, lorsqu'un joueur touche un corsaire de son camp, il
en retire les avantages prévus : roquer, croquer ou prendre ses
deux coups ; mais s'il touche un corsaire adverse, il est tenu
de recommencer tout le parcours depuis le piquet de départ.
(Selon une variante, le coup est perdu et les boules restent en
place.)

La fin de la partie

La partie est terminée lorsque tous les joueurs d'une équipe
ont touché le piquet d'arrivée. Les corsaires ne doivent donc
pas attendre que leur dernier coéquipier soit corsaire pour
toucher le piquet, sinon, ils risquent d'être pris de court par
l'équipe adverse.

LES BOULES

*Chez les Grecs, le jeu de boules était avant tout un
exercice de force consistant à les lancer le plus loin possible.*

*Les Romains en firent un jeu d'adresse en fixant un but à
atteindre. C'est sous cette forme qu'il nous parvint.*

*Malgré l'interdiction royale, formulée en même temps que
celle du jeu de quilles, par l'ordonnance de 1369, ce jeu se
répandit de plus en plus. On y jouait beaucoup sur les terrains
vagues entourant les grandes villes et le nom de* boules verds
qui leur fut donné devint des... boulevards.

Louis XI, Turenne, dit-on, y prenaient grand plaisir.

Les Anglais, dont on connaît la prédilection pour les jeux sur gazon, le pratiquèrent sur des pelouses appelées bowling greens, *mot qui fut francisé en* boulingrin.

LA LYONNAISE

2, 4, 6 ou 8 joueurs
Matériel : 1 jeu de boules

Elle naquit, comme son nom l'indique, dans la région de Lyon et se pratique surtout dans la vallée du Rhône et l'Italie du nord.

C'est un jeu qui demande beaucoup d'adresse, du coup d'œil, des nerfs solides et un entraînement régulier.

La préparation du jeu

Le terrain, délimité par des raies tracées sur le sol ou des planches de 15 à 20 cm de hauteur, mesure 27,50 m sur 2,50 m à 4 m ; c'est le *cadre*. En outre, les joueurs peuvent, à chaque extrémité, prendre leur élan sur 7,50 m.

Les joueurs disposent de trois ou quatre *boules* chacun, s'ils jouent à deux ou à deux équipes de deux (*doublette*) et de deux boules s'ils jouent à deux équipes de trois (*triplette*) ou de quatre (*quadrette*).

Les boules non jouées sont déposées sur le sol à un endroit déterminé pour permettre aux joueurs de les compter facilement.

Le déroulement du coup

Placé derrière la raie *pied de jeu*, l'un des membres de l'équipe désignée par le sort lance le *but* (boule plus petite que les autres) qui doit s'immobiliser dans la zone située entre 12,50 m et 17,50 m de la raie de départ.

S'il n'a pas réussi au second essai, son adversaire choisit l'emplacement du but à 50 cm au moins à l'intérieur de cette zone.

Le premier *pointe* alors une boule et son adversaire joue à son tour en pointant ou en *tirant*.

Par la suite, l'équipe qui *ne tient pas le point* (qui ne possède pas la boule la plus proche du but) continue à jouer tant qu'elle ne l'a pas repris ou jusqu'à ce que toutes ses boules soient en jeu.

Si les deux équipes se trouvent à égale distance du but, celle qui vient d'égaliser joue de nouveau, puis alterne avec son adversaire jusqu'à ce que l'un d'eux modifie la situation en sa faveur. Si elles n'y parviennent pas avant que toutes les boules soient jouées, le coup est annulé.

Si une seule des équipes conserve encore des boules, elle doit les envoyer, même si elle tient le point, à 6 m au moins de la raie pied de jeu (pour être obligée de courir le risque de détruire son jeu).

A la fin du coup, chaque boule plus proche du but que la meilleure de l'adversaire rapporte 1 point à son équipe qui effectue ensuite le nouveau jet de but.

Le coup suivant se joue dans le sens inverse du précédent (retour).

Le but est annulé :

1. lorsqu'il est lancé par un joueur en dehors des limites prescrites ;

2. si, projeté par une boule il dépasse ou touche les limites du cadre ;

3. s'il revient en avant de la première ligne de la zone où il a été placé (c'est-à-dire s'il revient à moins de 12,50 m de la raie pied de jeu).

Mais il est remis en place s'il est projeté à plus de 1,50 m et c'est la boule responsable qui est annulée.

Le jeu est alors interrompu et l'équipe qui avait précédemment projeté le but, le lance à nouveau.

Si les deux camps possèdent encore des boules non jouées, le jeu reprend dans le même sens (aller). Sinon, il reprend en sens inverse (retour).

L'emplacement d'une boule doit être marqué immédiatement par son propriétaire qui trace, à l'aide d'une baguette, un angle droit au sommet duquel se trouve la boule.

La position du but est signalée de la même façon par l'équipe qui l'a lancé ou placé et, s'il a été déplacé, par l'équipe qui tient le point.

Règles du tir et du pointage

Pointer une boule, c'est la faire rouler pour l'amener le plus près possible du but, qu'elle entraîne ou non d'autres boules par son passage. La première boule est obligatoirement pointée.

Une boule pointée est annulée si elle s'arrête à plus de deux mètres en deçà ou au-delà de la zone où se trouve le but (donc à moins de 10,50 m ou plus de 19,50 m de la raie pied de jeu).

La boule annulée est retirée du jeu par un des membres de l'équipe à laquelle elle appartient.

Les objets déplacés par une boule annulée qui revient en jeu sont remis dans leur position primitive.

Tirer consiste à essayer de frapper directement le but ou une boule pour la déplacer. Pour tirer, on tient généralement la boule sous la main.

Le joueur doit désigner l'objet qu'il a l'intention de tirer. L'adversaire trace alors un arc de cercle de 15 à 25 cm, à 50 cm en avant et en arrière de l'objet désigné et en avant seulement de tous ceux qui se trouvent dans un rayon de 50 cm de l'objet.

Le coup n'est valable que si le joueur frappe un objet quelconque dans ce rayon. Sinon la boule tireuse est annulée (donc retirée du jeu) et les autres remises en place, sauf acceptation par l'adversaire de la nouvelle situation.

Le *carreau* est un tir particulièrement difficile : la boule tireuse prend la place de l'objet qu'elle a chassé.

La règle de l'avantage

Lorsque le coup est irrégulier, l'adversaire applique ou non la *règle de l'avantage* ; c'est-à-dire qu'il a le choix entre l'acceptation ou le refus de la nouvelle situation.

S'il la refuse, les objets dérangés sont remis à leur place antérieure.

Dans l'un et l'autre cas, le sort de la boule jouée varie selon les circonstances énumérées ci-après.

- La boule, tirée ou pointée, est annulée : comme nous l'avons vu précédemment, elle est retirée du jeu.

- La boule parcourt plus de 1,50 m après avoir projeté un objet à moins de 1,50 m (seules sont prises en considération les distances parcourues à l'intérieur du cadre, jusqu'au point

éventuel de sortie) : dans ce cas, elle reste toujours en place.
- La boule projette des objets à plus de 1,50 m : l'adversaire a
le choix de l'annuler ou de la laisser en place.
- La boule demeure collée aux objets qu'elle a entraînés et qui
se perdent : les objets collés sont soit annulés, soit remis en
place, au gré de l'adversaire ; mais la boule fautive est toujours annulée.

La fin de la partie

Le tête-à-tête et les doublettes se jouent en 15 points ; les
triplettes et les quadrettes en 13 points.

LA PETANQUE

2, 4, 6 ou 8 joueurs
Matériel : 1 jeu de boules

*Plus facile et moins fatigante que la Lyonnaise, la pétanque
doit son nom à l'expression méridionale :* pieds-tanqués *qui
signifie pieds joints. C'est, en effet, la position dans laquelle se
tient le joueur de pétanque.*

*La popularité de ce jeu ne cesse de s'accroître en France et
à l'étranger car il présente l'avantage de se pratiquer sur un
terrain quelconque non délimité : place publique, route,
plage, etc.*

En l'absence d'un règlement concernant l'état du terrain, il
est convenu que lorsque le but a été lancé, aucun obstacle ne
doit plus être déplacé.
Les équipes se composent de trois joueurs qui ont chacun
deux boules. Mais les amateurs peuvent jouer, comme à la
Lyonnaise, en tête-à-tête, doublette ou quadrette.

La mène

Un joueur de l'équipe désignée par le sort trace sur le sol
un cercle de 40 à 50 cm de diamètre. Tous les participants s'y
tiendront à pieds joints pour lancer leurs boules.

Puis il envoie le but à une distance de 6 à 10 m (mesurée à partir du point du cercle le plus proche du but) ; c'est le *port*.

Si le but est valable, il lance sa première boule. Puis l'équipe adverse jouera autant de boules qu'il est nécessaire pour se placer plus près du but que la première. Celle-ci tentera alors de reprendre le point et ainsi de suite jusqu'à épuisement des boules.

Le but est perdu au lancer :
- s'il s'immobilise en dehors du port ;
- s'il s'arrête à moins de 50 cm d'un obstacle ;
- lorsque le joueur aux « pieds tanqués » dans le cercle ne peut l'apercevoir sans se pencher.

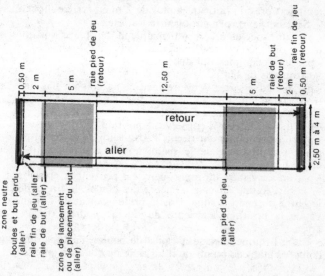

Cadre de la lyonnaise

Si après trois essais, le but n'est toujours pas valable, l'adversaire le lance à son tour de la même façon ; mais c'est toujours le joueur désigné par le sort qui lance la première boule.

But perdu au cours de la mène

Si le but est projeté en dehors du port réglementaire au

cours de la mène (phase du jeu dépendant d'un même jet de but), il est toujours valable. Il ne l'est plus si, après avoir été tiré et frappé, il revient dans le cercle, s'il s'arrête à moins de 50 cm d'un obstacle ou si le lanceur ne peut l'apercevoir sans se pencher.

Si les deux équipes possèdent encore des boules non jouées lorsque le but se perd, le coup est nul.

Si une seule équipe possède encore des boules, elle marque autant de points qu'elle a de boules en mains.

Pour la mène suivante, le but est lancé du point où il se trouvait avant de se perdre.

L'arrêt du but

Lorsqu'un joueur lance sa boule, les adversaires doivent se tenir soit près du but, soit à plus de 2 m en arrière du cercle.

Si le but lancé par un joueur est arrêté :
- par un spectateur, il est maintenu en place lorsqu'il se trouve dans le port réglementaire ; sinon, il est relancé ;
- par un coéquipier du lanceur, il est relancé et compte dans les trois jets de but ;
- par un adversaire, il est relancé et ne compte pas dans les trois jets de but.

Lorsque le but tiré est arrêté :
- par un spectateur, il conserve sa position ;
- par un coéquipier du tireur, l'adversaire de le remettre à sa place primitive ou de le maintenir à l'endroit où il a été arrêté ;
- par un adversaire du tireur, deux cas peuvent se présenter :

1. Si l'équipe adverse a encore des boules, le tireur placera le but à un endroit situé dans le prolongement de la ligne qui va de la position antérieure du but à l'endroit où il a été arrêté ;

2. Si l'équipe adverse n'a plus de boules, l'équipe du tireur compte autant de points qu'il lui reste de boules à jouer.

L'arrêt d'une boule

Enfin, lorsqu'une boule est arrêtée :
- par un spectateur, elle est maintenue à sa place ;
- par un coéquipier du lanceur, elle est nulle ;
- par un adversaire, le joueur peut, à son gré, la lancer à nouveau ou la laisser en place ;
- par un objet en mouvement et alors qu'elle vient d'être lancée, elle est rejouée.

Une mène est terminée :

- lorsque tous les joueurs ont lancé toutes leurs boules ;
- lorsque le but est perdu.

Le tir et le pointage

Aucune règle ne préside au tir et au pointage. Les sujets de contestation sont donc nombreux. Il faut que les joueurs marquent soigneusement l'emplacement du but et des boules !

Les réclamations doivent être présentées après chaque lancer ; celui qui lance sa boule est censé accepter la situation antérieure.

Le point

Le point est attribué à la boule la plus proche du but.

Lorsque deux boules adverses sont situées à égale distance du but, le point est nul et l'équipe qui a joué en dernier lieu rejoue. Si les deux équipes n'ont plus de boules, la mène est nulle.

Les triplettes et les quadrettes se jouent en 13 points ; les tête-à-tête et les doublettes en 15 points.

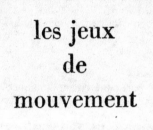

les jeux
de
mouvement

LE CHAT

Ce jeu de poursuite est sans doute le premier que les enfants apprennent à l'école.

Le chat tente d'attraper les souris qui se sauvent ; lorsqu'il en a touché une, celle-ci devient chat à son tour et le chat retourne à l'état de souris.

Des variantes ont augmenté l'attrait de ce jeu si simple.

Chat coupé

Cette variante est particulièrement indiquée lorsque les joueurs sont nombreux, car chacun d'eux sera poursuivi lorsqu'il le désire.

Le chat court après une souris, mais si un joueur parvient à *couper* leur course, c'est-à-dire à passer entre eux deux, c'est lui qui devra être poursuivi jusqu'à ce qu'un autre joueur vienne couper.

La souris touchée devient le chat.

Chat perché

L'un des joueurs s'écrie : « Chat dernier perché ». Tous se cherchent alors un perchoir et le dernier à prendre place au-dessus du sol est le chat.

Ses camarades doivent changer de perchoir et le chat tente de les attraper lorsqu'ils sont à terre.

Le joueur pris devient chat à son tour.

Chat blessé

Le joueur pris qui devient chat doit se déplacer en gardant une main à l'endroit où il a été touché. L'habileté du chat sera de toucher un joueur à la jambe, par exemple, pour que l'attitude inconfortable qu'il lui impose l'empêche de se déplacer rapidement.

LE CHAT ET LA SOURIS

10 à 15 joueurs   ❗ 😊 🥁

Tous les joueurs sauf deux, qui sont le chat et la souris, forment un cercle en se donnant la main.

La souris se place à l'intérieur du cercle, le chat à l'extérieur. Celui-ci doit tenter d'attraper la souris en empruntant exactement les mêmes passages qu'elle, sous les mains des joueurs. S'il y parvient, il devient souris à son tour.

Variantes

Lorsque les joueurs sont plus nombreux, ils forment deux cercles concentriques et tournent doucement en sens inverse. Le chat et la souris circulent entre les deux cercles ou à l'extérieur ; le chat n'est donc pas tenu d'emprunter les mêmes passages que sa victime, mais ni l'un, ni l'autre ne doivent entraver le mouvement rotatoire des deux cercles.

Les joueurs s'alignent en se donnant la main par quatre ou plus sur au moins trois rangs. Le chat et la souris courent entre les rangs ou à l'extérieur de ceux-ci. Mais lorsque le meneur de jeu dit : « Tournez », les joueurs pivotent d'un quart de tour à droite et donnent la main à leurs nouveaux voisins, obligeant ainsi poursuivi et poursuivant à modifier leur itinéraire.

LA CORDE A SAUTER

1 à 10 joueurs   ❗ 😊 🥁
Matériel : 1 corde

Bien souvent méprisée par les garçons qui la considèrent comme « un jeu de filles », la corde à sauter est un exercice pratiqué régulièrement par les boxeurs qui veulent entretenir leur souffle et leur jeu de jambes.

Les formes du jeu sont très variées.

Prenant une extrémité de la corde dans chaque main, le

joueur solitaire peut la faire tourner en avant ou en arrière, très vite sans rebondir sur ses pieds : c'est *au vinaigre*, ou *à l'huile* en rebondissant, au contraire, entre les passages très espacés de la corde sous ses pieds. Il peut sauter en avançant ou en reculant, ou encore sur place du pied gauche ou du pied droit, à moins qu'il ne préfère *tourner la salade* : la corde effectue un tour et demi avant de repartir en sens inverse, ou former la *croix de Malte* ou *de chevalier*, en croisant et décroisant rapidement les bras sur sa poitrine avant de faire passer la corde sous ses pieds.

Il est plus amusant de jouer à plusieurs avec une corde plus longue. Un ou deux joueurs tournent la corde, les autres entrent dans le mouvement et sautent. Celui qui manque un saut tourne la corde à son tour. On entre dans la corde lorsque celle-ci est à son point le plus haut ; on en sort par le côté opposé tout de suite après le saut, lorsqu'elle vient de toucher terre.

Pour accroître la difficulté, on peut tourner deux cordes en sens inverse.

Les heures

Les joueuses s'alignent à l'extérieur de la corde. Une à une, elles passent sous la corde. Au tour suivant, elles sautent une fois et ressortent, puis deux fois et ainsi de suite jusqu'à douze.

Ce jeu est amusant et il permet à de nombreuses participantes de sauter chacune à son tour sans attendre trop longtemps.

Le serpent

Les deux joueurs qui tiennent la corde ne la font pas tourner, mais l'agitent régulièrement au ras du sol de droite à gauche et de gauche à droite, puis de bas en haut et de haut en bas. Il n'est pas si facile de sauter par-dessus ce serpent mouvant sans marcher sur la corde.

LE COUPE JARRET

6 à 10 joueurs
Matériel : 1 corde, 1 balle

Les joueurs sont disposés en colonnes ou en cercle et l'un d'eux fait tourner au ras du sol une corde à l'extrémité de laquelle est attachée une petite balle. Ils sont tenus de sauter à chaque passage de la corde. Celui qui manque son coup est éliminé.

Peu à peu, on élève la corde en la faisant tourner plus vite ; celui qui reste le dernier en jeu a gagné.

La balle twist

On trouve maintenant dans le commerce une sorte de coupe-jarret du solitaire que l'on appelle la *balle twist*. Une extrémité de la corde, longue d'un mètre environ, est nouée à la cheville tandis qu'à l'autre extrémité est accrochée une petite balle de caoutchouc mousse. D'une jambe, le joueur fait tourner la corde au ras du sol, tandis qu'il doit sauter de l'autre au passage de la corde.

TIRE A LA CORDE

8 à 20 joueurs
**Matériel : 1 corde, 1 mouchoir,
1 craie**

Il faut disposer d'une corde assez grosse pour qu'on l'ait bien en mains sans se couper les doigts. On attache un mouchoir en son milieu et l'on trace sur le sol, au-dessous du mouchoir une ligne perpendiculaire à la corde pour séparer les deux camps.

Les joueurs se séparent en deux équipes de force égale. Ils s'alignent en quinconce le long de la corde, de part et d'autre du mouchoir et, au signal, tirent en sens opposé.

L'équipe gagnante est celle qui aura réussi à amener l'adversaire dans son propre camp.

Il est bon qu'un meneur de jeu scande les mouvements en criant, comme les marins : « Oh ! hisse ! » pour coordonner l'effort collectif.

LA CORDE EN CERCLE

5 à 10 joueurs
**Matériel : 1 corde, 1 objet
par joueur**

On noue solidement les deux extrémités d'une corde assez longue.

Les joueurs, à égale distance les uns des autres saisissent la corde d'une main et la tendent.

Le meneur de jeu dispose, à l'extérieur du cercle, un objet derrière chaque joueur. Au signal, chacun d'eux doit, sans lâcher la corde, saisir de l'autre main, un ou plusieurs objets.

Variante

On trace un rond sur le sol à l'intérieur du cercle formé par les joueurs qui tiennent la corde à deux mains. Chacun tire pour amener ses adversaires dans le cercle. Le joueur qui y met le pied est éliminé et le jeu continue jusqu'à ce qu'il ne reste plus qu'un joueur qui est le gagnant.

On peut jouer de la même façon sans corde : les participants se tiennent par la main.

LE COURT-BATON

2 joueurs

Matériel : 1 bâton

On jouait déjà au court-bâton sous la Renaissance et on le trouve reproduit sur des gravures du XVIIᵉ siècle. Aujourd'hui, s'il amuse les joueurs, il provoque aussi le rire des spectateurs.

Les deux joueurs, assis par terre, empoignent le même bâton. Celui qui réussit à soulever son compagnon a gagné.

LA COURSE

Nombre de joueurs illimité

Jeu ou nécessité, la course a toujours été une activité naturelle de l'homme.

Les Grecs en firent le couronnement des Jeux Olympiques ; les épreuves de course terminaient, en effet, cette manifestation. Chez les Romains, la course faisait partie des jeux du stade qui, avec ceux du cirque, comptaient parmi leurs spectacles favoris.

Et ne dit-on pas que pour mieux s'identifier aux chevaux, les coureurs du Sultan de Turquie fixaient des fers très légers sur leurs plantes de pieds calleuses.

La course simple

Les joueurs se placent derrière une ligne de départ. La seule règle est de partir au signal donné (et pas avant !) et de ne pas gêner ses concurrents. Le vainqueur est celui qui franchit le premier la ligne d'arrivée.

La course-relais

La course-relais est une compétition d'équipes et non plus d'individus.

Les équipes se placent en files indiennes derrière la ligne de départ. Au signal, le premier de chaque file, tenant en main un objet quelconque (mouchoir, bâton, etc.), appelé le *témoin*, va contourner un point fixe situé à une vingtaine de mètres et revient aussi vite que possible donner le témoin au joueur suivant qui part aussitôt.

La première équipe dont le dernier coureur a franchi la ligne d'arrivée a gagné.

On peut diviser chaque équipe en deux groupes égaux qui

se placent face à face, à une distance d'une quarantaine de mètres. Les coureurs ne font que l'aller du parcours et transmettent le témoin au premier joueur de la file opposée.

Variantes

La plupart des variantes de la course peuvent être exécutées en course simple ou en course de relais. Elles sont très nombreuses et adaptent cet exercice à tous les âges et tous les goûts.

Les plus simples sont les suivantes :
- *La course à cloche-pied* (en tenant ou non l'autre pied d'une main).
- *La course à quatre pattes.*
- *La course à pieds joints.* Les joueurs ont les pieds attachés par un foulard.
- *La course sur les genoux.*
- *La course en grenouille.* Les joueurs sont accroupis.
- *La course en crabe* : à quatre pattes, mais le dos tourné vers le sol.
- *La course en canard* : jambes fléchies et les mains sur les genoux.
- *La course face à dos* : les joueurs sont groupés par trois et se tiennent par le bras, mais celui du milieu tourne le dos à la ligne d'arrivée et marche à reculons.
- *La course à l'âne* : les joueurs sont groupés deux à deux ; ils se font face en se tenant aux épaules ou bien ils sont dos à dos en se tenant par les bras, mais ils n'ont pas le droit de se porter.
- *La course kangourou* : le coureur tient un ballon entre les jambes ; il lui faut donc sauter à la manière d'un kangourou pour avancer. Si le ballon tombe, il le ramasse, le replace et repart du point de chute.
- *La course en chaise à porteur* : les joueurs sont groupés par trois. Deux d'entre eux forment la chaise à porteur en tenant chacun son poignet gauche et le poignet droit de son compagnon, tandis que le troisième se laisse porter.
- *La course d'obstacles* : le parcours est semé de divers obstacles que les coureurs doivent sauter.
- *La course à la brouette* : les joueurs sont groupés par deux. L'un avance sur ses deux mains ; son compagnon lui soutient les jambes à la cheville comme s'il tenait les brancards d'une brouette.

- *Le mille-pattes* : chaque équipe se transforme en un mille-pattes qui fait la course avec son ou ses adversaires. Le premier marche à quatre pattes et les autres à sa suite se tiennent par la taille. Ils peuvent aussi rester debout.
- *La course à la balle* — *1re méthode* : les joueurs, munis chacun d'une balle, se placent derrière la ligne de départ. Au signal, ils jettent la balle devant eux et la rattrapent après un rebond et recommencent ainsi jusqu'à la ligne d'arrivée : attention de ne pas faire rebondir la balle trop loin en fin de course ! Il est interdit de dribbler ou de courir la balle en mains.

   2e méthode : les coureurs disposent d'une balle pour deux ; ils effectuent le parcours en se renvoyant sans cesse la balle qu'il leur est interdit de garder en mains. Ils doivent toujours maintenir entre eux une distance d'au moins 2 m. Si la balle tombe, ils repartent de la ligne de départ.
- *La course en cercle* : les joueurs forment un cercle en maintenant entre eux une distance de 2 à 3 m. Au signal du départ, chacun s'élance à l'extérieur du cercle pour tenter de toucher celui qui le précède en suivant le sens inverse des aiguilles d'une montre.

   Le joueur touché est éliminé ; le vainqueur est le dernier en jeu.

   Mais en voici de beaucoup plus difficiles.
- *La course à la cuillère* : le coureur tient entre les dents une cuillère à soupe dans laquelle on a placé une pomme de terre ou une petite balle.
- *La course en sac* : les joueurs courent après avoir enfilé par les pieds un sac de jute jusqu'à la ceinture. Cette compétition se fait presque toujours en course de relais.
- *La course au verre d'eau* : chaque coureur transporte un verre d'eau ; chaque fois qu'il répand du liquide, il retourne à la ligne de départ pour remplir le verre.
- *La course à la bougie* : les concurrents sont munis d'une bougie et d'une boîte d'allumettes. Au signal, ils allument leur bougie et prennent le départ. Ils doivent s'arrêter pour la rallumer si elle s'éteint pendant le parcours et n'ont pas le droit de protéger la flamme avec leur main libre.
- *La course à la valise* : une course-relais qui déchaîne les rires ! Chaque équipe est munie d'une valise contenant une jupe et une veste assez larges et peu fragiles, un foulard et un chapeau. Au signal du départ, le chef de file ouvre la valise, met tous les vêtements sur lui, prend la valise sous son bras, accomplit le parcours déterminé, revient à son point de dé-

part, se déshabille et remet tous les vêtements dans la valise. Attention de ne pas perdre en route le chapeau... ou la jupe ! La première équipe dont tous les joueurs auront couru ainsi habillés aura gagné.

LES QUATRE COINS

5 joueurs

Quatre joueurs se placent chacun à un coin d'un carré de 3 ou 4 m de côté ; le cinquième est au centre.

Ils courent d'un coin à l'autre, sans aucun ordre, tandis que le joueur du centre tente d'occuper un coin libre. Le joueur qui n'aura plus de coin se placera au centre.

Pour que les échanges se fassent le plus rapidement possible, les joueurs prévoyants se feront un signe discret avant de quitter leur coin.

Si les joueurs sont plus nombreux, ils forment un cercle et s'écartent en reculant de deux pas ; mais ils devront éviter de changer de place avec leurs voisins les plus proches.

LA CHANDELLE

8 à 20 joueurs
Matériel : 1 mouchoir

Ce jeu fut très en vogue au XVIIIe siècle ; on l'appelait alors le jeu de l'anguille en raison, sans doute, de la manière dont le mouchoir était roulé sur lui-même, comme ce poisson.

Tous les joueurs se tiennent debout en cercle, à l'exception de l'un d'eux qui tient dans sa main le mouchoir roulé en anguille. Il court à l'extérieur du cercle pour déposer discrètement son « anguille » derrière un joueur. Dès que celui-ci s'en aperçoit, il ramasse le mouchoir et poursuit son camarade qui se dépêche d'accomplir un tour pour prendre la place laissée libre dans le cercle. S'il réussit à le toucher, celui-ci reste coureur et reprend le mouchoir tandis que son camarade retourne à la place qu'il occupait.

Mais si le joueur derrière qui a été déposé le mouchoir ne s'est aperçu de rien et ne quitte pas sa place avant que son camarade ait accompli un tour de cercle, celui-ci met la main sur lui et dit : « chandelle ». L'étourdi va au centre du cercle sous les moqueries de ses camarades et le coureur recommence un nouveau tour.

Il n'est pas interdit de jeter le mouchoir derrière la chandelle qui devra quitter son poste, mouchoir en main, pour rattraper le coureur. Si elle y parvient, elle reprend sa place dans le cercle et le coureur garde son rôle. Si elle ne peut l'atteindre avant qu'il ait occupé la place libre dans le cercle, elle devient le coureur. Mais si elle n'a pas quitté sa place avant que son camarade ait accompli un tour, elle est déclarée « double chandelle » et condamnée à lever un bras. Si elle pousse plus loin l'étourderie, elle pourra être « triple chandelle » et devra lever les deux bras « et même quadruple chandelle » ce qui l'obligera à se tenir à cloche-pied, tout en gardant les deux bras en l'air ; mais ce cas extrême se produit bien rarement !

LES PETITS PAQUETS

10 à 20 joueurs

Très en vogue au XVIIe siècle, ce jeu amuse encore beaucoup aujourd'hui.

Les joueurs se placent l'un derrière l'autre par paquets de deux disposés en cercle. Les « paquets » de deux joueurs sont espacés de deux à trois pas.

Autour du cercle extérieur, un joueur en poursuit un autre qui a toujours la ressource de se réfugier *devant* l'un des paquets en disant : « Deux c'est assez, trois c'est trop ». Le joueur qui, dans ce paquet, appartient au cercle extérieur devient le poursuivi : il doit s'enfuir aussitôt et se placer devant un autre paquet avant d'être rattrapé.

Lorsqu'un joueur est pris, il devient le poursuivant.

Variante 1 : Les petits paniers

Les joueurs se tiennent par le bras, deux à deux. Le bras libre de chacun, placé poings aux hanches, forme une anse de panier.

Le joueur poursuivi trouve refuge en enfilant son bras dans une anse ; le joueur formant la seconde anse du panier doit s'enfuir aussitôt car il est maintenant le poursuivi.

Variante 2

Les deux joueurs de chaque paquet se déplacent à leur gré en se tenant par les épaules. Le poursuivi se réfugie en se plaçant *devant ou derrière* le paquet ainsi formé.

LE CLIN D'ŒIL

11 à 21 joueurs

Les joueurs groupés par deux forment deux cercles concentriques. Seul, l'un d'entre eux, qui fait partie du cercle extérieur n'a pas de partenaire devant lui. Il fait discrètement un clin d'œil à l'un des joueurs du cercle intérieur. Celui-ci part aussitôt pour se placer devant le joueur qui l'a appelé, mais son partenaire ne doit pas le laisser s'échapper en le retenant par la taille. S'il y réussit, le joueur solitaire lance un clin d'œil à un autre joueur moins bien gardé. S'il le laisse échapper, c'est lui qui reste seul et doit appeler un de ses compagnons.

LE FOULARD

10 à 20 joueurs
Matériel : 1 foulard

Tous les « éclaireurs » connaissent ce jeu du scoutisme qui demande adresse, souplesse et rapidité.

Chacun des joueurs porte dans le dos un foulard (un mouchoir ou encore une chaussette) passé dans sa ceinture. Aucun nœud ne doit être fait et l'objet doit pouvoir être retiré par une légère traction.

Les joueurs sont divisés en deux équipes qui se font vis-à-vis. Les couples d'adversaires ainsi formés s'éloignent les uns des autres. Au signal, chaque joueur doit s'efforcer de retirer le foulard de son adversaire tout en défendant le sien. Toutefois, il est interdit de s'adosser contre un mur, un arbre ou un meuble ou de se coucher sur le sol pour se protéger.

L'équipe qui a remporté le plus de foulards en un temps donné a gagné la partie.

LE BERET

10 à 20 joueurs 🔴❗😊👹
Matériel : 1 béret ou 1 foulard

Les joueurs se répartissent en deux équipes de force égale. Les membres de chacune d'elles prennent un numéro de 1 à *n* selon leur nombre. Ils se placent derrière deux lignes parallèles tracées sur le sol et distantes de 6 m environ.

A égale distance des deux lignes, le meneur de jeu pose un béret ou un foulard noué en tampon. Puis il appelle deux joueurs : « les numéros deux », par exemple. Les joueurs ainsi désignés se rendent près du béret en gardant une main derrière le dos tant qu'ils sont sortis de leur camp.

Celui qui parvient à se saisir de l'objet et à le ramener dans son camp sans être touché par son adversaire fait marquer 2 points à son équipe. S'il est touché, le béret en main, l'équipe adverse marque 1 point. Il est interdit de lancer le béret à l'un de ses partenaires pour éviter d'être pris.

Lorsqu'aucun des deux joueurs ne se décide à s'emparer du béret de crainte d'être touché, le meneur de jeu appelle deux autres joueurs à leur aide, puis, éventuellement, encore un autre couple car le jeu est plus amusant s'il est mené rapidement. Tout joueur appelé peut toucher l'un quelconque des adversaires.

Il n'est pas obligatoire d'appeler le même numéro de chaque camp ; le meneur peut dire, par exemple : « quatre bleus et cinq rouges ». Il faudra, bien entendu, convenir auparavant quel est le camp des bleus et celui des rouges.

Il y a faute lorsque le joueur qui saisit le béret ou poursuit un joueur ne garde pas sa main derrière le dos ; le coup est annulé.

CACHE-CACHE

6 à 20 joueurs

Le jeu de cache-cache, qui portait autrefois le joli nom de cligne-musette *semble avoir toujours existé, en Orient comme en Occident.*

Les Grecs l'appelaient le jeu de la fuite. *Une fresque découverte à Herculanum représente trois enfants s'amusant à ce jeu.*

Un joueur, désigné par le sort, se tient dans un endroit connu de tous, appuyé contre un arbre, par exemple, qui sera le but. La tête cachée dans les mains, il compte jusqu'à cent. (Dans le langage du jeu, on dit qu'il *s'y colle*). Pendant ce temps, ses compagnons vont se cacher le plus complètement possible.

Lorsqu'il arrive au bout de son compte, le joueur dit à haute voix : « 98 — 99 — 100 » pour prévenir ses camarades et part à leur recherche pour tenter d'attraper l'un d'eux avant qu'il n'ait touché le but. Les joueurs non poursuivis sortent alors de leur cachette pour s'empresser de venir toucher le but pendant qu'ils peuvent le faire sans danger.

Si le chercheur attrape un joueur, celui-ci prend sa place. S'il n'y parvient pas, il s'y colle à nouveau.

Cache-cache premier vu

La course vers le but est supprimée : il suffit de découvrir les joueurs qui doivent rester dans leur cachette. Le premier vu s'y colle au tour suivant.

HUTU-TU

18 joueurs

Voici un jeu très populaire pratiqué en Inde.

Les joueurs se répartissent en deux équipes de neuf joueurs chacune.

Le terrain de 8 m sur 12 est séparé en deux par une ligne médiane dans le sens de la largeur ; on trace deux raies parallèles à 1,50 m de part et d'autre de cette ligne médiane.

Le sort désigne l'équipe qui engagera la partie. Celle-ci choisit son camp et envoie, dans le camp adverse, l'un de ses membres chargé de toucher le plus grand nombre d'ennemis.

Pour limiter cette incursion intempestive, le messager est tenu de crier sans cesse « Hutu-tu » sans reprendre sa respiration tant qu'il est dans le camp ennemi. S'il ne peut sortir de ce camp avant de respirer, il est éliminé. S'il y parvient, tous les joueurs qu'il a touchés sortent du jeu.

L'autre équipe envoie à son tour un de ses membres dans le camp adverse et la partie se termine lorsque tous les joueurs d'une équipe sont éliminés.

LA MERE GARUCHE

10 à 20 joueurs
Matériel : 1 foulard ou mouchoir

Les Grecs lui avaient donné le nom d'Empuse, divinité nocturne, effrayante et difforme, messagère de la déesse Hécate, qui, possédant un pied d'airain, ne se déplaçait que sur l'autre.

Au Moyen âge, on pratiquait encore ce jeu qui avait pris le · nom de diable. boiteux, le boiteux, à cette époque, étant supposé incarner le diable toujours à l'affût d'hommes en perdition.

Le mot garuche vient sans doute du verbe se garer puisque les joueurs doivent se préserver des coups de la Mère. Il s'applique d'ailleurs aussi bien au joueur qui tient ce rôle qu'à l'instrument, c'est-à-dire au mouchoir.

La version ancienne

La Mère Garuche, désignée par le sort, occupe un refuge de 3 m sur 3.

Munie d'un mouchoir roulé en anguille, elle ouvre le jeu en criant : « La Mère Garuche sort du camp ». Elle s'avance à cloche-pied et lance sa garuche sur un joueur (elle peut changer de pied tous les dix pas environ).

Si elle le manque, elle ramasse sa garuche et rentre rapidement dans son camp, poursuivie par les autres joueurs qui tentent de la frapper avec leurs garuches. Mais gare aux imprudents, car elle en ressort aussitôt pour relancer sa garuche contre l'un d'eux !

Le joueur touché devient son *enfant* ; elle l'emmène dans son refuge, toujours sous les coups de garuche des autres joueurs. Ils quittent ensemble le camp sans oublier de crier à chaque fois : « La Mère Garuche sort du camp ».

Lorsqu'elle a moins de six enfants, chacun d'eux sort avec elle à tour de rôle. A partir de six, ils sortent les uns après les autres, par groupes de deux en se tenant par la main, mais un seul sur les deux lance la garuche.

La partie est terminée lorsque tous les joueurs ont été touchés ; le dernier pris devient la Mère Garuche.

Le jeu moderne

Aujourd'hui, on joue généralement sur un terrain d'environ 25 m sur 15. La Mère Garuche se déplace sur ses deux pieds et frappe les joueurs avec le mouchoir qu'elle garde en main.

Tous les enfants donnent la main à la Mère Garuche.

Un joueur est pris, même s'il n'a pas été touché, lorsqu'il pénètre dans le refuge, sort des limites du terrain, frappe la Mère Garuche ou l'un de ses enfants avant que la chaîne soit rompue ou que l'un de ses compagnons ait été touché.

TOUCHE L'OURS

6 à 12 joueurs

Matériel : 1 ficelle, 1 mouchoir
par joueur

L'ours, désigné par le sort, se met à quatre pattes et tient dans sa main l'extrémité d'une ficelle de 3 ou 4 m. Son maître, qu'il a choisi parmi ses compagnons, tient l'autre bout.

Les autres joueurs, armés de leurs mouchoirs roulés en anguille, essaient de frapper l'ours en esquivant les coups du maître qui ne doit jamais lâcher la ficelle.

Le joueur touché prend la place de l'ours.

SAUTE-MOUTON

2 à 20 joueurs

On l'appelait au XVIᵉ siècle : coupe-tête *ou* croque-tête ; *il prit ensuite le nom de* saut de mouton, *puis de* saute-mouton, *sans doute parce que ce jeu rappelle le célèbre conte de Rabelais dans* Pantagruel : *Les moutons de Panurge.*

Le mouton se tient le dos courbé, les mains sur les genoux pour garder une « assiette solide », et il dissimule sa tête le plus possible.

Les joueurs sautent les uns après les autres par-dessus le mouton en faisant appel des deux pieds, prenant appui des deux mains sur son dos et en écartant les jambes. Ils se placent derrière lui en position de moutons, à 4 mètres les uns des autres. Lorsque tous ont sauté, le premier mouton saute à son tour sur tous les autres et se met lui-même en position à 4 mètres du dernier. Le jeu continue de cette manière aussi longtemps qu'il amuse les joueurs. Il y a ni vainqueur, ni vaincu, mais l'on s'exerce à sauter en souplesse et de plus en plus haut ; les moutons, en effet, se redressent de plus en plus et finissent par rester debout, les bras croisés en rentrant seulement la tête.

Si les joueurs sont nombreux, on peut organiser une course à saute-mouton entre deux ou trois équipes.

Pour rendre le saut plus difficile, on mettra deux, voire trois moutons côte à côte.

Saute-mouton à l'anguille

Il n'y a qu'un seul mouton. Au premier tour, ses camarades déposent sur son dos un mouchoir roulé en anguille ; au second tour, chacun doit ramasser son anguille. Celui qui fait tomber une anguille, prend celle du voisin ou manque la sienne et reste les mains vides, se met à la place du mouton.

Le mouton couronné

Chaque joueur pose sur sa tête, avant de sauter, l'anguille dont les deux extrémités sont nouées ensemble pour former une couronne. Lorsqu'il se trouve sur le dos du mouton, il donne un coup de tête assez sec pour faire tomber sa couronne par terre.

Au second tour, posant les deux mains sur le sol, chacun ramasse sa couronne avec les dents sans bouger les pieds de l'endroit où il est tombé après le saut de mouton. Puis, il se retourne et saute en sens inverse. S'il lâche la couronne qu'il tient toujours entre les dents, il prend la place du mouton.

L'EPERVIER

12 à 25 joueurs

On délimite sur le sol deux camps égaux de 2 m sur 8 et distants l'un de l'autre d'une trentaine de mètres.

Le joueur désigné comme étant *l'épervier* se place dans l'un d'eux et tous ses compagnons, les moineaux, vont se réfugier dans l'autre.

Bientôt, un moineau s'écrie : « Attention : l'épervier ! Sortez ! » Tous quittent aussitôt leur camp pour se réfugier dans celui de l'épervier qui, sorti également, essayera d'attraper un (ou plusieurs) moineau.

S'il y parvient, les joueurs touchés lui donneront la main pour former une chaîne ; mais seuls l'épervier et le joueur placé à l'autre bout de la chaîne ont le droit de capture.

Lorsque la chaîne est trop longue pour permettre le passage, les moineaux peuvent, sans brutalité, s'efforcer de briser la chaîne ou de passer dessous par surprise.

Tant que la chaîne est coupée, le passage est libre et les joueurs touchés par l'une des deux extrémités ne sont pas prisonniers.

Quiconque est sorti d'un camp ne peut y retourner ; il doit obligatoirement se diriger vers l'autre.

L'épervier a intérêt à attraper d'abord les meilleurs coureurs : ainsi sa chaîne se déplacera plus vite.

Le gagnant est le dernier prisonnier ; il devient épervier à son tour.

LA QUEUE LEU-LEU

8 à 15 joueurs

Les joueurs se tiennent par la taille, la main ou les épaules, *à la queue leu leu*, tandis que l'un d'eux, le *loup*, reste à l'écart. Le premier joueur de la file est le *berger*, le dernier *l'agneau*.

La file, conduite par le berger, se déplace sur le terrain en chantant :

Prom'nons-nous dans les bois
Pendant qu'le loup n'y est pas.
Si le loup y était,
Il nous mangerait.
Loup y es-tu ?...
Entends-tu ?...
Que fais-tu ?...

Le loup répond à sa fantaisie pour montrer qu'il se prépare à sortir : « Je fais ma toilette. Je mets ma chemise. Je lisse mon pelage. J'ouvre ma porte, etc. » Après chaque réponse, le troupeau chante à nouveau en se promenant et repose les mêmes questions.

Lorsque le loup répond enfin : « J'y suis », il se précipite vers l'agneau pour le dévorer. Le berger, les bras écartés, tente de l'en empêcher en chantonnant :

« *Tu n'auras pas mes p'tits moutons !*
Tu n'auras pas mes p'tits moutons ! »
Le loup n'a pas le droit de le toucher.

Toute la file se déplace à droite et à gauche derrière le berger, mais l'agneau finit toujours par être pris. Il devient donc loup à son tour ; le loup devient berger et le berger devient le premier des moutons et se place derrière son remplaçant qui était l'agneau du jeu précédent.

Selon une variante plus ancienne, l'agneau, une fois touché, se place derrière le ravisseur et le tient par la taille. La queue du loup s'allonge et les autres moutons sont plus difficiles à attraper.

De là vient l'expression *à la queue leu leu*, pour la queue *le* leu, *leu* étant la forme picarde du mot loup.

LES BARRES

16 à 30 joueurs

Le jeu de barres moderne a pour ancêtre l'ostrakinda que pratiquaient les Grecs dès le Vᵉ siècle avant notre ère, époque à laquelle fut instituée la pratique de l'ostracisme. On engageait en effet la partie en jouant à pile ou face avec une coquille semblable à celle utilisée alors comme bulletin de vote.

Au Moyen âge, le jeu prit son nom actuel, qu'il doit aux deux barres tracées sur le sol pour délimiter les camps.

Napoléon, même adulte, s'y adonnait avec ardeur et plaisir.

Les joueurs se divisent en deux équipes.

On trace sur le sol deux rectangles d'environ 2 m sur 8, distants l'un de l'autre de 30 à 50 m.

Le sort désigne le camp qui déclarera la guerre et les joueurs se placent dans leurs camps respectifs.

Un *ambassadeur* du camp désigné s'avance devant ses adversaires et dit : « Je déclare la guerre à Untel ». Le joueur nommé tend sa main droite et l'ambassadeur lui frappe trois fois dans la paume, puis se sauve très vite vers son camp car il est poursuivi par le joueur qu'il a provoqué.

Dès que le troisième coup est frappé, tous les participants sont en guerre. Un joueur doit s'avancer pour sauver un partenaire menacé tout en prenant garde d'échapper lui-même à un ennemi sorti après lui. Tout joueur, en effet, qui sort de son camp après un adversaire a « barre » sur lui et peut le poursuivre. S'il réussit à le toucher avant d'être atteint lui-même par d'autres adversaires sortis après lui, il le fait prisonnier.

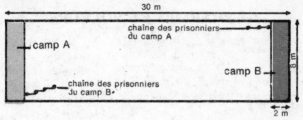

Les prisonniers

Le premier prisonnier pose le pied sur la ligne du camp adverse la plus proche de son camp et tend la main ; il ne sera délivré que lorsqu'un de ses partenaires viendra la toucher. Les prisonniers forment une chaîne, le dernier arrivé prenant la place du précédent qui s'avance. Plus la chaîne est longue, plus la délivrance est facile. Il faudra convenir au début de la partie, si les prisonniers sont délivrés un à un ou si le fait de toucher la main du premier délivre toute la chaîne.

Les joueurs qui se réfugient à l'intérieur du camp adverse sont invulnérables ; mais ils seront poursuivis dès qu'ils en sortiront. Toutefois, ils le quitteront librement lors d'une interruption du jeu, c'est-à-dire avant un nouvel engagement.

Le jeu est suspendu lorsqu'il n'y a plus de prisonniers dans les deux camps. Il faut faire alors une nouvelle déclaration de guerre. Mais tant qu'il reste des prisonniers, le camp auquel ils appartiennent s'efforce toujours de les délivrer. La partie est alors interminable.

Variantes

Les prisonniers sont relâchés immédiatement après leur capture et une équipe marque 1 point chaque fois qu'elle fait un prisonnier.

Il est possible aussi d'obliger les prisonniers à jouer pour le compte de l'équipe adverse. Ce sont les *barres forcées*. La partie se termine lorsqu'une équipe n'a plus de joueurs.

GENDARMES ET VOLEURS

12 à 30 joueurs

Dérivé du jeu de barres, le jeu des Gendarmes et Voleurs prit sa forme actuelle au XVIIe siècle. Sous la Régence, les courtisans, eux-mêmes, y jouaient sur les terrains vagues de la ceinture de Paris.

Les joueurs se divisent en deux groupes égaux : les *gendarmes* et les *voleurs*.

Deux camps sont figurés sur le terrain par deux rectangles aussi éloignés que possible. L'un d'eux est celui des voleurs, et l'autre la *prison* qui est vide en début de jeu. Les gendarmes sont groupés dans un coin du terrain, du côté de la prison.

Un joueur donne le signal du départ et tous les voleurs sortent de leur camp. Les gendarmes se lancent à leur poursuite et ramènent en prison les joueurs qu'ils ont touchés.

Les voleurs peuvent échapper aux gendarmes en se réfugiant dans leur propre camp, mais ils ne peuvent s'y tenir à plus de trois en même temps. Ils doivent donc entrer et sortir fréquemment pour l'utiliser au maximum.

Comme aux barres, le dernier prisonnier doit avoir un pied dans la prison ; il donne la main aux précédents pour former une chaîne. Tous les prisonniers sont libérés lorsqu'un voleur vient toucher la main du plus proche de leur camp.

Les voleurs qui sortent des limites du terrain ou qui entrent en surnombre dans leur propre camp sont prisonniers même s'ils n'ont pas été touchés.

Le jeu est interrompu lorsque la chaîne des prisonniers a été délivrée. L'équipe des gendarmes compte alors 1 point par prisonnier.

Puis les gendarmes deviennent voleurs et inversement pour un nouvel engagement.

A la fin de la partie (qui peut être de dix engagements), l'équipe qui totalise le plus grand nombre de points est la gagnante.

LE DRAPEAU

9 à 44 joueurs
Matériel : 1 fanion

Le jeu du drapeau dérive à la fois de l'épervier et des barres.

Les joueurs sont séparés en deux camps : les attaquants et les défenseurs. Ils se placent derrière les petits côtés d'un rectangle de 20 m sur 30.

A l'extérieur du jeu, ils tracent un petit rectangle qui sera la prison (fig.)

A 5 m en avant de leur ligne, les défenseurs plantent un drapeau qu'ils devront défendre contre l'attaque de l'ennemi.

La marche du jeu

Dans le camp des assaillants, on désigne un *cavalier*. C'est lui qui engage la partie en allant toucher le drapeau. Ses équipiers s'élancent alors pour s'emparer de l'étendard, mais en évitant d'être touchés par les défenseurs sous peine d'être conduits en prison où ils restent hors-jeu jusqu'à la fin de la partie.

Le cavalier les protège, car il a le droit de toucher les défenseurs qui, eux aussi, sont mis en prison jusqu'à la fin du jeu. Le cavalier, lui, est invulnérable.

Si le drapeau tombe, il a pour mission de le redresser sur le champ, en interrompant au besoin la poursuite d'un défenseur. Il ne doit pas rester immobile, ni stationner entre le drapeau et le camp des défenseurs.

Lorsque les joueurs sont nombreux, on augmente le nombre des cavaliers : il faut un cavalier pour quatre ou cinq assaillants (donc pour neuf ou onze joueurs).

Un joueur ne peut être pris s'il est *barré*, c'est-à-dire s'il a le pied dans l'un des camps. Il est en effet à l'abri de tout danger aussi bien dans le camp adverse que dans le sien.

Le gain de la partie

Les défenseurs gagnent la partie lorsqu'ils réussissent à s'emparer d'un assaillant en possession du drapeau.

Inversement, les assaillants sont vainqueurs si l'un d'eux emporte le drapeau dans son camp.

Enfin, est victorieux, le camp qui a réussi à faire prisonniers tous ses adversaires (à l'exception du cavalier, bien entendu).

Il est interdit aux assaillants de se passer le drapeau de la main à la main ou de se le lancer. S'il leur arrivait de le faire, la victoire serait immédiatement attribuée aux défenseurs.

Lorsqu'un assaillant, en possession du drapeau, est sur le point d'être touché par un défenseur, il laisse tomber le drapeau à terre pour éviter à son camp de perdre la partie et le cavalier intervient pour remettre le drapeau en place.

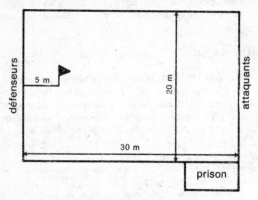

LE PETIT POUCET

4 à 20 joueurs
Matériel : cailloux, petits objets

Le petit Poucet part le premier. Il laisse, tous les 5 m environ, une marque visible de son passage (un caillou, un bout de laine, un signe à la craie, par exemple) en ménageant une fausse piste de temps à autre.

Arrivé au bout de son parcours, il s'arrête dans une cachette de son choix, qui doit se trouver à un maximum de 6 mètres d'un point quelconque de la piste suivie ; il peut donc fort bien rebrousser chemin.

Un quart d'heure après son départ, ses compagnons se mettent en route et le suivent à la trace. Ils ont été avertis auparavant du genre de marque utilisée.

Le but du jeu est, bien sûr, de découvrir le petit Poucet dans sa cachette.

Si les joueurs sont nombreux, plusieurs petits Poucets, employant des marques différentes, partiront en avant.

LE JEU DE PISTE

10 à 20 joueurs

**Matériel : craie, papier, crayon,
1 objet (trésor)**

Le jeu de piste, tel qu'il est pratiqué par les scouts suit le même principe.

Le meneur de jeu part le premier et signale son passage par des flèches tracées à la craie, gravées dans le sol, formées à l'aide de branches ou de cailloux, etc.

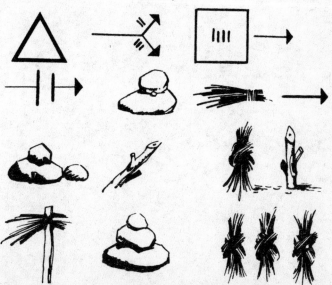

De temps à autre, un carré indique la présence d'un message, écrit sur un papier, qui sera caché dans les environs. Le nombre de traits ou d'objets placés dans le carré est égal au nombre de pas qui séparent le message du carré et une flèche signale la direction dans laquelle il se trouve.

Un signe doit toujours être accessible et, en principe, visible du signe précédent.

Il faut prendre garde que les signes ne soient trop évidents pour ne pas attirer l'attention des passants qui, ignorants ou mal intentionnés, risqueraient de les faire disparaître.

Le jeu de piste aboutit généralement à la cachette d'un trésor.

LES COMPTINES

Dans nombre de jeux, l'un des participants doit remplir un rôle particulier : c'est, par exemple, le *chat* ou celui qui *s'y colle* à cache-cache.

Les enfants du monde entier, depuis des millénaires, attribuent ce rôle, — tantôt très désiré, mais tantôt désagréable — à l'aide de formules mnémotechniques qui n'ont souvent aucun sens logique : ce sont les comptines qui sont en elles-mêmes un jeu basé sur le hasard, comme le tirage au sort, et qui, en principe bien sûr, élimine les contestations.

Les comptines ne s'adressent qu'à un nombre restreint de joueurs qui ne dépasse guère une dizaine.

En effet, les participants s'assemblent en cercle et l'un d'eux, sans se déplacer, fait le geste de compter en posant la main sur la poitrine de chacun, le temps de prononcer une syllabe — ou un groupe de syllabes — d'une formule consacrée.

Avant de commencer, il ne manque jamais d'exécuter le même geste de la main, mais en direction du sol, en disant : « Pouf ! »

Le joueur est désigné soit par sélection, soit par élimination.

Dans le premier cas, la comptine n'est récitée qu'une fois et le joueur sur qui tombe la dernière syllabe remplira ce rôle particulier.

Dans le second cas, au contraire, la comptine est répétée autant de fois qu'il y a de joueurs sauf un. A chaque fois, le joueur sur qui tombe la dernière syllabe se retire du cercle et c'est le dernier en jeu qui est choisi.

Les comptines sont très nombreuses et certaines remontent jusqu'au Moyen âge.

Les comptines par sélection

Il y a peu de comptines dont le texte impose la méthode de sélection. La plus connue se termine par un calembour : « Pouf ! Une oie — deux oies — trois oies — quatre oies — cinq oies — six oies — *c'est toi !* »[1]

---

1. Le compteur doit poser la main sur le joueur suivant après chaque tiret.

Mais les plus longues sont généralement utilisées selon cette méthode... lorsque les joueurs ont peu de temps pour jouer !

Am — stram — gram — pic — et — pic — et — co — le — gram — bourre — et — bourre — et — ra — ta — tam — mis — tram.

Po — li — chi — nel — mon — t'à — l'é — chelle, — Cas — s'un — bar — reau — et — tom — b'à — l'eau. Po — li — chi — nel — mon — t'à — l'é — chelle, — Mon — te — plus — haut — se — casse — le — dos, — Des — cend — plus — bas — se — casse — le — bras.

Ni — ché — chaud — un — Ni — ché — chaud — deux — Ni — ché — chaud — trois — Ni — ché — chaud — quatre — Ni — ché — chaud — cinq — Ni — ché — chaud — six — Ni — ché — chaud — sept (on remarquera le calembour !)

Une pomme — Deux pommes — Trois pommes — Quatre pommes — Cinq pommes — Six pommes — Sept pommes — Huit pommes — Pont Neuf — Queue d' bœuf !

U — ne — né — gres — se — qui — bu — vait — du — lait, — Ah ! — se — di — t-el — le — si — je — le — pou — vais — Je — me — trem — pe — rais — la — tête — dans — un — bol — de — lait — Et — je — se — rais — aus — si — blan — che — que — tous — les — Fran — çais.

Un — deux — trois, — Nous — i — rons — au — bois, —

Quatre — cinq — six —
Cueil — lir — des — ce — rises —
Sept — huit — neuf —
Dans — mon — pa — nier — neuf —
Dix — onze — douze —
Elles — se — ront — toutes — rouges.

Un — petit — garçon — porte — à sa — Maman —
Un — petit — panier — tout — rempli — de — thé —
Une — c'est — pour toi — les — prunes —
Deux — c'est — pour toi — les — œufs —
Trois — c'est — pour toi — les — noix —
Quatre — c'est — pour toi — la — claque —
Cinq — c'est — pour toi — la — m'ringue —
Six — c'est — pour toi — les — c'rises —
Sept — c'est — pour toi — l'as — siette —
Huit — c'est — pour toi — les — huîtres —
Neuf — c'est — pour toi — le — p'tit — pied — de —
bœuf.

Demi un — demi deux — demi trois — demi quatre, —
Coup — d'canif — m'a vou — lu battre, —
Je — l'ai vou — lu battre — aussi, —
Coup — d'canif — s'en est — enfui —
Dans — la plaine — de Saint — Denis.

Rognons — rognons — la queue de — cochon —
Pour un — pour deux — pour trois —
Pour quatre — pour cinq — pour six —
Pour sept — pour huit — pour neuf — bœufs.

Pa — pa — Ni — caill' — le — roi — des — pa — pillons —

S'est — fait — une — en — tail — le —
En — s'ra — sant — l'men — ton —
Poire — pomme — prune — abri — cot —
Pa — pa — Ni — caill' — est — un — i — diot.

Depuis — que j'ai — mangé — du — chien —
Je suis — vorace — je man — g'rais bien — tous les —
Prussiens —
Sans boire — un — verre — de — vin.

J'ai — é — té — dans — plusieurs — batail — les —

Sans — a — voir — é — té — tou — ché —
En — Rus — sie — comme — en — Es — pa — gne —
C'est — le — ciel — qui — m'a — pro — té — gé.

Quand — je — vois — porter — des — lunet — tes —
A — des — gens — qui — n'en — ont — pas — besoin —
Je — me — dis — faut — que — j'en — achè — te —
Pour — en — faire — porter — à — mon — chien. —
Laï — tou — laï — tou — la laï — re —
Laï — tou — laï — tou — la — la.

Ac — centa — femi — na go — do —
Ca — ra — ca — ju — bi — do —
La — ville — prin — ci — pa — le — que — j'aime —
Est — la — Ma — ren — go —
Cache — ta — main — der — rière — ton — dos.

Pomme — de rei — nette — et — pomme — d'a — pi —
d'a — pi — d'a — pi — rou — ge —
Pomme — de rei — nette — et — pomme — d'a — pi —
d'a — pi — d'a — pi — gris —
Mets — ta — main — der — rière — ton — dos —
Ou — j'te — donne — un — coup — d'cou — teau.

Une pomme — tibi — volo — catico — la compère — la
mollette — delfis.

Si — je — meurs — je — veux — qu'on — m'en — ter —
re —
Sur — les — mar — ches — du — Pan — thé — on —
Et — je — veux — qu'on — mette — sur — ma — tom —
be —
Un — bou — quet — des — qua — tre — sai — son : —
Printemps — été — automne — hiver.

Les comptines par élimination

Les comptines par élimination, qui font durer plus longtemps le jeu, sont les plus appréciées.

Pouf ! Une — p'lote — de — laine — va — t'en !
Une — al — lu — mette — fait : — crac ! — feu.
Pique — nique — douille — c'est — toi — l'an — douille —

et — la — ci — trouille — mais — si — le — roi — ne —
le — veut — pas — tu — n'y — se — ras — pas.

Une — poule — sur un — mur —
Qui — pico — tait — du pain — dur —
Pi — coti — pi — cota —
Lève — la — queue —
Et — puis — s'en — va.

Un — loup — pas — sant — par — un — dé — sert —
Le nez — au vent — et l'œil — ouvert —
Pif — pouf — paf — sors — de — ta — place.

Petit — ciseau — d'or et — d'argent —
Ta mère — t'attend — au bout — du champ —
Pour y — cueillir — du lait — caillé —
Que la — fourmi — a tri — poté —
Pendant — une heure — deux heures — de temps —
Je — t'en — prie — va — t'en.

Un — oi — seau — man — ge — le — mil —
Lan — cez — lui — des — pierres —
Il — n'y a — pas — de — pierres —
Ven — nez — en — cher — cher —
L'oi — seau — s'est — en — vo — lé ! (*Haute Volta*)
Sar — dine — pout — chi — chine —
Pout — chi — tchine — poul — ka —
Ra — tcha — tcha — ra — tcha — tcha —
Sar — dine — pout — chi — chine —
Pout — chi — tchine — poul — ka —
Ça — ne — se — ra — pas — toi — le — chat.

Sar — dine — à l'huile —
Pic — et — pic — et — poc —
Sar — dine — à l'huile —
Pic — et — pic — et — poc —
Va — t'en — vite —
Si — tu — ne — veux — pas — ê — tre — le — chat.

Pique — piqué — la — bour — rique —
Com — pte — bien — s'il — y en — a — huit —
Un — deux — trois — quatre —
Cinq — six — sept — huit —
Ma — d'moi — selle — re — ti — rez — vous.

Enfin, certaines comptines établissent un dialogue entre le compteur et le joueur sur qui tombe la dernière syllabe de la question.

Un — petit — cochon —
pendu — au — plafond —
Tirez — lui — la — queue —
Il — pondra — des — œufs —
Tirez — lui — plus — fort —
Il — pondra — de — l'or —
Com — bien — en — vou — lez — vous ?
    Le joueur répond un nombre : cinq, par exemple.
    Et le compteur continue : Un — deux — trois — quatre — cinq
    La personne sur qui tombe le cinq se trouve ainsi désignée.

Le compteur — Sam — ba, — qui est — là ?
Le joueur — La poule.
Le compteur — Qu'est-ce — qu'elle — fait ?
Le joueur — Elle gratte.
Le compteur — Chas — se — la.
Le joueur — Je n'ai pas de bâton.
Le compteur — Voi — ci — un — bâ — ton — Va — t'en.
(*Sénégal*).

C. — As-tu — déjà — monté — sur une — échelle ?
J. — Oui.
C. — De — quelle — cou — leur — é — tait — elle ?
J. — Jaune (par exemple).
C. — As — tu — du — jaune — sur — toi ?

Si le joueur sur qui tombe la dernière syllabe : *toi*, a du jaune sur lui, il est désigné pour le jeu ; sinon, il se retire du cercle et la comptine recommence.

Une — auto — mobile —
par — courait — la ville —
Di — tes — moi — le — nom — du — chauf — feur.
(Le joueur désigné dit un prénom de son choix : Philippe, par exemple.)
As — tu — Phi — lippe — dans — ta — fa — mille ?

Une — auto — mobile —
par — courait — la ville —

Di — tes — moi — sa — cou — leur —
en — re — gar — dant — au — ciel.

Une — petite — grenouille — au bord — d'un — ruisseau —
Tire — sa — culotte — fait — pipi — dans l'eau —
Dis — moi — la — cou — leur — de — l'eau.
--- Verte (par exemple)
As — tu — du — vert — sur — toi ?

LA DEQUILLE

Pour répartir les joueurs entre deux équipes, deux concurrents *déquillent* ou *font les pieds*.

Ils se placent face à face, à deux ou trois mètres l'un de l'autre et posent, chacun à leur tour, un pied devant l'autre, talon contre pointe.

Lorsqu'ils ne sont plus séparés que par une longueur inférieure à un pied, celui qui doit avancer a gagné : il choisit le meilleur joueur du groupe ; puis, son adversaire fait de même et ainsi de suite jusqu'à ce que tous les participants soient répartis dans les deux camps.

LES GAGES

A l'origine, le joueur qui avait commis une faute dans le jeu devait remettre en gage un objet personnel. Il ne pouvait en reprendre possession qu'après s'être soumis à une *pénitence*.

Par la suite, l'usage de remettre l'objet disparut et la pénitence, qui est toujours imposée, a pris le nom de gage.

Le gage est choisi par l'ensemble des joueurs, à l'exception, bien entendu, du pénitent. Il permet d'éviter l'élimination des joueurs fautifs qui présente l'inconvénient de les laisser inactifs et de réduire le nombre des participants. En outre, il donne de l'intérêt au jeu : la crainte de voir un groupe comploter contre soi et d'être la risée des autres est un bon stimulant !

Le gage en effet, sans être méchant, doit être choisi pour amuser les spectateurs : c'est aussi un jeu.

C'est pourquoi il consiste souvent en une action plus ou moins grotesque qui doit être exécutée en présence de témoins extérieurs dont la surprise provoque le rire des joueurs : sortir dans la rue avec un manteau à l'envers, par exemple, ou y circuler à cloche-pied. Les petites filles s'amusent parfois à envoyer la coupable faire une déclaration à leur maîtresse de classe, etc.

Pénitences d'autrefois

Etant donné l'évolution des mœurs, les pénitences d'autre-fois ne font plus autant rire ; elles consistaient, en effet, le plus souvent à embrasser, dans certaines conditions, un joueur du sexe opposé.

Deux d'entre elles peuvent nous sembler encore drôles :

Le voyage à Corinthe : le pénitent choisit un cavalier qu'il tient par le bras. Celui-ci, muni d'un mouchoir, embrasse toutes les personnes du sexe opposé, tandis qu'après chaque baiser, il essuie la joue de son compagnon. Pour peu que celui-ci prenne à chaque fois une mine désappointée, le con-traste des gestes est tout à fait comique.

La planche de chêne : le pénitent se place debout, adossé à un mur ou une porte, et les joueurs s'alignent, dos à dos, devant lui (le premier lui fait face). Au signal, tous font volte-face et chacun donne un tendre baiser à son vis-à-vis qui, pour le pénitent, sera… le mur ou la porte !

Gages d'aujourd'hui

Chanter une chanson, réciter un poème, exécuter un jeu d'adresse (Le mangeur de sucre, par exemple), ou un jeu d'esprit (Les charades) peuvent être des gages fort amu-sants.

En voici quelques autres pour les joueurs qui — cela arrive rarement — seraient à court d'imagination.

Les métiers : chaque joueurs ordonne au « pénitent » de mimer un métier.

Les animaux : chaque joueur ordonne au pénitent d'imiter le cri d'un animal ; s'il n'y parvient pas, c'est le joueur qui doit émettre ce cri.

Le muet : le « pénitent » doit exécuter l'ordre que lui donne, par gestes uniquement, chacun des joueurs.

Le voyage en Chine : on dispose sur le sol des objets de hauteur variable, fragiles ou non, que le joueur malchanceux devra franchir les yeux bandés. Celui-ci examine attentivement leur emplacement ; on lui fait même reconnaître le parcours avant de le rendre aveugle. Dès que ses yeux sont bandés, on retire sans bruit tous les obstacles et l'on demande au pénitent d'accomplir son voyage en lui prodiguant les conseils : « Attention ! Lève la jambe plus haut ! Un peu plus à droite ! », etc. Les efforts qu'il déploie pour éviter ces obstacles inexistants sont des plus comiques.

Le mulet : le pénitent pose à plat les mains sur son dos, paume en l'air, et se courbe. On lui touche les mains avec un objet quelconque qu'il doit identifier. S'il y réussit, il est libéré. Sinon, on laisse l'objet sur son dos et on lui en présente un autre. Le jeu continue jusqu'à ce qu'il parvienne à nommer l'objet présenté sans faire tomber ceux qu'il porte sur son dos.

INDEX

TABLE DES MATIERES

Achevé d'imprimer sur les presses de **Scorpion**,
à Verviers, pour le compte des nouvelles éditions **Marabout**.
D. mai 1985/0099/101
ISBN 2-501-00372-1

Loisirs

Passe-temps

Marabout Service

Marabout Flash

Jeux

Marabout Service

Marabout Flash

Superflash